本书为江西省社会科学『十三五』基金重点项目『江西「四色文化」与社会语言景观研究』（项目编号 20YY01）结项成果

致远学术文丛

徐采霞

——

著

A STUDY OF JIANGXI CULTURE FROM THE PERSPECTIVE OF SOCIAL LANGUAGE LANDSCAPE

江西文化与社会语言景观研究

社会科学文献出版社
SOCIAL SCIENCES ACADEMIC PRESS (CHINA)

目 录

Contents

绪　论

第一节　研究缘起与研究意义

一　研究缘起

作为一位从事汉语国际教育 30 年的教师，我常常需要向来自世界不同国家和地区的外国留学生介绍我的家乡江西省，这些留学生有的是来华留学攻读学位，有的是来中国短期访学游学。2019 年夏天，西班牙卡斯蒂利亚拉曼查大学孔子学院首批夏令营成员来到南昌大学，他们只有 10 天时间来认识和了解江西和江西文化。"文化"这个概念比较抽象而且宽泛，在组织筹划夏令营活动过程中，如何在短时间内让第一次踏入中国国门的留学生全方位体验江西地域文化特色是一个值得思考的问题。

江西省位于中国的东南部，脍炙人口的《滕王阁序》中对江西"物华天宝""人杰地灵"的描写成为对江西历史文化高度概括的写照。毛泽东主席 1934 年在中共粤赣省委所在地江西会昌进行调研和指导工作时，写下"踏遍青山人未老，风景这边独好"的诗句来赞美江西风光。江西母亲河赣江和中国第一大淡水湖鄱阳湖浇灌的赣鄱大地山峦叠翠，自然风光优美，还有以汉代海昏侯国遗址公园、瓷都景德镇为代表的悠久历史和璀璨文化。江西也是一片红色的土地，淳朴的人民在中国共产党的领导下浴血奋战，造就了革命摇篮井冈山和红色故都瑞金等红色圣地。

自党的十八大以来，江西省将文化作为发展的重要指标之一，凭借资源优势，打造文化品牌，不断提高江西文化软实力。2017 年 6 月 8 日，时任江西省省长刘奇在第十六届赣港经贸投资合作交流会上，用"杜鹃红""青花蓝""香樟绿""马蹄金"四种颜色描述江西特色地域文化，其中"杜鹃红"象征赤诚的革命文化，"青花蓝"象征典雅的陶瓷文化，"香樟绿"象征清新的生态文化，"马蹄金"象征厚重的古代文化。2019 年，江西省文化和旅游厅在"江西风景独好 赣都人文荟萃"旅游推介会上，用"杜鹃红""青花蓝""香樟绿""马蹄金"四种颜色推介江西"独好"的文化旅游资源，从此"四色"文化成为江西鲜明的地域文化特色。随着时代和社会的发展，江西地域特色文化不断融入新的内涵。由中共江西省委和文旅厅等单位主办的"文化的力量——2019 江西文化发展巡礼展"深挖江西文化内涵，展示江西历史底蕴和文化内容，除了红色革命文化和绿色生态文化，将以海昏侯国遗址公园考古发掘成果马蹄金为代表的传统文化表述为"古色"文化，而将"金色"文化的内涵调整为专指江西省科技、旅游、互联网、金融等融合发展的最新成果。

因此，我们按照"四色"文化的思路介绍江西，路径清晰，地域特色鲜明而且形象生动，便于记忆和理解，效果非常好。短短 10 天的江西游学经历给西班牙留学生留下了深刻的印象，通过精心组织的文化之旅，他们感受了江西悠久的历史、灿烂的文化和优美的山水自然风光。尤其让我们感到惊喜的是，留学生们参观了革命摇篮井冈山和红色故都瑞金后，表示感佩中国共产党"为人民服务"的宗旨。西班牙朋友用自己的眼睛去观察，用心去感悟，去除了之前由当地某些媒体报道形成的对中国的偏见，其中的 1 名记者和 1 名导游自夏令营回国后，将自己在江西的见闻写成文章在西班牙媒体上公开发表。

作为一名语言学教师，在引导外国留学生了解江西文化的过程中，我总是有意识地引导学生去阅读语言景观，通过阅读语言标牌来检测他们的汉语水平，有时还能发现汉语标牌翻译的不当之处。这不仅激发了他们学汉语的兴趣，而且引导留学生感受真实的中国，理解中华文化，提升留学生跨文化交际的能力。语言景观与文化之间的关系密不可分。初次来到一个地方，人们总是需要指引的标牌，而语言景观是打开这个未知世界的钥匙。在异国他乡工作，我每到一个新的国家、新的城市，总是急切地探寻华人社区、华人商店或华人超市，不仅期待在那里购买习惯使用的碗筷、刀具和国内的食材，如豆腐、米线，更想从这一方小天地中感受中国文化的味道。这也给了我一个情境教学的灵感：让学习汉语的学生们到唐人街或中国超市杂货店去购物，去阅读汉语语言标识，去跟老板用汉语对话，从而体验中国文化。我也跟学生们一起到中餐馆去吃中国菜，让他们了解中国人的饮食文化，如在点菜中体现的中国人的分享意识，学习如何使用筷子，解释中国食物如饺子和春卷的文化含义，从唐人街的语言景观中感悟中国文化，激发学生学习汉语的兴趣。

对于社会语言景观与文化的关系，我有直接而深刻的感悟。我曾在墨西哥、日本、美国、西班牙从事汉语语言教学，每到访一个国家、一座城市，都能感受新的气息，体会文化的多元性。闲暇时光我喜欢拍摄当地风光，并与国内朋友分享，常常被问"从照片上的标识看你在国外机场吧？""这是什么地方？很有异国情调嘛。""这个活动看起来很有意思，那紫色条幅上是西班牙语吗？啥意思啊？""这是个博物馆吗？看不懂语言标牌啊！"不少朋友建议我再拍照时最好能把街道名称或能显示不同文化的语言标识拍到画面中。可见，语言标识在特定区域内的分布和出现是判断地域文化和风情的一个重要信息源。

本书以江西"四色"文化语言景观为研究对象。"杜鹃红"代表红色革命文化，江西是一片红色的土地，具有光荣的革命传统；"青花蓝"是指陶瓷文化，这是江西文化走向国际最具代表性的名片，世界认识中国从 china（瓷器）开始，世界从认识瓷器而欣赏中国文化；"香樟绿"是指江西的绿水青山，江西拥有中国第一大淡水湖鄱阳湖，森林覆盖率高达 63.1%，呈现一幅美丽的生态画卷；"马蹄金"是江西文化与旅游融合的新亮点，2015年江西省南昌市西汉海昏侯国遗址的重大考古发现惊艳了世界，海昏侯墓出土的马蹄金等金器及竹简展示了江西悠久的历史和深厚的人文底蕴。

当今世界迅速呈现多极化发展趋势，数字技术发展引发了语言世界的深刻变化，不同国家和民族的语言有的悄然成为强势语言，占据公共空间的语言霸权；有的则成为弱势语言，甚至濒临灭绝消亡的风险，语言权利和语言资源观等语言意识引发关注。1997 年，语言学界首次提出要把语言景观与民族语言活力联系起来考察，通过公共空间语言景观，透视语言与社会生活的联系，以及背后折射出来的文化与价值观念。以网络空间为代表的虚拟语言景观对文化的影响逐渐增强,语言景观构建呈现以数字化、可视化、沉浸式体验为主要特征的多模态样式。本书正是在这个时代背景下,通过考察语言景观及其功能,发现二者的深刻联系,以促进江西地域特色的文化发展,建设充满活力的文化生态。

二 研究意义

语言景观是地域文化和时代变化的符号化表达,在文化传播中起着潜移默化的作用。公共空间的语言景观也可作为社会文化风格及其细微变化的观察点。江西省政府着力打造文化强省名片,对江西"四色"文化语言景观的调查研究既有理论意义也有实践价值。

(一)理论意义

语言的功能可以概括为交际功能、认知功能和社会功能。语言是人类交际的主要工具,也是认知世界的主要途径,是人类思考的符号系统,信息接收、分析推理和判断等认知活动都离不开语言。语言不仅是交际和思维的工具,而且也是资源,人们通过语言确认地位、显示权势,是构建文化软实力的重要手段。

Landry & Bourhis (1997) 重视语言的社会功能,首次提出"语言景观"概念并引发学界关注,语言景观迅速成为社会语言学研究热点。Scollon R. 和 Scollon S. W. 的《场所话语研究:物质世界中的语言》(2003)奠定了语言景观研究的理论基础。各个国家来自不同研究领域的学者们通过考察公共空间语言符号的使用特征,分析语言选择折射出的该地政策取向、语言权势、文化认同和民族语言活力等信息。

国内学者从 21 世纪初开始关注语言景观研究,主要针对城市公共空间语言标识的规范化和翻译的得体性进行研究 (尚国文,2018;周庆生,2005),随着研究的逐步深入,也有学者从社会语言学视角分析语言景观(田飞扬、张维佳,2014)。随后中国学者将语言景观研究的范围拓展到平面符号上,并针对特定交际领域进行调查与研究。

本书基于国内外学界语言景观的研究理论,在从认知经验再现视角调查语言景观构建、从互动接受视角调查语言景观接受效果的基础上,重视语言景观的教学功能，以及语言景观与文化旅游发展关系的调查与研究，突出语言景观的社会文化象征性符号功能，以便通过语言景观营造文化氛围，助力地域教育和文化旅游事业发展。

（二）实践意义

现阶段语言景观构建存在的问题主要有：一是单纯追求视觉美感和时尚，未能根据地域文化特色构建，空洞的语言符号造成文化浅表化的表达；二是忽视与接受者互动，语言景观构建未能达成友好化表达。本书选取江西"四色"文化的语言景观作为调查研究对象，对典型语言景观进行调查分析，重视接受者的阅读和审美习惯，结合社会生活和时代变化考察语言景观。

语言景观是透过语言符号了解社会变迁和公众文化意识的窗口，是社会文化意识形态的表征，因为语言是文化的载体。本书研究基于语言景观构建的信息功能，更重视文化内涵传达机制。文化与语言景观的融合是本书研究的重点，力求通过研究江西文化语言景观，将文化元素通过合适的表达手法应用到语言景观中，使语言景观揭示文化内涵，实现二者融合并服务于教育和文旅发展。

第二节 语言景观定义及其功能

一 定义与分类

（一）语言景观的定义

汉语"景观"一词通常指一定区域内呈现的景象，即视觉效果，基本等同于"风景""景致""景色"，即英语中的"scenery"。作为视觉美学概念的"景观"（landscape）反映了土地及土地上的空间和物体构成的综合体，是复杂的自然过程和人类活动在大地上留下的印记。不同学科从不同视角的使用，使"景观"一词的内涵和外延不断变化。生态学上的景观是指由相互作用的拼块或生态系统组成、以相似的形式出现的一个空间异质性区域，是具有分类含义的自然综合体，包括生物的和非生物的现象。《中国大百科全书·地理》（1990）对"景观"的定义是：某一区域的综合特征，包括自然、经济、文化诸方面，不局限于单纯视觉感知的自然景色，也加入人类活动的影响而与文化关联，是通过符号记载人类历史、表达理想、达成文化认同的符号，以及通过这些符号所营造的物理和文化空间。通过形状、颜色、材质等媒介，以及置于景观中的语言文字，将自然景观与文化景观有机融合。文化景观是指某地域内的文化群体利用自然景观将文化观念在某个特定空间呈现出来，借助公共空间的语言符号则能传递更加抽象和超越物质维度的信息。

"语言景观"（Linguistic landscape）作为社会语言学术语，由加拿大学者 Landry & Bourhis 于 1997 年在《语言景观与民族语言活力：一项实证研究》中率先提出，某个地区或城市群的语言景观由出现在公共路牌、广告牌、街名、地名、商铺招牌以及政府楼宇的公共标牌上的语言构成，这些标牌上的语言符号具有可见性和突显性。可见，语言景观指的是包括街道、公园、公共机构等非私有空间中所出现的语言及其配套的示意符号，关注重点是"何者在何处用何种语言设立了何种标志，为什么？"①

语言景观初期研究主要关注多语种在公共语言标牌上的呈现，如"多语城市语言景观"凸显了"多语种"视角，但语言景观的研究价值不仅在于多语种的呈现，而且有着更丰富的内涵和深入研究的可能。Jaworski & Thurlow（2010）从社会符号学角度进行考察，认为语言景观研究除了关注标牌语言本身，更应该考虑语言与景观、文化、视觉话语之间的互动关系，关注以文本为媒介并利用多种符号资源进行的空间话语建构，将研究对象扩展到包含图像、音频和视频等非语言符号的多模态样式，如宣传册、电子显示屏、电影海报等。2015 年 *Linguistic Landscape：An International Journal* 杂志创刊，呼吁语言景观研究应尝试去理解公共空间所出现的各种语言及各种形式背后的不同动机、不同用法、不同意识形态、不同变体和彼此之间的竞争关系。显然，这里的"语言"不局限于语言符号系统，而是涵盖了表达意义的多模态符号的空间呈现。

---

① 　徐茗：《北京市语言景观调查研究》，上海三联书店，2020，第 22 页。

本书从社会语言景观视角研究江西文化与语言景观的关系，研究对象既包括物理空间典型的公共交通路牌、广告牌、街道名称、地名和商店招牌以及政府机构的公共标牌，也涵盖公共空间其他可视性语言符号，包括标签、宣传册、宣传活页，在特定公共空间中以移动形式呈现的如电子显示屏、车身广告和文化纪念服饰上的语言符号也属于本书研究范围。江西地方文化特色公共空间静止或移动载体上的语言符号不仅是简单的语言符号呈现，还可以通过这些语言景观透视江西文化观念。

（二）语言景观的分类

根据不同的分类标准，语言景观可以分为不同的类别。语言景观最常见的分类标准是语言标志的主体性，即根据语言景观构建者的性质，将语言景观分为官方和非官方两种基本类别。官方标志又称为自上而下的标志，非官方标志又称为自下而上的标志。Spolsky & Cooper（1991）根据标牌的作用，将语言景观分为街牌、广告牌、警示牌、建筑名、信息牌、纪念牌、物品名牌、涂鸦等；根据语言标牌的制作材料分为金属类、陶瓷类、木料类、石材类等；根据语言标牌使用的语言及其数量分类，分为单语标牌、双语标牌、多语标牌等。[①]

语言景观还可以分为典型性和非典型性语言景观。典型性语言景观是静态的公共空间中的语言符号呈现，非典型性语言景观包括移动载体上的语言符号。典型性和非典型性语言景观包括虚拟空间的网页和电子屏幕等，都在本书的考察范围。

本书对江西文化语言景观的构建进行调查研究，从语言景观对文化意义的建构与传达视角，采用自上而下和自下而上的分类有利于观察两个不同类型语言景观对文化意义构建的差异。在调查语言景观的过程中，本书将对采集的语言景观从不同的视角标注其功能、承载材质、语码数量及其分布形式等，这些因素折射出语言景观背后的信息功能以及语言权势等信息。

---

① 尚国文、赵守辉：《语言景观研究的视角、理论与方法》，《外语教学与研究》2014 年第 2 期。

二 语言景观的功能

Landry & Bourhis（1997）认为语言景观的主要功能是信息功能和象征功能。我们认为，语言景观的文化功能不可忽视。

（一）信息功能

语言景观最典型的形式是语言标牌，其最直接和主要的作用就是为进入该公共空间的人提供信息，帮助人们了解该公共区域的功能。Kallen（2009）指出，旅游空间的语言景观具有指示、行为调节、互动、认知功能。地名牌、指示牌为游客指明地点和行进方向，发挥指示功能；警示牌和告示牌通过警告、劝诫方式调节游客的行为，具有行为调节功能；在一个新的公共空间入口处表达问候、迎宾的标牌，有助于与游客建立和谐关系，起到与游客互动功能；介绍性语言符号等信息标牌帮助游客了解该公共空间的相关知识或信息，具有认知功能。① 王默（2007）将景区标识分为空间导向类标识（包括路标标识、地图导览标识和方向辨识标识）和主题性场所类标识，这是根据语言景观的信息类型做出的分类，导向标语主要功能是指示和行为调节，而主体性场所标识是为了传递一定的认知信息。

信息功能是语言景观最基本的功能，语言景观提供的信息分两类：语言景观为其接受者提供在该区域开展活动的必要的指示和引导信息，如景区内的功能区指示，引导游客参观、就餐、如厕，甚至在突发状态下寻求帮助的方式等，这是语言景观的显性信息功能；透过语言景观的展现形式和内容选择，接受者不仅可以了解该公共区域的相关知识，也可了解语言景观构建者所代表的该公共区域的语言群体或语言社区，包括其地理边界和语言构成，以及该社区使用语言的特点等信息。此外，通过语言景观的语言符号呈现，也可知晓该地区采用的主要语言以及是否存在多语共存现象，这与语言景观的象征功能有关。

---

① 尚国文：《宏观社会语言学视域下的旅游语言景观研究》，《浙江外国语学院学报》2018 年第 3 期。

（二）象征功能

语言景观不仅能够传递信息，还可以映射该语言景观所在区域的语言权势、景观构建者的社会身份与地位等信息，并体现语言群体成员对语言价值和地位的理解。江西省所见语言景观全部采用现代汉语表达，汉字书写显示出汉语普通话为当地官方语言，语言文字规范意识居主导地位。

多语种标牌中出现的外语种类反映了该语言景观构建者拟定的可能来自不同国家或地区母语非汉语的接受者，在江西语言景观中常见的英语、日语、韩语和俄语等外语，意味着语言景观构建者对该地域空间潜在参观游览者来源国家的设定，因而除了作为国际交际通用语言的英语，多为日本和韩国等近邻国家的语言。在小平小道陈列馆，俄语在语言景观中作为选择外语的语码出现，显然与该景区的红色革命性质相关。作为联合国常用工作语言的其他语种，如法语、西班牙语或德语，很少在江西省的语言景观中出现。可见，语言景观在某种程度上反映了语言权势关系、身份认同和意识形态，在多语并存的社会环境中语言景观的这种象征功能尤其敏感。

（三）文化功能

从语言景观与文化意义构建和传达的视角，我们更关注的是语言景观的文化功能。张艳翠（2019）将语言景观的文化功能分为文化教育功能、文化传承功能和文化交流功能。本书考察江西地域文化在语言景观中的呈现，通过语言景观透视江西地域特色文化。

通过语言景观构建可以达到教育目的。红色文化是江西底色，革命纪念馆和博物馆的语言景观有利于开展红色教育。语言景观具有文化传承功能，通过语言景观挖掘江西优秀传统文化内涵，构建具体而生动的语言景观立体图景，有助于赣鄱大地上的优秀传统文化穿越时空，普及大众。语言景观所承载的文化通过与来自不同文化背景的接受者的交流互动来实现文化传播。

第三节　江西文化特色与语言景观透视

一　江西文化特色

学界对"文化"一词有广义和狭义两种理解。狭义"文化"仅指社会意识形态的精神范畴。广义"文化",根据《辞海》的解释,是人类社会发展过程中创造的物质财富和精神财富的总和,可分为物质文化和精神文化两大类。物质文化具有实在可感的属性,是客观存在的物质实体,包括生产工具、生活用具及相关技术,是精神文化的基础和载体;精神文化指观念和意识形态,包括语言、文学、艺术、宗教、法律、风俗、制度等抽象事物。物质文化和精神文化都是人类历史的积淀,从种族特性到日常习俗都是文化的表征,无论生活方式是文明还是原始,只要有人的参与就有文化的存在。人类既是文化的消费者,也是文化的创造者。不同民族、不同地域的文化构成了人类文化的多样性和多元性。

"地域文化"是自然地理与空间呈现出来的、有机融合历史和现代文明、体现地方人文和自然的文化模式,具有鲜明的地域特征,是地域之间相互区别的文化符号。如杜鹃花适合生长于酸性红土地,春天在江西漫山遍野地盛开,生命力极强,象征淳朴的江西人民对中国革命的热情,故被定为江西的省花,而以"杜鹃红"定义的红色文化是江西地域文化形象而鲜明的表征之一。可见,地域文化以地理区域为基础、以该地域的发展历史为主线、以特定景物为载体,隐喻该地域的人文精神,是地理空间上的主观建构,具有象征性和传承性。

(一)红色文化

江西是一片浸透着革命烈士鲜血的热土。中国共产党领导人民为了国家命运和前途浴血奋战,留下了令人难忘的红色记忆。江西是一个没有围墙的革命历史博物馆,最具代表性的有"四大摇篮"(中国革命的摇篮井冈山、人民军队的摇篮南昌、共和国的摇篮瑞金、中国工人运动的摇篮安源)、"四处胜地"(伟人化险地铜鼓、中央红军长征集结出发地于都、改革开放策源地"小平小道"、耀邦陵园地共青城富华山）和上饶集中营和革命烈士方志敏纪念馆等。① 红色文化是江西独特而宝贵的文化财富。

江西红色文化跨越了从新民主主义革命到改革开放的历史。"小平小道"诞生于邓小平同志下放江西的艰辛岁月。邓小平同志不惧困难、乐观积极，为国家和人民的前途殚精竭虑，体现了"伟人不计个人得失、困而思进的高尚风范，矢志不渝顽强追求、热爱生活的乐观态度，心系天下的宽广胸怀及对国家未来的深度思考"。② "小平小道"不仅代表了共产党人社会主义革命和建设时期艰苦创业的精神和为人民无私奉献的理念，而且反映了改革开放新时期"解放思想、实事求是"的先进文化。

（二）蓝色文化

"China"一词首字母大写的意思是"中国"，首字母小写是"瓷器"的意思，英语中瓷与中国为同一个词，可见中国自古就是"瓷器之国"，陶瓷是中国重要的文化符号之一，是世界认识中国的窗口。

江西是中国瓷器重要的发源地之一。万年仙人洞与吊桶环遗址出土了距今约两万年前的陶器实物。陶瓷薪火从千万年前传到今天，绵延不断的陶瓷文化中最具代表性的当属"三面青山一面水，一城瓷器半城窑"的景德镇。景德镇有着2000多年的冶陶史、1000多年的官窑史和600多年的御窑史，千年不息的窑火留下了丰富的陶瓷文化。

2019年5月，习近平总书记视察江西时做出了"建好景德镇国家陶瓷文化传承创新试验区，打造对外文化交流新平台"的重要指示。同年8月，经国务院同意，国家发展改革委、文化和旅游部印发《景德镇国家陶瓷文化传承创新试验区实施方案》，明确了"两地一中心"（建设国家陶瓷文化保护传承创新基地、世界著名陶瓷文化旅游目的地和国际陶瓷文化交流合作交易中心）的战略定位。中共江西省委十四届六次全会也强调，要把创建景德镇陶瓷文化传承创新试验区作为建设文化强省、弘扬江西地域特色文化的重大载体，深度挖掘千年瓷都的人文底蕴，把景德镇打造成冠领中

---

① 《朱虹：十论红色文化》，https://www.jiangxi.jxnews.com.cn/system/2022/05/10/019629469.shtml.
② 周春林、陈玲艳、傅华云：《突出改革开放思想萌生地的主题》，《南昌日报》2008年2月20日。

国、代表江西走向世界，让世界感知中国、认识江西的国际瓷都，赋予了景德镇新的使命和更大责任。①

（三）绿色文化

香樟树是江西的省树，在江西随处可见四季常青的香樟树，这是构筑绿色江西的基本色调。江西的森林覆盖率为 63.1%，位居全国第二。四季常青的绿色是江西地域文化的特色。江西绿色生态文化以四大名山为代表。庐山匡庐奇秀，以雄、奇、险、秀闻名于世；井冈山森林覆盖率高达 81.2%，是有世界代表性的山地亚热带常绿阔叶林区，至今尚保留着人迹未至的大片原始森林，不仅是中国革命的摇篮，而且是集人文景观、自然风光和高山田园于一体的山岳型风景胜地和养生福地；三清山被誉为中国古代道教建筑的露天博物馆，清净自得的道教文化与清绝尘嚣的自然景观和谐互补，体现了藏风聚水、天人合一的至高境界；道教祖庭龙虎山不仅有着独特的丹霞地貌，而且是道教正一派发源地，山上还保存着古越族人独特的崖墓葬民俗，200 多座悬棺留下了千古之谜。

习近平总书记视察江西时指出，江西是个好地方，生态秀美，名胜甚多。充分肯定了江西良好的生态环境，对江西绿色发展寄予厚望。

（四）金色文化

海昏侯墓是我国迄今发现保存最好、结构最完整、功能布局最清晰、拥有最完备祭祀体系的一座西汉列侯墓园，对其遗址考古的重大发现让世界把目光聚集在江西南昌，发掘出土的大量竹简和马蹄金等金器展示了一个人文底蕴深厚的金色江西，是国家级乃至世界级的珍贵历史文化遗产。海昏侯国遗址公园展示出"海昏元素""豫章特色""江西韵味""大汉气势""中华文明"五大特色。

江西文化自古以来就有重视立志、积极进取精神的传统。从徐孺子、陶渊明到以书院文化代表的朱熹、陆九渊，从庐陵文化到临川文化都体现

---

① 《景德镇国家陶瓷文化传承创新试验区建设新闻发布会在南昌举行》，江西省人民政府网，https：//www.jiangxi.gov.cn/art/2019/10/10/art_5862_782225.html。

了江西人对人生的积极追求。无论是体现江西人安土重迁的稻作文化，还是展现江西人积极进取的书院文化，都受到儒家文化的深刻影响。水稻与茶叶是江西重要的农作物，而农业生产受制于自然环境，因此江西文化蕴藏着敬畏自然、顺应自然、与自然和谐相处的精神内涵。以海昏侯墓出土的"马蹄金"为代表的江西文化展现了浓厚的儒学思想。

二　语言景观对文化的透视

（一）语言景观是其构建者的经验再现

某个区域的语言景观可以折射出该区域的特色文化，地域文化的差异也会产生不同的景观。语言景观与文化相互作用、相互影响，通过人的创造性活动得以完成。人们将地域文化反映到语言景观上，而由某地某时代的人们构建的语言景观必然承载和传播着当地的地域文化，是语言景观构建者的经验再现。

自然界的青山绿水原本浑然天成，并无人工痕迹，然而文人墨客在游历山水时忽有所感，挥毫留下诗词，表达其所思所想，这些语言符号的表达镌刻在景观中，从而使这山水负载上文化意蕴，并被广为传播。

由发生在某些特定区域内的历史事件而形成的历史遗迹也构成语言景观。1996 年联合国教科文组织世界遗产委员会认定："庐山的历史遗迹以其独特的方式，融汇在具有突出价值的自然美之中，形成了具有重大美学价值的、与中华民族精神和文化生活紧密相连的文化景观。"[①] 从而同意批准庐山作为"世界文化景观"列入《世界遗产名录》，这是对自然景观与文化相互作用形成的美学价值的认可，中华民族精神和文化意蕴巧妙地融入具有突出审美价值的自然山水之中，从而形成了世界公认的文化景观，其中的中华民族精神和文化生活意蕴需要通过语言景观来揭示。

井冈山红色景区的"雷打石"是一块普通的大石头，若无说明实在看不出有任何特殊之处。传说土地革命战争时期在这块石头上发生过一个历史事件：毛泽东正是站在这块巨石上宣布了三大纪律，这是人民军队铁的

---

① 《世界遗产名录》，联合国教科文组织官网，https://whc.unesco.org/en/list/778。

纪律——"三大纪律八项注意"的开端。如果没有语言景观，游客无法了解这块石头与这一历史事件的连接，无法体验其文化历史价值，借助语言景观的构建，竖立的碑石上镌刻的"三大纪律八项注意"提示了该巨石的历史意义，从而使普通的巨石具有了文化的内涵。接受者可以超越时间，从中感受到红色文化。可见，通过形态、线条、颜色、音响和语言符号等手段对特定区域的地理位置、地物风貌进行塑造，可以展示社会活动的印记，从而使游客感受文化意蕴。

（二）接受者与语言景观的互动

无人观看的景观只能算自然景观，并不负载特定的文化内涵。只有当人们为满足某种表达需要，利用公共自然空间进行创造性加工，有意识地使其承载某种文化才可能具有景观文化。而用语言符号在该公共空间形成的语言景观揭示了该公共空间的功能及其文化意蕴，标识了人类生存和活动的印记。正如庐山自然之美，加上历代文人墨客游历庐山时有感而发的诗句，体现了中华民族的精神风貌和审美取向，从而使秀美的自然景观承载了文化意蕴。当后世的游客在游览该处美景时，眼前的美景加上景区介绍性语言标牌上的文字会更好地激发游客的幽古之思和欣赏之情。

景观负载的意识和观念是语言景观构建所表现出的文化，同样采用石头作为构建元素，中国江南园林的石景讲究"瘦、透、皱、漏"，折射出中国文化注重"虚实相应、曲径通幽"的特点。可见，语言景观在景观与景观接受者的互动中起着"画龙点睛"的关键作用，语言景观把石头被赋予的文化象征意味揭示出来。景观蕴含的精神文化和意识形态需要通过语言符号和空间的物质形态引发人们的感知，通过大脑思维和联想产生文化意义。

（三）语言景观是文化意义构建手段

景观文化显示了人类活动与特定地域公共空间之间的关系，与其他类型的文化相比有着独特性，主要表现为时空性、直观性、社会性、传承性和功能性。所谓时空性，指生活在同一地域、同一时代的人们容易形成相近的价值观和审美观，地域景观折射出的文化倾向同质，语言景观置放其中，特定时空为语言符号的解读提供了具体的语境。景观文化必须通过公共空间的景观塑造和语言符号等物质手段作为载体传递信息或表述某种意识或观念，以达到与接受者共鸣的交际效果，这是景观文化的直观性。从共时视角看，景观呈现于某一特定社会公共空间，承载传递特定社会文化信息的功用，语言景观传递的信息来源于社会，又服务于社会。从历史视角考察，景观文化的营造凸显某公共空间的历史事件或者历史人物，具有历史传承性，语言景观是历史文化传承最有效的载体。在公共空间构建的景观有着特定功能，是特定文化群体通过活动而赋予自然环境一种指示或象征，语言景观则通过语言符号表达意识形态或呈现观念。

可见，语言符号是景观文化的重要构成部分，借助语言符号能够传达景观信息，揭示景观的象征功能，准确而简洁地表述该景观负载和传递的文化内涵，体现地域和时代的价值观念和审美观念。江西安义千年古村群景区完好保存了明清古民居群落，古村被青山绿水环抱，村内建筑雕梁画栋，然而有了文化古村才有魂灵。每户住宅内外门户上都有匾楹，用匾额和楹联表达主人的价值观和信仰。其中的士大夫第是赣派建筑的典范，主人黄秀文以"乐善好施、懂得感恩"而扬名，其宅门前设了围屏供路人遮风挡雨，屋内设典当铺报答乡亲，其楹柱上挂对联"不取分毫之利，聊申乡党之谊"，天和堂两侧的楹联是"神求清气求静心志求远当成名教真硕士，身能贵寿能高儿孙能荣方是世间大福星"。景观的文化价值通过语言符号景观而被表达、被感知、被传承。

第四节　研究思路与方法

一　研究对象

本书选取体现江西地域文化特色的语言景观进行研究。在调查中采用符号景观视角，Jaworski & Thurlow（2010）提出的"符号景观"指由人们有目的介入意义构建而形成的带有铭刻（inscription）的公共空间中的符号，包括但不限于语言符号，还包括文字符号和与之配套的图像等传达文化意义的其他手段。多媒体时代对某公共空间文化意义的传达除了采用文字和图像等固定位置的静态手段之外，还可采用移动（in transit）的手段，如海报、宣传册和音乐以及电子显示屏上的动态信息等，不同模态的符号都是为了意义的构建。

调查点的选取根据江西"四色"文化特点的代表性决定。红色文化选取革命摇篮井冈山、红色故都瑞金和改革开放发源地"小平小道"为主要调查研究对象；蓝色文化选取千年瓷都景德镇为代表；绿色文化选取被称为"人类文化遗产"和世界地质公园的庐山及中国第一大淡水湖鄱阳湖为代表；而金色文化则选取以汉代海昏侯国遗址公园为代表。

二　研究思路

首先对所选取的江西"四色"文化的代表性公共空间展开调查，通过拍照提取语言景观，并对照片进行标注。在语言景观调查基础上，对语言景观的语种选择、语码偏好、语言政策、语言权势等进行质性研究。

语言景观构建者与接受者通过特定景观而形成互动或交互关系，互不见面的交际主体通过语言景观这个客体而形成交互过程。一个特定的语言景观既包含语言景观的决策者和设计师，也包括语言景观的受众，同时更是自然地域内客观景物的呈现，是客观环境中各种要素的组合，通过语言景观符号传递信息、表达意义，并呈现地域特色。本书在调查江西文化语言景观现状的基础上，考察语言景观与江西文化的关系。将语言景观的构建与接受视为一个交际过程，重视语言景观背后的交际主体，即语言景观构建者和接受者，语言景观在这两个交际主体之间实现信息交流。

文化传承中教育的作用不可忽视，本书还研究语言景观的教育功能与文化传承的关系。现代技术和人工智能的发展，让语言景观的信息传递不再局限于语言符号，多模态景观能够更加有效地调动人的多维感知能力，更符合当代人的审美习惯。对于多模态语言景观在文旅事业发展中的效果及作用，本书也进行了调查分析。在生态场域视角下，着眼于建设文化强省，本书提出了构建并完善江西文化语言景观的设想。

三　研究方法

基于 Kress & Leeuwen（1996）提出的视觉语法（visual grammar），采用

平面视觉的分析框架，本书的研究聚焦以下问题：（1）江西文化语言景观如何表达经验再现（representation），即关注文化意义如何通过语言景观加以构建；（2）语言景观如何与该景观的符号系统进行接受互动（interaction），重点考察江西文化语言景观的接受效果与人际互动功能的效果；（3）将上述二者从形式上联系起来的构图篇章（composition）的修辞结构和特色。

文化语言景观除了向接受者提供信息，也具有动态和双向性特点。语言景观可视为对接受者发出的某种邀请，并为接受者提供资源和给养（affordances），即语言景观不仅为语言教学提供资源，也为更广泛意义上的文化旅游提供给养。本书基于 Norris（2004；2019）多模态分析框架，对江西文化语言景观的教育功能以及语言景观对江西文化旅游事业发展的作用进行了调查与研究。

首先对选定的江西"四色"文化的代表性地点和景区的语言景观进行田野调查，采用自然观察中的参与观察法，利用数码相机、手机等设备收集语言景观的数据资料。制定语言景观标准，在拍摄成照片并按照标准选定存储之后，对语言景观上的语言种类、语言模式、语言标识的属性和语码偏好进行标注，对取得的数据进行统计分析。通过考察统计语言标牌上出现的文字种类、字体大小、语言符号的载体以及语言景观的摆放位置等，分析该区域族群的语言态度和语言政策。同时根据从 Ravelli & Mc Muntie（2016）提出的空间话语分析理论（Special Discourse Analysis）中得到的启发，对公共空间布局的语言景观进行分析，除了对选择字体、摆放位置等因素进行考察，还添加空间话语中的色彩和社会距离等分析，同时记录研究团队作为语言景观接受者的接受感悟，借此发现问题。

通过设计问卷调查语言景观的接受者对某地域语言景观的接受心理及接受效果。文化语言景观由符号组合而成，是决策者和设计者思想观念的信息载体。通过面对面的访谈形式，了解语言景观构建者（包括政府机构、设计者和管理者）对语言景观文化意义建构的意图。

第一章
语言景观研究现状与启示

第一节　语言景观研究的主要理论

　　语言景观引发了学界浓厚的研究兴趣，不仅有应用语言学研究者对语言景观进行社会语言学分析，还有人类学、心理学和教育学等领域的学者关注语言景观，并从各自学科的视角采用不同方法展开研究，这使得语言景观研究很快呈现多学科交叉的特点，已公开发表的研究成果有各自的特点且差异较大。我们试图概述其中影响较大的观点和方法，以期为本书的研究寻找坚实的理论基础。

一　地理符号学理论

　　Scollon R. & Scollon S. W.（2003）在《场所话语研究：物质世界中的语言》中借鉴视觉符号理论框架对场所话语进行讨论，提出"地理符号学"概念，这奠定了语言景观研究的理论基础。基于地理符号学理论，研究者注重研究语言标牌和话语物质现实（material placement）的关系，重点是制作语言标牌的行为在现实世界中的社会意义，主要研究话语如何在具体场所中表达意义，包括互动秩序、视觉符号和场所符号三个系统，显然该理论很重视话语和场所的关系。

　　地理符号学理论中的互动秩序系统对我们的研究有一定启发。根据该理论，应该重视人与语言景观的互动，通过分析互动过程中人所利用的资源，包括时间感、空间感、人际距离等主要互动因素而建构语言景观的意义。构成语言景观的互动要素包括"作者"、"读者"和"（标牌）文本"，在本书中，我们表述为"语言景观构建者"、"语言景观接受者"和"语言景观本身"（包括语言标牌上的符号及其组合，以及语言景观的文本修辞等内容）。

在语言景观的互动交际中，语言景观的构建者与接受者、语言景观本身与其放置的场所均被视为彼此接触并互相影响的表意符号，通过考察特定社会环境与所塑造的语言景观的互动关系，揭示人与语言景观、语言景观选用的符号与置放地点之间的关系。互动秩序理论重视特定语言景观在特定场域中的功能实现，并由此对语言景观的社会文化价值做出判断与分析。本书将江西文化语言景观视为人与语言景观的互动秩序系统，重视互动秩序系统中作为交际主体的人，即语言景观的构建者和接受者与客观呈现的语言景观（符号系统及文本表达与环境）的互动，基于地理符号学互动秩序理论，从动态交际视角考察语言景观，通过对特定区域语言景观对江西地域文化意义的构建与解读，分析江西地域文化的传承和传播与语言景观的内在紧密联系。

场所符号学"由一套用以分析现实环境中的语言符号系统的框架，由语码取向偏好（code preference）、字符镌刻（inscription）和置放（emplacement）等子系统构成"[1]，重视现实环境中的语言符号，这是语言景观传递信息的主要载体，特定场所中的符号标记是交际主体进入某个陌生公共空间首先需要搜寻和感知的信息。考察"语码选取偏好"，指分析语言景观所采用的语言种类，通常呈现官方语言，也有可能出现其他语种。通过分析语言标牌上语码的呈现顺序和字体大小，可窥见语言景观构建者的语码偏好。

语言符号在特定物理载体上的呈现方式，如字体大小、语言标牌的材质、与语言标牌配套的其他附加成分如图画等，这些被称为"镌刻"，也透露出一定的文化信息，如景德镇的路牌采用陶瓷材质，营造了瓷都的氛围。

---

① 尚国文、赵守辉：《语言景观研究的视角、理论与方法》，《外语教学与研究》2014年第2期。

"置放"是指语言景观放置的地点和空间位置,主要包括去语境化、越轨式和有情境等三种类型。所谓"去语境化置放",指语言标牌的置放地点不受制于特定语境,适合放置于任何地方。"越轨式置放"有两种可能,一种是无意而为的不当置放,语言景观被放置在不恰当之处,使接受者产生不适之感,如将标语"经济搞上去,人口降下来"置放在殡仪馆入口处,这一特定场合让人产生情境联想而导致反感。"有情境置放"是对语言景观置放有特定的情境要求,如楹联"天下皆春色,吾门独素风"提示的信息是,这户人家在过去的一年中有亲人离世,且一般采用白色或绿色纸张作为载体。

语言景观并非孤立静态的存在,而是通过与其置放环境形成互动而产生指示信息的意义,并与可能的接受者形成信息沟通。语言景观所采用的不同语种之间、语言符号与周边非语言符号图像的置放与景物之间形成互动,这些互动使语言景观传递的信息更为丰富。语言景观存在内外两种互动类型:内在互动是语言景观构成要素间的互动,包括语言符号之间以及语言符号与其他非语言符号之间,以及语言符号与环境之间的互动关系;外在互动是指语言景观与接受者的互动,即人与语言景观的互动,接受者在阅读语言景观的同时解读其传递的信息和文化意义。本书研究中重视并考察语言景观的内外互动性。

二 语言景观构建原则

Ben-Rafael (2009) 认为语言景观的形成过程是自我构建的过程,遵循基本的构建原则,主要可概括为凸显自我、充分理性、集体认同和权势关系等原则。

语言景观的凸显自我 (presentation of self) 原则认为,社会行动者习惯把自身的优势和特色展示出来,以获得关注。语言景观为吸引注意力而采用凸显自我特色的手段构建语言景观。语言景观构建者在凸显自我特色之外,还应充分了解受众(语言景观的潜在接受者)的价值取向与接受心理,借助构建风格迎合受众,但同时必须保持充分理性,这在商业性语言景观中尤其重要。

我们来看一个案例。在加拿大一个华人聚集的小镇上,不少华人开设的商店从店牌到商品的广告均采用汉语，这体现了语言景观构建者凸显自我特色的原则，也让华人消费者产生亲切感。但是，该现象引发了小镇当地英语母语者的强烈抗议：外来族裔的汉语符号充斥大街小巷，当地居民因为不懂汉语而无法解读，引发交际不便。案例中的语言景观构建者未能照顾当地居民的心理需求，因此语言标牌的制作应受到充分理性原则的约束。

以上案例的语言景观折射出华人店主的集体认同意识。该镇虽然华人不少，但依然处于少数族裔的地位，当在语言标牌上仅选择汉语时，本土居民除了看不懂信息，还感觉到自己的文化被轻视甚至被冒犯。通过语言景观构建，小镇的文化氛围呈现反客为主的情境，毕竟汉语尚未被当地人或政府认定为具有等同甚至超越当地语言的地位。如果华人商店的语言标牌以汉语为主，配合呈现当地语言，语言标牌的构建者既可凸显自我优势，同时也可向当地受众传递友善信息，获取认同感，并可吸引潜在客户。遵循充分理性原则、尊重集体认同、营造多元文化氛围体现了包容开放心态中的集体认同原则（collective identity）。

一般情况下，某个特定区域起主导作用的族群的语言符号比少数族群的语言更大量和更广泛地运用在语言景观中。主导族群会有意识地制定语言使用规定，对语言文字使用进行管理，这就是语言景观中的权势关系（power relations）原则。语言景观折射特定地域的语言权势、语言地位和语言态度。

三　语言选择理论

在语言景观构建基本原则的基础上，Spolsky（2009）提出语言选择理论，从语言景观构建和接受视角，研究语言景观中的语言符号选择，认为语言景观上的符号选择遵循一定的原则。首先，语言景观上选用构建者熟悉的语言是语言景观构建的必要条件，这与Ben-Rafael（2009）提出的"凸显自我"原则一致，是语言景观实现其信息功能的前提条件和物质基础。

其次，在选择语言景观的符号中，也要关注接受者，应使用该语言景观的预期接受者能够读懂的语言。当语言景观的构建者和接受者处于同一文化背景下，二者使用同一套语言符号系统时，第二条从接受者视角提出的原则与第一条基于语言景观构建者视角提出的原则相吻合。

　　然而，在全球化趋势下，世界不同国家和地区的人员流动和政治经济文化交流日益密切，国际化语言景观构建必须考虑语言景观的潜在接受者来自不同文化的可能性，在语言景观构建者和接受者之间，采用不同语言符号进行交际的可能性不仅存在，而且可能呈现增加的趋势。语言景观的构建者能否考虑预期接受者的多元文化背景，采用预期的一种或者多种语言符号来传递信息，折射出该地域的国际化程度。人们通过观察语言景观所采用的语种类型和多样性，分析该地与何种文化背景的人交流，交流最多的人群所适用的语言，自然也会被语言景观构建者更多地用在语言标牌上，这体现了使用预期接受者能够读懂的语言这一原则。

　　语言选择理论还遵循使用表明自己身份的语言原则，需要注意的是，语言景观构建者熟悉的语言与表明其身份的语言有时候并不一致。这在多种族的社会场景下尤其敏感。语言景观构建者的母语是其最熟悉的语言，但是在特定区域，可能为了表明身份，其并不采用母语，而是采用代表其接受良好教育的语言，比如国际通用语言英语。这条原则可以用来解释多语种标牌上的不同语言的凸显和排序，这是通过语言选择凸显语言权势从而彰显社会权势关系的体现。

四　SPEAKING 模型

　　语言景观研究中常采用 SPEAKING 模型，这是借鉴人类学研究范式的结果。美国人类学家 Hymes（1972）为研究人类言语交际活动效率提出该模型，其中的每个字母代表在人类交际研究中应该考虑的一个因素。其中的 S（Setting and Scene）代表场景，包括交际时空背景与情境场合；P（Participants）代表参与者，包括交际双方，即说话人和听话人；E（Ends）代表交际目的和期待结果；A（Act Sequence）代表顺序，指交际事件发生的顺序；K（Key）代表信息传递的基调，指交际主体采用的语气、姿态和表情等主观色彩；I（Instrumentalities）则是媒介与渠道的代表，指交际言语的形式和传播媒介；N（Norms）是交际时需要遵守的社会规约；G（Genre）指交际中所采用的言语行为或事件类型。影响言语交际活动的主要构成要素通过 SPEAKING 交际模型得以形象而全面概括，Huebner（2009）将该模型应用于语言景观研究，借此分析语言景观所采用的语言手段与其所构建的社会文化意义之间的复杂关系。

我们从语言景观的场合和背景因素（S）入手，考察语言标牌放置语境所透露的社会文化意义；调查语言景观交际的参与者（P）的构建手段与文化意义的表达意图，以及语言景观接受者的接受心理与解读效果；进而考察语言景观交际目标（E）的实现情况；通过对行为秩序（A）的分析，描写语言景观的空间安排和语言符号的信息编排特点，重点考察语言景观文本的数量、信息明确度以及语法选择、词语选择、语法表达与社会文化之间的关系，包括语言景观构建与社会阶层、年龄、种族等因素构成交际规约的多维联系，阐释语言景观的社会行为和文化意义。

五 语言景观三维分析

亨利·列斐伏尔（Henri Lefebvre）的空间概念包括三个维度："空间实践"（spatial practice）、"构想空间"（conceived space）和"生活空间"（lived space），学者们利用空间理论形成了语言景观的三维分析法。"空间实践"指人类在物质空间内的活动；"构想空间"指由技术人员、规划者及其他决策者所构想的空间；"生活空间"是指普通的接受者在特定空间中所体验的空间，一般通过空间景观中的符号和隐喻体验来实现。[1]

语言景观空间实践的本质引导语言景观研究从考察其物理维度开始，包括可观察、可拍照和可记录的语言标识，特别是考察公共空间景观标牌上语言的实际分布情况，这是语言景观调查研究的起点。语言景观的构想空间着眼于政治维度，体现语言景观构建者的构想，是其意识形态和文化观念的体现，也是语言景观构建意图之所在。语言景观的生活空间重视体验和接受效果，通过景观中民众的生活活动来实现，是语言景观的接受者，包括当地居民、游客以及其他类型的接受者对该语言景观的态度和感知。

从空间理论也产生了空间语法，这是通过公共空间的景观符号而传递

---

[1] 关于亨利·列斐伏尔的空间概念，参见其著作 Lefebvre, H. 1991. *The Production of Space*, Oxford UK：Black-well。

信息的规律，除了语言符号，还包括色彩和声音等符号系统，这些符号系统在信息传递过程中也存在一定组合规律，是空间语法的表现。

第二节 语言景观研究的热点问题

语言景观在生活中随处可见，其接受对象是在特定公共空间活动的人们。当人们进入一个陌生的公共空间时，需要了解该空间的功能来决定自己的下一步行动。因此，语言景观的信息指示功能是基本功能，常通过语言符号传递信息。语言景观构建的空间利用与设计，吸引了来自不同领域学者的目光，不同学术背景的学者根据自身研究经验，形成了如上所述的研究理论和研究范式。学者们关注的问题不同，采用的研究方法和研究视角各异，因此在语言景观领域中形成了不同的研究热点。

一 语种选择与语言权势

语言景观研究最初聚焦语言标牌的语种选择以及多语种呈现。Gorter（2006）把语言景观研究看作一种多语研究的方法，即采用多语研究方法考察语言景观这种社会现象。这种研究视角得到了学者们的响应，不同国家的学者把不同城市和社区的多语种语言景观作为研究对象，通过考察特定地域的语言标牌所采用的语种，分析背后的语言权势。尤其值得关注的是，某地语言标牌选取的语种并不一定是当地居民日常使用的语言，而是该语言景观潜在的接受者所使用的语言，这些人可能拥有更高的社会地位或者经济地位。据此分析，语言标牌语种的选用体现了该地域的语言权势，是由不同阶层话语权在特定公共空间竞争导致的。语言景观的语种选用折射出语言权势本质，是语言政策与语言态度博弈的结果。语言景观通过特定公共空间中语言符号的选用而构建其地域文化，因为语言不仅是文化的载体，也是文化的重要组成元素。语言景观是地域文化理想的广泛存现载体，也是语言权势最直观的呈现。

从语种选择和语言权势视角对语言景观进行研究的成果中，Ben-Rafael et al.（2010）的研究具有代表性，其通过考察以色列犹太社区、巴勒斯坦社区和东耶路撒冷三个社区的语言景观，发现占据主导地位的语言分别是希伯来语和英语、阿拉伯语和希伯来语、阿拉伯语和英语。希伯来语和阿拉伯语均是以色列的官方语言，语言景观调查发现希伯来语处于强势地位，而阿拉伯语在真实生活中被广泛使用。可见，语言景观折射出的是当地语言权势，并非当地真实生活中语言工具的呈现。语言标牌上的语种选择体现了构建者的意识形态，同时也与该区域的文化和经济权势关联，语言景观的语种选择是语言权势的综合体现。

二　语言政策与语言规划

在多民族构成的国家和多元文化地域背景下的语言景观，与当地的语言政策和语言规划有着密切的关联。为了解决不同民族间的语言冲突，不少国家制定、颁布并实施语言政策或法规，对公共空间景观标识上的语言符号进行规范和管理。因此，不少学者从语言规划和语言政策视角对语言景观进行研究。

加拿大是个多语种国家，Landry & Bourhis（1997）从语言景观与语言规划视角展开研究，Backhaus（2009）注意到魁北克省颁布 101 法案以保障法语在该地区的立法权和司法权，以及法语在商业贸易、行政教育等领域公共语言标识上的使用，凸显法语族裔的地位和权利；而作为比较样本的日本东京政府，对于日语在公共空间语言景观上的使用仅作为行政建议和指导方针，并不像加拿大魁北克省颁布的法案那样具有强制性的法律效力，并将这两种语言景观体现语言政策的现象作为"连续统"的两个端点。

在全球化的当今世界，尤其在多种族和多元文化国家和地区，或多或少都面临公共语言标识的语种选择问题，不少国家通过制定语言规划或语言政策来处理多语种在公共空间出现的问题，对官方标识语言景观进行规范，因为自上而下的语言景观构建者多带有官方性质，比较容易规范。相较之下，自下而上的私人性质的语言标牌选择语种相对自由，政府对其规范的要求一般不具有强制性。因此官方语言景观一般凸显了语言权势，而私人语言景观则折射出其构建者的多样性诉求。

世界上也有不少国家或者地方政府对于语言景观构建制定了严格的法规，Manan（2015）注意到，马来西亚吉隆坡制定的规范语言景观的条例非常严格，如，所有广告必须使用官方语言，甚至具体规定如果语言标牌出现官方语言之外的其他语种，那么官方语言的字体尺寸必须比其他语种大30%以上以凸显其语言权势。这些条例由官方监督执行，对不遵守条例者官方有权实施惩罚。通过案例分析可见，有些政府不仅通过制定法律条例、规章制度等规范并管理语言景观，而且通过管理监督机制让处于管理后台的语言政策走向前台，具有可见性，这是语言政策起作用的重要机制。

江西"四色"文化通过语言景观得以展示，一方面，考察语言景观中官方语言标牌的语种选择，有助于了解语言景观的时代特点和社会意识形态，这为审视江西地域文化特征提供了社会学视角；另一方面，语言政策和语言规划直接影响并决定了江西语言景观的呈现形式。

三 英语选用与全球化

随着世界各国间的交流日益增加，跨国、跨种族的跨文化交往需要通用语言。出于众所周知的历史原因，英语客观上成为国际沟通的首选语言，无论商业贸易还是科技教育界，英语都成为不同语种人群之间沟通所优先选用的语言。学界通过考察世界不同国家和地区的语言景观发现，除本地语言作为优势语言出现在语言景观上，英语在语言景观中也总能占有一席之地。Ben-Rafael（2006）指出，全球语言景观中有 25%~75% 的语言标识采用了英语；Backhaus（2006）和 Huebner（2006）的研究表明，在英语并非官方语言的亚洲国家，如日本、泰国等地的语言景观中也存在大量英语标识。世界各地语言景观中英语普遍存在的现象，表明英语在全球范围的广泛传播，有学者称此为"新的英语霸权"，该现象引发了学者们对语言景观中英语的关注并形成研究的热点。

深入调查研究发现，语言景观中英语和其他语言的功能不尽相同。除了基本的信息传递功能，英语还具有潜在的象征功能。在不少国家和地区，广告标牌使用英语象征着时尚和现代。相比之下，官方语言的出现则反映了语言权势和语言地位，是民族性和本土文化的象征。在国际交流日益频繁的今天，世界各地含有英语的双语或多语商业广告日趋增加，折射出英语令人产生面向国际、未来、成功、科技前沿和时尚引领等心理。

在江西文化与语言景观的关系考察中，我们一方面重视本土性和传统文化的独特性质；另一方面也不可忽视在全球人类命运共同体构建背景下，英语在语言景观中的出现及翻译，英语翻译的得体性有助于拉近语言景观构建者与来自不同文化背景的接受者之间的心理距离，有助于江西文化的国际传播。处理好语言景观中的语言认同、语言权势与国际传播的关系，是构建具有中国特色的对外交流话语体系的有机组成部分。

四　语言景观与民族语言

民族语言研究主要包括语言保护、语言专用、语言濒危、语言复兴和语言代际传承等课题。多民族国家和地区的语言景观研究与该区域的民族语言密切相关，因此语言景观中的民族语言也成为学者们关注的问题。有学者从某个城市或地区的语言景观是否反映语言使用者的人口数据、语言态度和语言政策等视角展开研究。Cenoz & Gorter（2006）对西班牙的巴斯克和荷兰福利弗兰两个使用民族语言的城市的语言景观进行调查。研究表明，西班牙的巴斯克地区通行的官方语言是西班牙语，而荷兰福利弗兰的官方语言为荷兰语，英语是国际性语言。但是这两个历史上的民族自治地区，依然分别保留并使用本民族的巴斯克语和福利弗兰语。值得注意的是，西班牙巴斯克地区的语言景观中，使用巴斯克语的频率很高，仅次于官方语言西班牙语；福利弗兰的情况则不同，排名第一的是官方语言荷兰语，英语使用频率居第二位，民族语言福利弗兰语位于最后。这两个地区语言景观中民族语言的使用频率存在显著差异，其根本原因是巴斯克地区对本民族的语言采取了有效的语言保护措施。

可见，通过制定语言政策保护民族语言的地位，有助于提升民族语言在语言景观中的可见度。民族语言问题在国家治理中常被作为政治问题对待，但民族语言与该地域的经济发展和人们的职业发展存在密切关联。中国是多民族国家，目前的行政区划中有5个民族自治区，国家通过制定相关法律法规，让民族自治区实行双语双文的语言政策。通过开展中国语言资源保护工程对方言、民族语言和濒危语言进行调查研究，政府对语言所承载的地域文化给予关注，并投入了大量的人力物力开展研究。

第三节 现有研究的不足与启示

海内外的语言景观研究成果丰硕，对语言景观的研究成果不仅体现在数量上，也体现在质量上，包括对语言景观现象的认识不断深化，研究方法交叉创新，统计手段不断优化。随着信息技术的发展，语言景观构建日益呈现多模态趋势，其背后折射的社会和文化因素以及适应时代发展的公共空间景观符号之间的互动等问题有待进一步深入考察研究。

一 语言景观的文化功能值得重视

从语言景观研究学术理论和研究热点问题综述可见，学界一直关注语言景观的信息功能和象征功能，但对语言景观文化功能的研究成果较少。对于初次进入某个公共空间的人，除了通过语言景观获得明确的指示功能以确定自己的行为，还不可避免地会通过语言景观感受该地域的文化氛围，这就是语言景观的文化功能。

"四色"文化是向全国和世界推介江西的亮丽名片，建设江西文化强省，必须重视通过语言景观构建来营造江西地域文化氛围，重视语言景观的文化功能。文化是民族认同的基础，文化使人产生凝聚力、向心力和归属感。中国传统文化既可追溯到上古的神话传说，也可普及到日常的市井生活场景，语言景观是公共空间的语言标识，接受者可以通过语言景观解读领悟其传递的深邃厚重的文化内涵，从而在游览中提升对文化的认识，得到精神的愉悦。

语言景观的文化功能不仅是宣传，更是一种润物细无声的审美教育。本书将调查分析江西语言景观对该地域文化意义的构建作用，调查分析民众对江西语言景观中文化意义的接受与互动情况，而且从教育视角和文旅视角对江西语言景观所提供的文化资源及其起到的社会效果进行分析。

二 多模态引领语言景观发展趋势

传统的语言景观构建多利用语言符号，有些配合图画，形成图文模态的语言景观。如今，世界正飞速跨入数字化时代，数字技术为语言景观构建提供了多模态手段，语言景观构建必须与时俱进，针对现代人接受信息习惯的变化，在传统的图文模态基础上，增加数字技术带来的声音模态、灯光模态和 VR 技术及短视频等手段，构建多模态语言景观。

江西省文化和旅游厅和赣州市人民政府主办的首届"江西风景独好"云端旅游推介会，围绕"红色江西正青春"的主题，以凸显江西红色文化来推介文化旅游，利用数字技术，采用实地探访、情景体验、朗诵歌舞等多模态形式讲述江西革命老区生动的红色故事，在央视频、央广网、江西卫视新媒体、今视频等多平台同步直播，全网观看量超过 4.3 万人次①，展现了江西红色文化内涵与旅游产业融合，运用科技手段的多模态呈现红色文化的活力，通过多模态语言景观完成传承红色基因、探寻民族复兴的意义传达。

利用数字技术构建多模态语言景观，除了发挥语言景观的信息功能和象征功能，还具有强化景观与接受主体互动的功能。语言景观吸引接受者的最好办法是改变单向的信息传递，即由语言景观构建者向接受者传递信息，这通常给人教育和指示的权威感，这种单向性语言景观并不能保证接受的效果。利用数字技术增加语言景观的互动性，变单向表达为双向互动，可以有效增强接受者的参与感，在互动中提升对该文化的领悟和感受。比如，江西南昌汉代海昏侯国遗址博物馆"遇见海昏侯"展厅即为互动展厅，包括"汉学书苑""衣冠礼乐""八音和鸣""少年天子""投壶游戏"等展项，在"衣冠礼乐"环节，利用数字技术，引导游客行礼，游客的动作投射到屏幕上身着汉服的人物身上，借此让游客对汉代的服饰和礼节产生具身认知，而"少年天子"沉浸式裸眼观影，让游客瞬间梦回西汉，置身刘贺生活的场景中。高科技提供的多模态手段，让语言景观增加了无限的趣味性。

三　深入挖掘语言景观的教育功能

语言景观不仅为文化旅游提供资源，也是语言学习和语言教育的资源。近年来有学者尝试将语言景观研究融入语言教学，包括母语教学与外语教学之中，

---

① 《首届"江西风景独好"云端旅游系列推介会走进赣州》，央广网：https：//jx. cnr. cn/ys/20221101/t20221101_526048612. shtml。

引导学生关注公共空间的语言景观，领会其中的文化意义。在第二语言教学（以下简称"二语教学"）中，通过将语言景观视为二语输入的真实语料来源，将语言景观纳入教学活动。

本书从文化意义构建的视角调查分析语言景观，发现无论对母语学习者还是第二语言学习者，公共空间的语言景观都是不可忽视的教育资源，合理利用特定地域的语言景观资源，不仅可以为语言教学提供真实的语言应用样本，而且可以通过发掘语言景观所折射的语言权势与语言地位，分析通过语言符号与其他多模态手段构建的文化意义，探索在教育领域传承和传播江西地域文化的途径。

四 开拓语言景观的生态场域研究视角

从语言景观的构建到文化意义的传播、从语言景观的教育功能到促进文旅事业发展，语言景观本质上是通过语言符号与景观中其他模态符号的组合，构建具有文化意义的公共空间艺术。从更高的维度看，语言景观营造了一个生态场域。生态场域是一个特定的关系网络集合，它以特定的时间与空间为集成要素，相互融合形成。在这个复杂交叠的关系网络中，所有的参与者以遵循秩序为基础，恪守本位，实现良性互动，从而实现对自身价值与社会价值的重新塑造。

本书基于生态场域理论所蕴含的秩序、本位、互动、超越四个层次的内涵，基于对江西社会与文化语言景观的调查，研究构建生态场域促进社会良性发展的意义，把人、公共空间及语言景观这三个要素放在一个共生的场域中，考察如何使三者形成一种和谐的共处关系，探讨更贴近人际互动、更符合公共空间功能、更能展示江西地域文化特点的语言景观构建策略。

第二章
语言景观与江西文化构建传达

第一节　江西语言景观的调查与统计分析

根据 Landry & Bourhis（1997）对语言景观的定义，公共道路标识、广告牌、街道名称、地名、商店标识，以及政府建筑物附属公共标识上的语言，共同形成了某一特定领域、地区或城市群的语言景观。随着研究的深入，语言景观研究范围拓展到地域公共空间内所有符号所构成的景观，只要是人们带着意义建构目的而形成的公共空间文字以及与文字匹配的图像符号等都被视为语言景观。

本书的研究范围根据拓展的定义确定，针对江西语言景观的文字以及与文字匹配的图像等多模态符号景观展开调查，考察分析语言景观的多语种、字体大小、排列呈现方式及其折射的语言政策和语言态度，在此基础上关注语言景观所构建和传递的意义。对江西文化语言景观的调查研究基于视觉语法理论，分析语言景观呈现的公共空间布局，语言景观的文字与图像的色彩冷暖、色彩饱和度、字体和图像的大小及其排列方式，分析由此产生的文化意义，试图发现不同类型语言景观之间是否存在张力，这些张力说明了什么，又应如何通过语言景观构建的协调来消解张力。

为了回答以上问题，我们采用参与式观察的调查研究方法，利用手机拍照采集选定文化景区内的语言景观，在拍摄到的照片中根据互补原则选取图片，同时记录研究者观感，做到主观感悟与客观田野调查相结合，同时对语言景观构建者进行访谈，对有关问题进行沟通。

一　调查设计与实施

（一）调查区域与选点

我们选取具有江西文化特色的景点包括博物馆、纪念馆等展开调查，在选定区域内的语言景观包括固定和非固定两大类，固定类指传统的在某个公共空间静态呈现的语言景观；非固定类范围很宽泛，包括出现在某个公共空间里的宣传活页，或临时出现的海报等，无论是宣传活页还是海报，都是动态的，随时可能更新。这意味着对语言景观的调查，除了空间维度，还增加了时间维度的考察。

1. 红色文化语言景观调查点选取

江西红色文化语言景观选取革命摇篮井冈山和小平小道陈列馆两个点，前者代表了土地革命战争时期的红色文化，后者代表和平发展时期改革开放的红色文化。

1969 年 10 月至 1973 年 2 月，受到错误批判的邓小平同志被下放到江西省新建区拖拉机修配厂劳动。为方便小平同志上下班，工人们用炉渣铺了一条 500 米长的小路直通位于南昌陆军步兵学校的小平住所。后来人们把这条小道称为"小平小道"。在三年多的时间里，邓小平"在这条小道上观察着，思考着，等待着，用自己坚实而稳健的步伐走出了一条解放思想、实事求是、改革开放的大道"①。正如邓小平的夫人卓琳所言："从'小平小道'延伸出去的，是一条通往国家富强、人民幸福的中国特色社会主义康庄大道。"② 为了怀念邓小平同志，南昌市政府修建小平小道陈列馆。陈列馆位于南昌市新建区望城镇，以"改革开放思想萌生地"为主题，是国家 4A 级红色旅游景区。通过调查陈列馆语言景观，探究语言选择背后所蕴含的政策取向和语言态度，可以揭示语言景观所构建与传达的红色文化。

---

① 《十论红色文化》，澎湃新闻，https://www.thepaper.cn/newsDetail_forward_18014630。
② 朱虹：《小平小道：改革开放的策源地》，《江西日报》2018 年 9 月 28 日。

2. 蓝色文化语言景观调查点选取

为了保护千年瓷都的"根"和"魂"，景德镇实施《景德镇市陶瓷文化传承创新条例》，全力推动以御窑厂遗址为核心的申遗工作，御窑厂遗址入选中国"百年百大考古发现"，丽阳镇古窑遗址、红塔、古县衙等成为全国重点文物保护单位；还编制了《景德镇陶瓷文化生态保护区总体规划》，成立景德镇非遗保护协会，建设景德镇非遗馆，并通过一系列理论研究和繁荣艺术精品的举措，推动陶瓷文化的创新性阐释。因此江西蓝色文化语言景观选取景德镇为代表，课题组于 2022 年 1 月至 2023 年 12 月，多次赴景德镇进行田野调查，先后前往古窑民俗博览区、陶溪川历史文化街区、御窑厂国家考古遗址公园、中国陶瓷博物馆、民窑遗址博物馆、迎宾大道，通过拍照和访谈完成对所调查区域的信息采集。以 Backhaus（2006）提出的"任何一个在空间上可以界定的边框里的书写文本被视为一个语言标志"为信息采集标准，经筛选确定典型语言景观图片 680 张、非典型语言景观图片 38 张、与陶瓷文化相关的可分析语料 287 条。

3. 金色文化语言景观调查点选取

金色文化语言景观选取南昌汉代海昏侯国遗址公园作为调查对象。江西金色文化以海昏侯墓出土的"马蹄金"为代表，代表江西厚重的古色文化。海昏侯国遗址公园位于江西省南昌市新建区东北部鄱阳湖西岸，东临赣江，地处大塘坪、铁河两乡境内，海昏侯墓是江西迄今为止发现的出土文物数量最多、种类最丰富、工艺水平最高的墓葬。同时该墓葬也是长江以南已挖掘的 4 座汉代王侯墓室中面积最大的，达 400 平方米，是中国迄今为止发现的保存最完好、结构最完整、功能布局最清晰、拥有最完备祭祀体系的西汉列侯墓园。

南昌汉代海昏侯国遗址公园分为遗址博物馆区、墓葬展示区、紫金城展示区、考古预留区、入口功能区、历史体验生态休闲区等 6 大功能区，主要由海昏侯国国都紫金城城址、汉代海昏侯国遗址博物馆、第一代海昏侯刘贺墓园、城址西部及南部墓群四个部分组成。课题组于 2022 年 2 月至 3 月对南昌汉代海昏侯国遗址公园景区开展实地调查。

（二）数据采集与处理

参照语言景观调查的一般原则，在调查的公共空间内语言标牌无论大小只计算一次，并以照片形式存储，建立数据库。对语言标牌上的语言种类（汉语、英语、日语、韩语、俄语或其他语种）、语言标牌的呈现模式（单语、双语、多语）、语言标牌的官方或者非官方属性、语言符号的偏好选择（横排或者竖排、字体大小的分布、颜色的凸显）等信息利用 EXCEL 进行描写与分类统计。最后根据讨论问题统计数据，进行质性分析。

语言景观有两种研究范式：一种是对特定区域具体语言景观进行共时、静态、计量分析（Blommaert，2016），这也是语言景观研究的传统范式；另一种是以语言民族志为主要方法研究语言景观形成过程的范式，将语言景观符号视为多模态交流留下的印记，将语言景观表征的文化意义置于历史的社会政治结构场域之中（Blommaert，2016）加以分析。本书的调查和研究，将兼顾两种不同的研究范式，对江西文化语言景观的共时静态调查和计量统计分析是描写江西文化语言景观呈现的基础，在此基础上，采用民族志研究方法把语言景观的文化意义置于历史政治的生态场域之中加以考察，以期获得对江西文化历史发展更加深刻的认识。

二　调查结果统计与分析

（一）典型性与非典型性语言景观之间的张力与协商

根据语言景观的典型程度，将语言景观分为两类：一类是静态、情境化放置的典型性语言景观；另一类是以移动广告、文化衫等具有移动性和临时性特点的非典型性语言景观。除传统、静态的语言标牌外，尚国文、周先武（2020）指出，现代城市环境中还存在许多非典型性、边缘性的语言景观，如车身广告、电子屏幕、文化衫等。非典型性语言景观也是语言景观一个重要的组成部分。

早期的语言景观研究侧重考察静态、情景化放置的典型性语言景观，近年来边缘性语言标牌开始受到关注，这些非典型性语言景观主要包括语音广播、文化衫、涂鸦等。小平小道陈列馆的非典型性语言景观类型主要有以下几类：文创产品、微信公众号和官方网站、电子显示屏、门票和宣传册以及语音讲解服务等。

非典型性语言景观具有移动性、临时性、多模态性、越界性等特征。移动性指语言借助移动的载体，如车身广告、屏幕广告、文化衫等将信息的传播范围扩大，从而起到更广泛的营销和宣传效果。陈列馆中的文创产品具有移动性特点，如带有"小平小道"字样的雨伞，成为移动语言标志，为陈列馆做免费宣传。和文化衫上的文字一样，这类文创产品作为移动的语言景观，可激发情感反应，达到彰显主体文化意识偏好的效果。

我们对江西文化代表性景点的语言景观中典型性与非典型性的表现形式和效果进行了调查，以下分别进行分析。

1. 小平小道陈列馆

小平小道陈列馆景区内共有 10 处主要建筑，分别是游客中心、陈列馆、厂食堂、邓小平劳动车间、金工车间、钣锻车间、VR 体验室、翻砂车间与邓林摄影展、临时展厅和多功能厅以及邓小平休息室。收集语料既包括园区建筑物外公共空间的语言标牌，也包括建筑空间内的语言标牌。由于调查期间恰逢陈列馆举办"百年红色路，今日英雄城"专题展览，这被视为陈列馆临时性语言景观，因此对专题展也进行了拍摄。陈列馆的官网和公众号、馆内免费语音讲解也都是非典型性的语言景观。调查通过实地拍照取样，共获得典型性语言景观照片 643 张，非典型性的语言景观图片（官网、公众号、门票和宣传册）18 张，共计 661 张。根据典型性、代表性和区别性的原则，统计确定有效样本 579 个。

非典型性、动态语言景观的构建多采用语言符号之外其他多种模态构成，多模态语言景观与传统的语言景观相比，表现形式更加多元。语言景观构建者通过调动接受者的多种感官来展示文化意义，如户外电子显示屏上的广告多结合文字、图片和声音等多种形式来吸引人，以达到宣传营销效果。小平小道陈列馆的微信公众号、官方网站、语音讲解服务、实体 VR 展台都体现出多模态特点。陈列馆的微信公众号和官网在界面内既运用 720 云 VR 全景技术，构建虚拟展馆以满足视觉体验，同时各部分还配有语音讲解服务，实现了视觉和听觉的双重云参观体验。文创产品的可移动性拓宽了陈列馆的宣传空间，而多模态的语言景观也使得陈列馆的文化意义构建与传达手段更加丰富多彩。

2. 景德镇

景德镇陶瓷文化非典型性语言景观主要包括电子屏幕、二维码、广播和文化衫（见表2-1）。电子屏幕包括显示欢迎和注意事项的LED电子屏、景区内展品信息显示屏和相关介绍性视频；二维码主要出现在博物馆内展品信息牌上，包含文字介绍和语音讲解；古窑民俗博览区内播放《陶歌》；古窑民俗博览区内工作人员均身穿印有景区LOGO的文化衫。

表2-1　景德镇非典型性语言景观统计

非典型性语言景观类型	数量	非典型性语言景观类型	数量
电子屏幕（文字/视频）	17个	文化衫	1种
二维码（文字信息、语音讲解）	16个	官方网站	3个
广播	1种		

资料来源：课题组自制。其他表格来源均如此，不再标注。

3. 南昌汉代海昏侯国遗址公园

在南昌汉代海昏侯国遗址公园景区课题组一共采集了385块语言标牌，包括景区道路指示牌、标语、各景点指示标牌、数字景观、横幅、贴纸、带有文化衫性质的工作制服等。这些语言景观分布在景区道路与街口、参观点内外公共空间，其中以游客中心、海昏侯国遗址博物馆、刘贺墓园三个参观点为主。

根据表2-2数据统计分析，以景区标牌、道路指示牌为主的典型性语言景观占全部采集到的语言景观的78.7%，非典型性语言景观占21.3%。可见，语言景观构建多采用典型性语言景观，重视利用典型性语言景观的信息功能和象征功能来传递文化意义。同时语言景观的构建者也注意发挥非典型性语言景观在构造景区氛围、增强科技含量、提升文化认同中的作用。

表2-2　海昏侯国遗址公园语言景观类型统计

序号	类别	数量（个）	所占百分比（%）
1	典型语言景观	303	78.7
2	非典型语言景观	82	21.3
合计		385	100

　　江西文化语言景观的调查与数据分析表明，典型性与非典型性语言景观之间存在张力，语言景观构建者大部分采用静态的、典型性语言景观传递信息，构建文化意义，同时也关注动态的、多模态非典型性语言景观在文化氛围营造方面的独特作用。在具体的语言景观构建上，时代特色与传统手段之间存在巨大的张力。构建者通过协商而使江西文化语言景观快速发展，令人耳目一新，但是依然具有很大的发展空间。

　　根据表 2-3 的统计数据可知，在数字景观上，没有被列为 4A 级景区的南昌铁柱万寿宫文化街区比海昏侯国遗址公园景区的覆盖率要高。从数据来看，前者二维码覆盖率达 42.6%，而后者只达 16%。从数字面板覆盖景点范围来看，前者的宣传面板不仅在博物馆内，而且在街道、路口、宣传箱上随处可见；而海昏侯国遗址公园内更多是在该景区的博物馆内出现，出了博物馆就很少看见。另外从数字景观的内容来看，前者的内容不仅囊括了对该景点的介绍，还跟随游客的游览路线提供包括景区历史和发展阶段等内容的介绍，而后者则更多局限于对文物的介绍，信息传达相对狭窄。虽然海昏侯国遗址公园数字景观包括汉语与英语两种语言，多语码建设比万寿宫文化街区要好，但是需要在数字景观的覆盖面与内容方面进行改进和提高，扩大二维码覆盖率并扩充景区信息内容。

表 2-3　海昏侯国遗址公园与万寿宫文化街区数字语言景观对比

序号	类别	种类	个数	覆盖占比（%）
1	海昏侯国遗址公园	二维码	56	16.0
		数字面板	10	2.8
2	万寿宫文化街区	二维码	67	42.6
		数字面板	6	3.8

（二）官方与非官方语言景观之间的张力与消解

　　根据构建者身份可将语言景观分为官方和非官方两种类型。从意义构建和传递的方向上看，分别对应两种不同的指向。自上而下的语言景观构建者是政府机构、学校、社会组织等，重视语言权利问题，因此对出现在语言景观上的语言态度，无论是平等对待还是主次有别，均遵循政府语言政策和语言规划的相关规定。自下而上的语言景观并不一定基于对所属语言社区语言权利的表达，更多考虑的是语言景观构建者的意愿即满足目标人群的需求，商业类语言景观遵守顾客至上原则，在双语或多语选择中，商家往往抑制自己的语言而选择强势外族语言来构建意义，以获取更高价值的市场资源。

语言景观既包括官方标识也包括非官方标识。官方语言景观的构建者是执行地方或中央政策的公共机构，这类语言景观体现国家和地方政府的语言政策及意识形态，通常由公共事务机构设置，用以影响普通民众，这也被称为自上而下的语言景观。而非官方语言景观通常由个人或者某法人团体创设，传递的信息反映主体的倾向和利益需求，可称为自下而上的语言标识。从空间视角看，固定类语言景观一般是公共机构主导，具有官方性质，调查统计结果显示，这类自上而下的语言景观，无论是单一语种还是多语种的标牌，均遵守国家级或省级、市级标准的语言政策和规定。

官方语言景观的构建要发挥信息指示功能，更注重对该公共空间文化意义的构建与传达，因此语言景观构建者需要对语言景观风格、样式、颜色和字体等进行统筹规划，以便更好地展现特色文化。

从语言景观制作者二分的观点出发，小平小道陈列馆的所有语言标志均为官方标志。

从对海昏侯国遗址公园内的语言景观，以及景德镇和庐山等这种整体的城镇语言景观调查来看，一般是官方标识与非官方标识共存，当然存在张力，主要表现在官方语言景观首先遵循的是语言文字的规范性与教育功能；非官方语言景观则主要是商铺，如小吃店和旅游纪念品商店等为游客和参观者提供便民服务的私营店铺的店名和商品广告等，以吸引消费者从而产生更多商业价值为主要目的。

课题组调查研究表明，非官方的自下而上的语言景观也对自上而下的语言景观中某些表现手段和构建手段进行了商业化使用，或者利用昼夜交替的规律消解同一公共空间中存在的多重语言景观的张力，国际化和对外开放的经济政策为突破语言规范提供了合理化的依据。

（三）单语与多语种语言景观之间的张力与共现

根据语言景观中语言的数量，可将其分为单语标志、双语标志和多语标志。单语标志是只有一种语言的标志，汉字、拼音、繁体字以及这三种的任意组合均视为单语标志；有两种语言的标志视为双语标志；有三种及以上语言的标志视为多语标志。

1. 小平小道陈列馆

小平小道陈列馆单语标志的语言景观全部呈现汉语，双语种主要选择中英双语，多语种则包括汉语、英语、俄语和韩语四种语言（见表2-4）。

表2-4　小平小道陈列馆语言景观中的语种统计

序号	类别	数量（个）	所占百分比（%）
1	单语标志	306	52.8
2	双语标志	195	33.7
3	多语标志	78	13.5
合计		579	100

由表2-4可见，汉语单语标志的语言景观数量最多，占比高达52.8%；双语标志次之，占比33.7%；多语标志占比最少，仅占13.5%。汉语在语言景观标牌上的呈现率达100%，且均使用简体汉字。这为国内参观者提供了阅读接受的便利，也遵守了《中华人民共和国国家通用语言文字法》中关于公共服务行业应以规范汉字为基本服务用字的规定。[①] 小平小道陈列馆在2002年被确定为爱国主义、革命传统和改革开放及邓小平理论教育基地，汉语单语景观较多凸显其官方地位，语言景观构建者预设的接受者主体是国内参观者。

根据《南昌市旅游发展总体规划（2008—2020）》，小平小道陈列馆定位为世界级旅游景点，目前以单语标志为主的语言景观与其发展定位不吻合，不利于这一国际文化旅游景点目标的实现。英语是园区内仅次于汉语

[①]　全国人民代表大会常务委员会：《中华人民共和国国家通用语言文字法》，法律出版社，2000。

的语言种类，在双语和多语标志中均出现，覆盖率达 47.2%。这彰显了英语作为全球通用语的地位，符合我国 2016 年修订的《旅游景区质量等级的评定与划分》规定①，景区标识系统如无中英文（或主要客源地语种）对照的不得分。因此，作为国家 4A 级旅游景区，小平小道陈列馆在语言景观构建中应将英语视为必须呈现的外语语种。

除英语外，陈列馆部分语言景观选择将俄语和韩语呈现在多语种标牌上，这两个语种的出现频率均为 13.5%。虽然俄语和韩语出现率不高，却体现了陈列馆多语共现的国际视野，给参观者营造了国际化的感受和体验。更有提示意义的是，语言景观使用俄语和韩语，提示了作为南昌市的一个红色文化景观，其语言景观上外语语种的选择与语言景观构建者预期的参观者来源及其母语背景有关，旅游语言景观的语码选择一般照顾其接受者的语言阅读习惯。查阅《南昌市 2021 年统计年鉴》发现，南昌市 2018～2020 年境外游客来源国位居前列的主要有日本、韩国、泰国、美国、英国、法国和俄罗斯等。② 由此可以推测，陈列馆中出现俄语和韩语，是为了满足韩国（或朝鲜）和俄罗斯游客的需求。

统计三年间游客总数发现，日本的游客数量为 12598 人次，远超韩国（12004 人次）和俄罗斯（7844 人次）。③ 如果严格依据以游客主体语言需求为原则选择语码，日语应成为陈列馆语言景观中除英语外的第二大外语，但实际情况并非如此。为了解答这个疑问，课题组对陈列馆工作人员进行了访谈，得到的解释是这和陈列馆的红色文化景点性质有关，在中国的邻近国家中，由于历史发展的原因，尤其是从近现代的发展历史看，日本、韩国与新中国发展的历史关系存在差异，尤其是不同国家的语言景观接受者在对红色文化的理解上可能带着各自不同的眼光，故陈列馆较多吸引韩国和俄罗斯游客，数量上超过了日本参观者。

语码取向反映了语言景观构建者的语言态度，其所选择和呈现的双语或多语种之间的优先关系，确定了不同语种在该特定语言社区内的语言地

---

①　参见《旅游景区质量等级的评定与划分》中"标识系统"部分及其评分细则（国家旅游局：《旅游景区质量等级的评定与划分》，中国标准出版社，2016）。

②　南昌市统计局：《南昌市 2021 年统计年鉴》，中国统计出版社，2021。

③　南昌市统计局：《南昌市 2021 年统计年鉴》，中国统计出版社，2021。

位，处于优势地位的语言被称作优势语言，这折射出不同语言在同一空间存在竞争，也可看出公共空间语言景观标牌上呈现语种的不同权势和地位。

语言景观除了语种的选择，不同语言在语言景观中所处的位置、空间布局和字体大小等特征也是判断优势语言的依据。当多个语种在语言标牌上垂直排列时，优先语码通常被置放于其他次要语码的上面；当多个语种水平排列时，优先语码通常被置放于左边。这符合人们一般从上到下、从左到右的阅读习惯，重要的语种首先映入接受者眼帘，优先接受。在字体方面，优先语码字号通常比次要语码更大更粗，这显然也是语码更容易引起接受者注意的强调方法。双语语言景观中汉语和英语的排列方式通常为垂直排列，汉语一般排在上方，字体更大且通常加粗。

陈列馆内多语景观中的语码布局有两种方式：一是自上而下的垂直分布方式；二是"垂直+水平"的分布方式。在前一种布局中，语言顺序依次是：汉语-英语-俄语-韩语；字号大小等级序列为：汉语>英语>俄语＝韩语。后一种布局又可分为两种不同方式：一是汉语和英语垂直排列，汉语在上英语在下，俄语和韩语与汉语水平排列，汉语在左，俄语和韩语在右，且俄语在上，韩语在下；二是汉语英语垂直排列，汉语在上，俄语和韩语水平排列，俄语在左，韩语在右。这两种方式中四种语言的字体大小和第一种布局方式相同。

总体上看，陈列馆语言景观中汉语处于优势地位，在双语或多语景观中汉语均处于突出醒目的位置，是优势语码。英语仅次于汉语。这两种语言的语码布局以及出现频率与所呈现的重要性一致。俄语和韩语虽然出现频率相同，却在布局上体现了不同的权势和地位。从排列顺序来看，垂直排列时俄语总在韩语上方，水平排列时俄语总在韩语左边。因此，相比于韩语，俄语显然是语言景观构建者优先选择的语言。课题组访谈语言景观构建者，发现这一选择与三个因素相关：一是俄罗斯和韩国各自在世界上的地位；二是两国与中国友好关系的程度；三是俄罗斯与苏联的关系。

2. 景德镇

课题组在景德镇采集的 680 个语言景观样本中，多语标牌 371 个，占 54.56%；单语标牌 309 个，占 45.44%。多语标牌比单语标牌多出 9 个百分点。这表明景德镇语言景观中多语共存的现象较普遍，反映出景德镇国际化程度较高。在六个被调查的公共区域中，中国陶瓷博物馆的多语标牌占比最高，达 83.78%；民窑遗址博物馆的多语标牌占比最少，仅为13.64%（见表 2-5）。

表 2-5　景德镇语言景观中语种数量及占比统计

单位：个

调查区域	标牌总量	单语标牌	多语标牌	多语占比（%）
古窑民俗博览区	252	122	130	51.59
陶溪川历史文化街区	54	25	29	53.70
御窑厂国家考古遗址公园	95	78	17	17.89
中国陶瓷博物馆	222	36	186	83.78
民窑遗址博物馆	44	38	6	13.64
迎宾大道及其他街道	13	10	3	23.08
总　计	680	309	371	54.56

景德镇语言景观中的外语语种，除英语外，还出现了日语、韩语和意大利语。如表 2-6 所示，英语为强势外语，在所有多语标牌中只有两个样本未出现，呈现率高达 99.46%；日语和韩语的呈现率均为 19.14%，出现频次均为 71 次，说明日语和韩语总是相伴出现，且占有一定的比例；意大利语虽然出现，但出现频率极低，只有 2 次，有趣的是，当出现意大利语时，英语未出现，这种语言景观出现在陶溪川历史文化街区的意大利当代陶瓷艺术展中，占 5.39%。另外，古窑、陶溪川和御窑厂的语言景观中都出现了中、英、日、韩四种语言，但古窑内日语和韩语的显现率明显高于其他区域（见表 2-6）。

表 2-6　景德镇语言景观中多语标牌语种呈现概率统计

单位：个

调查区域	中	英	日	韩	意
古窑民俗博览区	130（100%）	130（100%）	68（52.31%）	68（52.31%）	0
陶溪川历史文化街区	29（100%）	27（93.10%）	1（3.45%）	1（3.45%）	2（6.90%）

调查区域	中	英	日	韩	意
御窑厂国家考古遗址公园	17 (100%)	17 (100%)	2 (11.76%)	2 (11.76%)	0
中国陶瓷博物馆	186 (100%)	186 (100%)	0	0	0
民窑遗址博物馆	6 (100%)	6 (100%)	0	0	0
迎宾大道及其他街道	3 (100%)	3 (100%)	0	0	0
总　计	371 (100%)	369 (99.46%)	71 (19.14%)	71 (19.14%)	2 (5.39%)

与出现的语言种类相对应，景德镇多语标牌的语言组合模式分为纯中文、中-英、中-英-日-韩和中-意四种。如表2-7所示，最多的是中-英模式，占比79.78%，其次是中-英-日-韩模式，占比19.14%，纯中文和中-意模式均只占0.54%（见表2-7）。

表2-7　景德镇语言景观中多语标牌语种组合模式统计

组合模式	数量（个）	占比（%）
中	2	0.54
中-英	296	79.78
中-英-日-韩	71	19.14
中-意	2	0.54

根据Scollon, R. & Scollon, S. W. （2003）场所符号学理论分析，可以窥见多语标牌蕴含的不同语言之间语言权势的强弱。场所符号学重视语言景观中语码取向、字刻、置放等信息，其中的语码取向指双语或多语标牌上各种语言之间的优先关系，以此反映它们在语言社区内的社会地位。一般来说，优势语言总能得到最大限度凸显，位于包围式文字的中心、横向排列文字的左侧或纵向排列文字的顶部。

据统计，中-英-日-韩语言组合模式的多语标牌在中国陶瓷博物馆呈现最多。不过，此类标牌中这四种语言的凸显程度不尽相同，中、英、日、韩四种语言从左向右排列：中文置于最左侧，字体最大，通过一条纵向分隔线与英语、日语和韩语隔开，几乎占据标牌左半侧的位置；英语位于分割线右侧，字体比中文小，但加粗显示，仍较为显眼；而日语和韩语位于最右侧，上下排列，字体最小，需要凑近仔细观看才能看清。文字的排列顺序、字体的大小和粗细说明中文是该区域的优势语言。其次是英文，最后是日语和韩语，表现出不同语言之间相对的权势和地位，这也反映了景区标牌制作者对不同国家游客数量的心理预期。

优势语言存在的前提是一个语言标牌上至少存在两种语言，对景德镇多语标牌的优势语言进行统计，得出的结果是：中文是多语标牌样本中的优势语言，占绝对主导地位。

通过前文的分析，可见景德镇语言景观反映了景德镇基本语言的使用情况：以中文为主要用语，有英语、日语、韩语和意大利语多语共存的现象，实现了语言景观基本信息功能的外语表达。

3. 汉代海昏侯国遗址公园

课题组在南昌汉代海昏侯国遗址公园所采集的 303 个语言景观中发现了中、英、日、韩四种语言。中文出现率达 100%，可见中文在海昏侯国遗址公园景区的语言景观中处于主导地位。其中有 297 个语言景观使用简体汉字，占标牌总数的 98%，可见景区遵守国家语言文字的使用规范，把简体字列为主要文字符号。这一方面有利于国内游客的参观体验，另一方面符合国家对于公共服务行业用字的规范。值得注意的是，其中 6 个使用繁体字的语言景观主要出现在"東門"这一类的建筑匾额上，繁体字的使用是为了彰显海昏侯国遗址公园景区悠久的文化历史，以营造古朴、厚重的文化氛围，提高游客的参观体验感。

在采集到的语言景观中，英文出现在 265 个语言景观中，呈现率达 87.5%，是景区内仅次于中文的重要语种。在景区内语言景观中，除中英语外，日语和韩语的出现频率也较高，表 2-8 的数据显示，日语、韩语占比均达 59.1%，超过一半的比例体现出日语和韩语的重要性，课题组就这个现象的成因，对语言景观构建者进行访谈，了解到海昏侯国遗址公园景区考虑到 4A 级景区的要求和江西省旅游景区建设要求，基于江西省外来游客分析报告，选择中、英、日和韩四种语言作为景区语言景观呈现的语种。

表 2-8　海昏侯国遗址公园语言景观中语种统计

序号	语种	语言景观数量(个)	所占百分比(%)
1	汉语	303	100
2	英语	265	87.5
3	日语	179	59.1
4	韩语	179	59.1

查阅《江西统计年鉴 2021》数据可知，来江西旅游的外国游客中，美国、日本和韩国旅客占据前三；江西省也以这三国为主要进出口与贸易投资对象国。[①] 因此选择英语、日语和韩语是基于国家语言文字政策、江西省海外游客情况以及本省经济发展等综合因素决定的，基本满足了景区文化国际传播的需求。

海昏侯国遗址公园的语言景观主要存在三种类型，即单语类、双语类、四语类，其中四语类的语言景观所占比例最高，达 36.8%；单语类次之，占 34.2%；双语类所占比例最低，为 29.0%（见表 2-9）。可见，海昏侯国遗址公园语言景观构建者重视景区国际化发展定位，合理预测了国外旅客需求。

表 2-9　海昏侯国遗址公园多语种语言景观的种类统计

序号	类别	数量(个)	所占百分比(%)
1	单语类	104	34.2
2	双语类	88	29.0
3	四语类	111	36.8
合计		303	100

在海昏侯国遗址公园景区内，语言景观的中英日韩四种语言均有信息功能。在语码呈现方式上，汉字通常被放置于标牌的中心位置，其他语种

---

① 江西省统计局：《江西统计年鉴（附光盘 2021 汉英对照）》，中国统计出版社，2021。

则以小于汉字但各自同等大小的形式分布在中文旁，凸显了汉语的优势语言地位。多语种的使用彰显了景区的国际化语言态度。

  海昏侯国遗址公园景区内四语景观存在使用不平衡现象，多语标牌覆盖率较小，且四语标牌只局限于指示标牌与警示标牌，在景区主体介绍部分（也是了解该景区信息的主要来源）仍以中文与英文为主。以该景区内两大主体景点的语言使用情况来看（见表2-10），海昏侯国遗址博物馆以双语，即中文与英文的使用为主要形式，而在刘贺墓园内以四语标牌的使用为主，同为景区内的大型参观景点，二者的语言使用存在明显差异。在景区数字景观方面仍是以中文为优势语码。为了景区的发展以及更全面地考虑游览者需求，该景区应该解决景区内语言景观语言种类使用不平衡的问题。在景区的主体介绍部分增添日语和韩语的内容；补全除刘贺墓园之外景点标牌语言的种类，减少景点之间的差别，突出景区的整体性；同时，在数字景观方面，景区内的数字景观是景区现代化程度的主要体现，需要完善景区内二维码及互动面板中其他语言的内容，综合考虑其他语言国家游客的游览需求。

表 2-10   海昏侯国遗址公园景区语言景观种类对比

序号	类别	语言景观数量（个）	双语占比（%）	四语占比（%）
1	博物馆	107	64.3	17.6
2	刘贺墓园	93	6.8	84.5

  在海昏侯国遗址公园景区内存在宣传类景观。该语言景观的设立一是为了符合国家政治宣传，突出政治的意识形态；二是为了紧跟当下时事热点与潮流，宣传景区文化，提高景区知名度。如2021年庆祝中国共产党成立百年的语言标牌、庆祝春节的横幅标牌等，前者在景区内共出现6次，后者共出现13次，课题组实地调查的时间是2022年3月。但是这一类标牌不管是文字呈现的方式还是背景颜色与纹饰搭配都与景区内其他语言景观风格不同。这类语言景观应及时更新，否则可能会影响游客全身心地投入参观游览，而且这类语言景观打破了景区内语言景观的整体性，不利于语言景观功能发挥。

（四）语言景观信息指示与文化功能之间的张力与融合

由于构建者对语言景观接受者预期的差异，语言景观的功能呈现两种不同指向：自上而下的语言景观构建者将语言景观的功能定位为指示、教育与宣传，通过语言景观提供信息服务和观念宣传，预设的潜在接受者则是在这个公共区域活动的人群，他们是被指引者和被教育者，该语言景观语码优先选用官方语言和教育语言，语言景观构建者的官方地位决定了语码选择的权威性和规范性。基于接受者的多样性，在凸显官方语言的前提下，语言景观呈现双语或者多语，这是语言服务意识的体现，一般在语言标识的字体上主次分明，显示该区域语言权势差异。

自下而上的语言景观构建者面对的接受者多为商业消费者，构建者追逐利益最大化，为了吸引消费者，通过语言标牌帮助消费者快速了解店铺的经营范围和特色，根据消费者的阅读习惯提供便利，选择消费者在搜索信息时最自然和轻松的方式，有时可能放弃构建者语言的主体地位。

因此，自上而下语言景观的意义建构指向对社会语言规范的表征，而自下而上的语言景观则重视对公共空间功能的表征。语言景观预期功能的两种指向，表明语言景观不同语码间存在地位、权利的竞争，即便是单语的语言景观也能通过对语言符号的艺术化加工和与其他模态符号的合作，来实现差异化的表达需要。

语言景观所要传达的原始信息是传递模型中的信息源，即语言景观构建者和设计师头脑中的构思、创意等，这些信息中最基本的是实用性的信息指示，告知进入某公共空间的人不可或缺的信息，应该具有友好性，比如参观游览的路径、卫生间的位置，以及餐馆和纪念品商店的位置等。信息指示是实用功能，与生活行为密不可分，在任何文化审美的活动中，基本的社会活动是必不可少的组成部分。

信息传递的理想效果是达成信息在构建者和接受者之间的完全传递。从达成理想效果的信息传递条件考察，信息从构建者的编码到接受者的解码过程中存在客观的困难。语言景观的信息传达，从构建者的视角看，首先要进行信息的编码。语言景观的编码不完全等同于语言符号的编码，语言景观构建者既要实现信息的指示功能，更需要完成文化象征意义的表达，要考虑在语言景观所营造的空间氛围中借助语言符号实现信息指示与文化象征之间张力的融合。

1. 小平小道陈列馆

根据语言景观的功能，我们将在小平小道陈列馆采集的语言景观分为七类，即空间导向类、场所说明类、文化展示类、警示关怀类、文明宣传类、服务公示类和物体介绍类。

表 2-11 显示，文化展示类语言景观数量最多，占 37.9%；其次是文明宣传类，占 24.5%。文化展示类具体呈现形式丰富多样，有碑刻、各类墙体标示和小平小道陈列馆展厅中的展板等。展厅是整个陈列馆的主体，通过展板景观讲述"小平小道"的由来和邓小平同志在江西的经历，有助于参观者了解小平同志在此度过的艰苦岁月以及其困中思进思变的豁达开阔心态。文明宣传类标志呈现形式较为单一，多为宣传海报和立体牌。

表 2-11　小平小道陈列馆语言景观功能统计

序号	功能种类	数量(个)	比例(%)
1	空间导向类	23	4.0
2	场所说明类	51	8.8
3	文化展示类	219	37.9
4	警示关怀类	65	11.2
5	文明宣传类	142	24.5
6	服务公示类	11	1.9
7	物体介绍类	68	11.7
合计		579	100

从语言景观的象征功能来看，文化展示类景观因其形式生动、古朴、雅致和怀旧式的设计风格而兼具历史文化价值与艺术审美价值。陈列馆内语言景观以讲述小平故事、传承改革开放红色文化为主，体现了小平小道陈列馆爱国主义教育基地的定位。分析不同功能类型的语言景观中语种使用情况，可揭示不同语言种类在陈列馆语言景观中所具功能的差异性（见表 2-12）。

表 2-12　小平小道陈列馆语言景观功能的语种统计

类型	单语（个）	占比（%）	双语（个）	占比（%）	多语（个）	占比（%）	合计
空间导向类	5	21.7	2	8.9	16	69.6	23
场所说明类	15	29.4	16	31.4	20	39.2	51
文化展示类	107	48.9	112	51.1	—	—	219
警示关怀类	15	23.1	10	15.4	40	61.5	65
文明宣传类	142	100	—	—	—	—	142
服务公示类	10	90.9	—	—	1	9.1	11
物体介绍类	12	17.6	55	80.9	1	1.5	68
合计	306		195		78		579

通过对表 2-12 的数据分析我们发现，文明宣传类语言景观均使用汉语作为唯一语码呈现，说明该类语言景观只是为了提醒参观者的文明举止，其预设是参观者的文明素养参差不齐，因而有提醒的必要。文明宣传类语言景观数量甚至多于文化展示类，如此多的数量都以单语呈现，可能给不懂汉语的参观者造成困扰。毕竟，语言景观的基本功能是帮助进入该公共空间的人定位、确定空间性质以及指导下一步行为。

调查统计还发现文化展示类语言景观中，双语率超过单语率，物体介绍类语言双语呈现比例也较高。大部分物体景观介绍与展示的实物配合呈现，也可以视为一种文化展示标志。小平小道陈列馆展厅全面详细介绍邓小平同志来到江西的前因后果，展板以汉英双语形式呈现，帮助参观者了解小平同志坚韧不拔、永不言弃的价值观。

然而文化展示类语言景观除了汉语和英语外，没有其他语种出现。这表明语言景观构建者未能充分考虑游客多元化的语言需求，尽管在陈列馆其他类型语言景观中采用了俄语和韩语，在文化展示类语言景观中却未采用，对于这两国的参观者而言，如果其英语水平较差，将会影响他们理解陈列馆的文化意义，不利于陈列馆红色文化的国际传播。

多语码呈现的语言景观在陈列馆的空间导向类和警示关怀类中最高，占比分别是 69.6% 和 61.5%，在这两类标志中不同外语语码的位置不突出，字体也更小，基本属于陈列馆语言景观中的边缘化语码。

综合考察小平小道陈列馆不同功能语言景观中的语码使用情况，可以得出不同语言在陈列馆语言景观中发挥的功能。汉语作为优势语言，在所有功能类型的语言景观中都出现，而英语紧随汉语，汉英两种语言都发挥着重要的信息和象征功能。俄语和韩语主要出现在空间导向类和警示关怀类语言景观中，虽然在一定程度上提示了与中文相同的信息内容，但更多具有国家象征功能，显示出陈列馆语言景观构建者的国际视野，具有为不同语言背景的参观者提供语言服务的意识，但多语种语言服务能力仍有很大的提升空间。

2. 景德镇

根据语言景观功能类型的不同，课题组将采集到的景德镇语言景观分为七类：地名牌、指示牌、警示牌、告示牌、广告牌、宣传牌和信息牌。地名牌主要指表明景点、建筑的名称；指示牌包括对方位、路线的标识，在景区、街道中较为常见；警示牌主要包括安全提示，如"小心台阶""小心地滑"等；告示牌包括责任告示牌、疫情防控告示牌等；广告牌指各种宣传海报、宣传画等，一般用于产品和服务推销；宣传牌多是关于文明、党政、卫生、健康等的内容，分布范围广泛；信息牌主要指对景区相关概况、博物馆相关展品等的信息介绍。

课题组在调研时注重对与陶瓷文化相关的语言景观的采集，如表 2-13 所示，中-英组合模式中最多的是信息牌，而中-英-日-韩组合模式最多的是指示牌，其次是信息牌、地名牌和警示牌，所占比重相差不大。

表 2-13　景德镇语言景观不同功能多语组合模式统计

功能类型	总数		语言组合模式数量（个）			
	数量（个）	占比（%）	中	中-英	中-英-日-韩	中-意
地名牌	86	12.65	1	14	17	0
指示牌	46	6.76	0	20	20	0
警示牌	51	7.50	0	23	12	0
告示牌	11	1.62	0	3	0	0
广告牌	5	0.74	0	2	0	0
宣传牌	78	11.47	0	10	3	0
信息牌	403	59.26	1	224	19	2
总　计	680	100	2	296	71	2

我们对调查所得的 680 个典型性语言景观与 38 个非典型性语言景观进行统计，如表 2-14 所示，帮助游客认知陶瓷文化功能的语言标牌最多，这印证了课题组在确定调查区域时选取陶瓷文化代表性景区和街道的预期，也与调查时侧重对与陶瓷文化相关的信息牌进行拍摄的情况相符。

表 2-14　景德镇语言景观功能统计

功能类型	数量(个)	占比(%)
指示功能	132	18.38
行为调节功能	110	15.32
互动功能	5	0.69
认知陶瓷文化功能	435	60.58

具有宣传陶瓷文化功能的语言景观除对陶瓷展品、景区景点等物质世界加以说明和介绍，也承载了景德镇与陶瓷文化相关的民俗、行业制度和行业精神等文化展示，这些均被融入语言景观中，参观者通过阅读解码而获取陶瓷文化的象征意蕴。

景德镇在瓷业发展进程中创造了特色鲜明的行业文化，包括生产习俗、行帮制度和祭祀习俗等，这些在古窑民俗博览区的语言景观中有不同程度的体现，构筑了厚重的乡土历史文化景观，具有时代的印记，是陶瓷工匠智慧的结晶，这些习俗在当时起到了促进生产、稳定社会的作用，有助于了解过去的瓷业习俗。

在古窑民俗博览区唐英纪念馆内，有不少介绍清朝督陶官唐英管理陶务和人文情怀的语言景观，游客从语言景观中能感受到唐英的爱国主义精神、爱岗敬业精神和改革创新精神，从而实现民族精神的文化传递。此外，刻在迎宾大道陶瓷灯柱上的"大器成景，厚德立镇"的标语也普及了"景德镇精神"，传递了这座城市精益求精、重道修行的精神品格和价值追求。

课题组在调查中发现，景德镇的语言景观无论其具体功能为何，其载体的材质多以瓷器为主，配套的图像多采用青花瓷元素，体现了景德镇陶瓷文化的特点。通过空间视觉语法叙事，景德镇语言景观不仅提供了信息指示的基本语言服务，而且让接受者感受到瓷都景德镇陶瓷文化的意蕴。

3. 海昏侯国遗址公园

根据 Spolsky & Cooper（1991）对语言景观的功能和使用的分类标准，语言景观可分为指示类、警示类、宣传类和认知类。课题组在海昏侯国遗址公园所采集的语言景观中，以指示性标牌、符号为主要功能的指示类占35.7%。其次是警示性的话语标牌，如"小心地滑""请勿吸烟"等，占28.4%。再次是以告知景区各文化景观信息为主的认知类语言景观，如"M1墓园挖掘介绍"，该类占20.7%。最后是宣传类语言景观，以党政宣传、景区活动等标牌为主，如"海昏迎春""建党百年"标牌，占语言景观的15.2%（见表2-15）。

表 2-15　海昏侯国遗址公园语言景观功能类别统计

序号	类别	数量（个）	所占百分比（%）
1	指示类	108	35.7
2	警示类	86	28.4
3	宣传类	46	15.2
4	认知类	63	20.7
合计		303	100

海昏侯国遗址公园景区占地面积大、参观点较多，语言景观构建者重视指示参观方向、游客定位等信息的提供，设立较多指示性的标牌，帮助游客在游览过程中把握行动方向和计划。指示类语言景观均采用中、英、日、韩四个语种的语言标牌，充分照顾到不同语言文化背景游客的需求。从表2-16数据可知，海昏侯国遗址公园的语言景观多以海昏侯墓出土文物特色加以修饰。

表 2-16　海昏侯国遗址公园典型性语言景观的主要呈现方式

序号	类别	数量（个）	所占百分比（%）
1	搭配凤鸟纹饰	257	73.6
2	马蹄金形制	24	6.8
3	黑底红边金字	279	83.7

可见，文化意义的传达、瞬间注意力的吸引要依靠语言景观的设计，营造统一的文化氛围便于游客沉浸在特定文化氛围中。此外，对于景观文化意义的介绍，尽量不单独使用文字介绍，而是多以图文配合、文字与语音讲解等多模态形式展现。

三 语言景观构建中的张力与互动

课题组通过对江西文化语言景观的调查与分析，发现江西文化语言景观无论从语言景观构建形式的典型性与非典型性、构建者的官方或非官方身份、景观语码选择的单语与多语码，还是从语言景观的信息功能和文化功能看，现有的红色文化、蓝色文化、金色文化的语言景观都存在张力，这种张力在语言景观的构建中被重视，并通过一定的协商而消解。

在海昏侯国遗址公园的调查中发现，仿古指向和当代生活指向的语言景观并存于同一公共空间，验证了层级化共时压缩理论的解释力，共时社会空间的构建具有历史的维度。依据拟真记忆和仿真等隐性机制形成空间表达，有助于城市历史文化的传播与延续，并通过语言景观的符号、颜色、字体、语码而达成和谐统一。语言景观的文本分析中，同一语言也存在内部变体，存在从语音、词汇、语法不同层面表达社会意义的丰富资源，形成不同文化语言景观的修辞风格差异，重视接受者的体验，并利用张力与协商，可在语言景观构建者和接受者之间留下互动空间。不少景区和博物馆设置签名留言簿，参观者在结束参观访问后可在此处留下观感和建议。在博物馆和纪念馆的官方网页上，也应设置留言互动或者是提出问题的空间，这可以体现语言景观构建者倡导他人呼应的交际愿望，是构建者经验再现的开放性表现，在面对传统与现代、国内与国际沟通张力的情景中，表达协商的愿望并形成互动。

语言景观的协商和互动是解决张力的有效途径，非固定的平面视觉符号景观具有动态传播、双向互动的特点。通过临时展览活动的布置、动态VR和活动海报等微观景观，回应语言景观接受者的心理和心灵诉求，完善现有语言景观的细节设计与表达，可增强语言景观构建者与接受者之间的互动。

第二节　江西语言景观与文化意义构建

一　语言景观的表层形式与深层内容

语言景观是景区重要的构成要素，是公共空间的语言表达，其使用的材质、色彩和大小等均有含义，尤其是色彩运用，在中华传统文化中具有重要的信息传递功能。春联一般采用红色，既表达辞旧迎新的喜庆，也有驱邪避灾的心理诉求。家里有亲人去世的第一个春节，家中春联换成白色、蓝色或者绿色等冷色调书写，表达对故人的思念和哀伤之情。语言景观中的文化蕴含具有传承性，但是必须与时俱进，随着社会生活的发展而变化。

（一）语言景观的表层形式

语言景观的表层形式是进入该公共空间的人看到和听到的符号，包括建筑的形态、色彩、线条，也包括呈现在该公共空间的语言符号，包括语种、语体、字号、摆放方式等。形式是美学的一个重要范畴，是构成美的事物的感性质料，包括色彩、形体和声音，以及这些构成要素之间按照整齐、平衡和节奏等组合并呈现出来的审美属性和价值。

一般来说，形式与视觉直接关联，是通过视觉感受到的形状，包括点、线条、平面和体积、颜色的组合。人们通常将形式与意义关联起来，构成形式美的因素主要有线条、色彩和声音，这些构成要素的组合要符合人类审美的规则，如对称、均衡、比例、节奏、对比等。

语言景观构建追求有意味的形式，语言景观作品的构成要素以独特的方式组合起来，而这种排列组合应该是有力量的，一方面要能体现语言景观策划者和构建者想要传达的信息；另一方面必须能够唤起人们的共情，即审美的感觉。换言之，语言景观构建者通过肉眼可见、身体可感的形式，表达丰富多彩的内容，使语言景观具有了意义和形式的潜在表达能力。

比如，中国古典园林中的空间构想，一方面通过古典园林的空间结构直接表达情感，观赏者只要置身其中就能被激发，不必做过多的认知解读，曲径通幽、移步换景，参观者的享受和审美体验自然而然实现。即便如此，中国古典园林景观仍离不开语言表述，在这里表达中国特色文化意蕴的不是长篇累牍的文字介绍，而是建筑上的楹联和匾额，其体现了构建者对自然和生命力的感悟，配合公共空间的山水投射出来，融合环境形成文化意义。在这样的氛围中通过语言符号营造的语言景观，可以起到画龙点睛的效果，如在江西梅岭景区，常见刻有"听松""观涛""洗耳"字迹的巨石在特定的山水间传达着审美情趣，启迪人们对秩序和宁静的欣赏之情。中华民族传统审美追求对称、简洁和持重，是对秩序的审美体验投射，但是也注重变化，移步换景，免除审美疲劳，在长期稳定的和谐中人们需要新鲜信息的刺激，求新求异，追求创新，通过将其复杂化、语义化，突破传统形式的束缚也是审美的重要追求。

（二）语言景观的深层文化意义

人们生活在一个意义世界里。文化意义通过符号和形态系统表达功能，在文化多元化的全球化时代，人们由重视形态表达转向重视意义建构。隐喻与象征成为文化意义构建的重要手段，而语言景观通过在特定公共空间的建筑与语言标牌，表达人们对自然、历史与人文精神内涵的理解。语言景观的构建不应局限于外在形态表现，而应力求实现表层结构与深层意义的统一，从符号表达层次转向认知解释的层次，语言景观中的语言表达应告别直接命令式表达，转向追求文学性，结合景观环境强化进入该公共空间参观主体的感知和理解，实现景区文化氛围的营造与接受者对景区文化意义的认知。

江西文化语言景观构建承载了特定文化内涵，是文化意义传递的载体。语言景观文化意义的构建面临两个问题：太接近日常生活的表达会让人习焉不察，无法实现审美信息传递的最大化效果；太过复杂的表达难以抽象出文化意义，需要接受者有较强的阅读和感知能力及欣赏水平。因而在语言景观的构建中存在矛盾。

文化无处不在，宛如空气，往往让人习焉不察。江西绿色文化就面临这个问题。江西人祖祖辈辈生活在绿水青山之间，有时甚至感受不到绿色文化的存在，而在背靠青山的巨幅标语上写上"绿水青山就是金山银山"，就是通过语言景观引发人们对绿色生态观念的重视，这是将其植入人心的第一步。红色文化为了吸引游客在游览过程中驻足阅读也需要用心构建语言景观，如江西铜鼓对毛泽东化险为夷处的介绍，不仅叙述了故事，而且最后的两句话"一脚踏两省，四元定乾坤"更是对故事加以提升概括，给人留下深刻印象。

可见，语言景观在特定的公共空间往往起到画龙点睛的作用，文化意义的建构本质上是语言景观的政治功能，是语言景观构建者意识形态和政治观念的体现。语言景观构建者依据相关政策设计、建设和布置，力图利用语言景观反映其意识形态。

语言景观的文化意义构建体现时代和构建者的审美艺术能力，自然环境和时代社会环境等在设计者看来均有可以表达或者利用的特点，这是通过语言景观的构建体现出来的不同于其他地方的文化特色，且具有相对集中的审美价值。

二　语言景观构建的相关法律法规

语言景观构建者要通过语言景观表达其意识形态和政治观念。无论构建者身份是"自上而下"的官方，还是"自下而上"的非官方，无论是静态呈现的典型性景观，还是移动、临时的非典型性景观，语言景观的构建都必须遵守国家和地区相关语言政策，通过构建语言景观，反映其意识形态，起到宣传主流价值观的作用。江西文化语言景观的构建必须符合国家语言文字相关的法律法规，同时也要符合地区以及行业的相关标准和要求。

（一）国家相关法律

世界大多数国家对于公共空间的语言文字使用都制定了相关的法律法规。我国国家语言文字工作委员会"拟定国家语言文字工作的方针、政策，制订语言文字工作中长期规划，制订汉语和少数民族语言文字规范和标准并组织协调监督检查，指导推广普通话工作和普通话师资培训工作"[①]。具体可以分为语言文字应用管理和语言文字信息管理。语言文字应用管理的

---

① 国家语言文字工作委员会官网，http://www.moe.gov.cn/jyb_sy/China_Language/。

主要职责包括组织实施语言文字规范化工作；监督检查语言文字的应用情况；组织推行《汉语拼音方案》，指导推广普通话工作以及普通话师资培训工作。语言景观规范化、语言景观应用和解说等都受到相关法律法规的管理和制约。

1. 宪法

对语言文字使用做出明确规定的最高法是宪法。《中华人民共和国宪法》对有关语言文字的使用和发展做出相应规定，其第四条规定："各民族都有使用和发展自己的语言文字的自由，都有保持或者改革自己的风俗习惯的自由。"第十九条规定："国家推广全国通用的普通话。"宪法既充分考虑了国家通用语言文字有助于各民族之间的沟通与交流，又重视各民族的语言文字，反映了主体性和多样性并存的包容原则。

语言景观的语言符号使用，既要注重凸显汉语普通话和规范汉字的主体性原则，同时也要充分尊重少数民族地区的语言文字传统，即在特定区域，尤其是少数民族地区公共空间的语言景观，语码选择要使汉语和少数民族语言的双语双文政策得到有效实施。

2. 语言文字法

《中华人民共和国国家通用语言文字法》于 2000 年第九届全国人民代表大会常务委员会第十八次会议通过，对普通话和规范汉字的使用专门立法，将推广普通话和推行规范汉字等语言文字工作纳入法治化规范管理。其中第十四条对公共场所的设施用字、招牌和广告用字等户外公共场合文字使用明确规定"应以国家通用语言文字为基本的用语用字"。第十三条规定："公共服务行业以规范汉字为基本的服务用字。因公共服务需要，招牌、广告、告示、标志牌等使用外国文字并同时使用中文的，应当使用规范汉字。"

世界上有些国家对语言标牌官方语言文字的使用规定更为严苛，要求必须出现官方语言，之后才能出现外语；官方语言文字要比外语字体更大，而且必须排列在更加显赫的位置。相比之下，我国的语言文字法体现了兼容并蓄的大国气度。

对在城市公共场所违反用字规定的设施、招牌、广告，该法第二十六条明确规定："由有关行政管理部门责令改正；拒不改正的，予以警告，并督促其限期改正。"这在原则上做出了规定，但语言文字管理部门对于公共场合用字不规范现象暂时并无处罚权力，只能起到指导、建议和提醒作用。

　　3. 地方语言文字法规和条例

　　在《中华人民共和国国家通用语言文字法》颁布后，各省、自治区和直辖市政府也出台了实施该法律的规定。2010 年 11 月 26 日江西省第十一届人民代表大会常务委员会第二十次会议通过《江西省实施〈中华人民共和国国家通用语言文字法〉办法》，结合江西省情况，该办法第七条鼓励公民和新闻媒体对社会规范用语用字进行监督，鼓励公民、法人和其他组织参加推广普通话和使用规范汉字活动。明确提出将对社会规范用语用字进行监督，公共空间的语言景观是公民阅读和新闻媒体曝光率较高的用语用字场合和载体。

　　该办法第九条规定："学校及其他教育机构应当将学生正确使用国家通用语言文字的能力纳入学生培养目标和学校日常工作管理，并将其作为教育教学和学生技能训练的基本内容。"该办法指导教育与培养语言文字能力的关系，启发我们利用江西省文化语言景观进行汉语母语教育、汉语作为第二语言教学和江西文化传承等领域研究。

　　该办法第十一条规定："在本省注册面向公众开放的中文网站，应当执行国家通用语言文字的各项规范、标准。"在数字时代，江西文化景区注重官网建设，以规范的语言文字作为载体传播江西文化。对江西文化语言景观执行国家通用语言文字规范的调查也是本书的研究内容。

　　该办法第十五条规定："各类名称牌、指示牌、标志牌、招牌、标语、公务印章、电子屏幕等用字，应当使用规范汉字。"这对语言标牌上的汉字使用做出了明确规定。第十六条规定："地名用字，以及车站、机场、码头、港口、体育馆、医院、电影院、博物馆、展览馆、旅游景点、广场、公园等公共场所用字，应当使用规范汉字。"这对公共场所用字的规范性提出了要求。第十八条规定："用霓虹灯显示或者其他材料制作的广告牌、名称牌以及永久性标语牌，其字形及表述内容应当保持完整，缺损时应当及时修复或者拆除。"课题组在对江西文化语言景观的调查中，发现存在语言景观破损却未及时修复，或修复粗糙的情况，这不仅有损文化形象，而且违反了语言文字使用相关规定。

（二）旅游行业相关规定

江西文化旅游景区是本课题调查的主要目标。一是因为江西地域特色文化通过旅游景区得到体现，这里文化旅游景区的语言景观更具有典型性；二是因为文化旅游景区具有公共空间属性，语言景观构建的目标是吸引游客，达到经济效益和社会效益同步提升的目标，便于从文化资源与经济资源的视角考察语言景观的功能。

中华人民共和国国家质量监督检验检疫总局 2004 年 10 月 28 日发布、2005 年 1 月 1 日正式实施了《旅游景区质量等级的划分与评定》（简称《等级的划分与评定》），这可有效地指导标准化试点创建，使景区服务质量和环境质量得到明显的改善和提高，取得良好的经济效益和社会效益，为全面提升中国旅游景区的行业素质并推出一批具有国际水准的旅游景区发挥积极作用。

《等级的划分与评定》对旅游景区不同级别的划分标准，分别从旅游交通、游览过程、旅游安全、卫生状况、邮电服务、旅游购物、经营管理、资源环境保护、旅游资源吸引力和市场吸引力等 10 个方面进行描述，其中绝大部分标准是从游客视角提出，涵盖了景区决策者、建设者、管理者与游客之间的沟通问题。要达到理想的沟通效果，语言符号是重要的交际手段。《等级的划分与评定》在对国家 5A 级旅游景区游览条件的描述中，对语言景观构建方面提出的具体要求如下。

其一，"各种引导标识（包括导游全景图、导览图、标识牌、景物介绍牌等）应造型特色突出，艺术感和文化气息浓厚，能烘托总体环境。标识牌和景物介绍牌设置合理。"该规定不仅关注语言景观的总体设计，还对语言标牌摆放位置的合理性做出指导。语言景观造型的艺术感、文化气息是重点关注对象。语言景观的载体都具有一定的造型，从地理符号学视角看，造型本身就能够传递信息，营造文化氛围。江西鄱阳湖国家湿地公园观鸟点的语言景观，无论担负何种功能，其语言标牌都用白鹤的镂空造型，突出观鸟点的特色，同时不同语言标牌的功能均有言简意赅的文字表达。可见，语言景观突出了该景区候鸟保护的绿色文化特色，引导进入景区的游客通过各种语言景观进入绿色文化氛围。

其二，"公众信息资料（如研究论著、科普读物、综合画册、音像制品、导游图和导游材料等）特色突出，品种齐全，内容丰富，文字优美，制作精美，适时更新。"这条规定对具有移动性和临时性的非典型性语言景观的制作提出了要求，其中文字的优美、内容的丰富都需要适时更新。这是对语言景观动态性和时代性的要求。

其三，"导游员（讲解员）持证上岗，人数及语种能满足游客需要。普通话达标率100%。导游员（讲解员）均应具备大专以上文化程度，其中本科以上不少于30%。"这条标准对导游员和讲解员的学历提出了要求，因为导游员或者讲解员的文化程度决定其对所讲解内容的理解和表达能力。西班牙中世纪古镇、联合国非物质文化遗产小镇托莱多（Toledo）是世界旅游胜地，在这里工作的导游员和讲解员中80%来自艺术史专业，而且具有硕士或者博士学位。正因如此，他们对于所讲内容有深刻的领悟和准确的表述，具有通过巧妙设置问题引导游客观察并揭示托莱多历史奥秘的互动交流能力。此外，《等级的划分与评定》对导游员的普通话水平提出了要求，因为讲解词是通过声音构建的语言景观，讲好普通话是表达清晰而生动、准确而周密的必要条件。导游介绍是游客感悟历史文化不可或缺的信息来源。

其四，"导游（讲解）词科学、准确、有文采。导游服务具有针对性，强调个性化，服务质量达到GB/T 15971-1995中4.5.3和第5章要求。"这一条对导游和讲解词做了规定。

其五，"公共信息图形符号设置合理，设计精美，特色突出，有艺术感和文化气息，符合GB/T 10001.1的规定。"

其六，"游客公共休息设施布局合理，数量充足，设计精美，特色突出，有艺术感和文化气息。"以上两条关注旅游景区语言景观的设置和布局，从语言景观构建的视角看，不仅关注语言符号的内容，而且从旅游资源吸引力方面提出了观赏游憩价值的艺术追求，不仅要有现场观赏价值，而且要能揭示其文化内涵。

（三）外语翻译相关标准

随着全球化进程快速推进，国家开始陆续对公共空间语言景观的翻译颁布标准。2017年，国家质量监督检验检疫总局、国家标准化管理委员会联合发布《公共服务领域英文译写规范》，这是中国首个关于在境内规范使用外语的国家标准，内容包括通则、交通、旅游、文化娱乐、体育、教育、医疗卫生、邮政电信、餐饮住宿、商业金融等方面。这套标准规范了上述公共服务领域语言景观英文译写的原则、方法和要求，为各领域常用公共服务信息提供了规范译文，是语言景观翻译与规范研究的重要参照标准，江西文化旅游景点的语言景观翻译也应在该规范指导下进行，这是保障公共服务领域英文翻译和书写质量的基础性标准。此后，我国不少省市出台公共场所双语标识英文译法标准，以地方标准形式规定了通则和标准，旨在改进在道路交通、旅游景区、商业服务、体育场馆和医疗卫生等方面英文标识不准确、不规范的现象。

语言景观研究中不少是针对翻译不当和错误进行的调查和分析。在全球化背景下，英文翻译的正确与准确性只是对语言景观最基本的要求，更值得研究的是翻译中的文化理解与文化认同培养，应注重通过翻译拉近语言景观构建者与不同文化背景接受者之间的心理距离，消除文化隔阂，达到尊重、理解和欣赏不同文化的效果。

三　语言景观的文化意义及其编码

（一）文化意义及其作用

我们生活在一个充满意义的世界，意义是人类对自然或社会事物的认识，是人类以符号形式传递和交流的精神内容，通常指语言文字或其他符号所表示的内容。[①] 意义体现了人与社会、自然、他人和自己的复杂交错的文化关联，包括文化关系、历史关系、心理关系和时间空间的关系。探寻文化意义的过程是人类认识自己、认识世界的过程，这是人的本性需求，也是人类最基本的活动之一。人类思想的本质是对意义的追求，尤其是人文活动，其目的是通过思想将人生加以延伸，联结到有意义的、连贯性的活动中去，从而对未知世界具有某种立场和基本的认知架构。[②] 通过对文化意义的追寻，实现

---

①　中国社会科学院语言研究所词典编辑室：《现代汉语词典》（第7版），商务印书馆，2016，第1556页。

②　叶舒宪：《文学与人类学》，社会科学文献出版社，2013。

对现实的反思，从而使自身存在的现实生活进入自觉反思的视域，以实现自我超越，走向自由。

（二）语言景观文化意义的编码

语言符号是表达意义的重要手段，文化的传播有着内在结构约定俗成的规则，语言景观的本质是一个语言实验，结构主义语言学试图寻求理解意义的产生，这对语言景观的设计有着巨大的影响。意义传达追求的最高目标是完成意义在表达者和接受者之间的准确传递。语言景观设计包括语法编码和语义编码，同时也有翻译编码等不同层次。不同功能的语言景观有着各自潜在的接受者定位。语言景观传递的实用信息、艺术信息和科学信息，并不是杂乱堆砌或各自独立的，而是需要组合编码，编码除了要符合语言文字使用的规定和基本的语法，其底层依据是心理学结构，语言景观构建和设计是为了让接受者通过解码而获得信息，以完成信息的传递过程。

人的审美心理结构分为理性层次、意志层次和感性层次。其中理性层次在信息接收过程中是基础，其作用最大。尤其是在公共空间通过语言景观建构传达的信息，必须考虑接受者的接受心理习惯。语言景观构建者将所要传达的信息通过物化的形式在语言景观中表达，语言景观形态编码要符合空间语法，语言符号编码要符合选用语种的语法。语言景观空间语法的编码符号包括造型、色彩、照明、印象等，通过这些元素的变换和有序的组合构成特定的语言景观形态。

一定区域的社会语言学现实和语言景观中的语言表征具有因果关系，语言景观的构建者自愿或下意识地通过该语言景观表征某种思想和文化，也就是说，通过语言景观传播他们对世界的经验。经验再现的规则可以根据视觉语法理论进行分析。视觉语法是 Kress 和 van Leeuwen（1996）在其著作 *Reading Images：The Grammar of Visual Design* 中基于韩礼德的系统功能语法[①]

---

① 韩礼德（M. A. K. Halliday）的系统功能语法理论主要来自他的经典著作《功能语法导论》（*An Introduction to Functional Grammar*）。参见 Halliday, M. A. K. 1985. *An Introduction to Functional Grammar*. London：Arnold 或由 Halliday 和 Matthiessen 共同修订和扩展的第三版，Halliday, M. A. K. , & Matthiessen, C. 2004. *An Introduction to Functional Grammar*（3rd ed.）. London：Routledge。

提出的。视觉语法指人类对视觉信息的组织和理解方式的规则，是对于解释人类如何从日常生活复杂、动态的视觉场景中提取有意义的信息做出分析的方法。最基本的视觉元素如点、线、形状和颜色等组合形成更复杂的形式和模式，如文字排列等，依据视觉规则组成结构，表达复杂和高层次的视觉语义。语言景观经验表征的视觉符号元素很多，如语言景观中出现何种语码，若出现多语码如何排列，哪种语码视觉显示度高，字体大小和颜色应如何选择，依据视觉语法规则构建的语言景观是否可判断该地的官方语言，多语种语言景观中双语或多语的地位是否存在等级，是否可透视该地域的语言权势，是否标识了该区域的言语社区范围和边界，该地潜在的族群及其语言活力如何，等等，因此空间语法可以构建并表达复杂和更高层次的视觉语义。

在空间形态编码的表层下，语言景观构建者将主观意识融入稳定的语言信息内容中，通过语言景观形态完成意义编码过程。使语言景观在具有主观意识的文化意义时，兼顾审美追求这一语言景观艺术的外在呈现。因此，语言景观的构建应扎根于现实，着眼于细节和规律，构建特定公共空间中的秩序。我们把语言景观视为文化意义传达的手段，具有空间性和社会性，由地理空间和社会空间叠加转化所构成，将看似静态的对象活化为动态的文化意义；利用文化表达的情感机制，规范人与环境的关系和公共空间中的行为，其语用效果是劝导性的。

随着时代发展，我国陆续出现行政管理部门将行为规范条文设置成城市空间语言景观的现象，实施一种隐性的制度表达。如，城市交通警察将劝诫不要超速驾驶表达为："您的亲人在家等您平安归来，而不是在医院。"温馨的表达与传统执法者的强硬风格形成鲜明反差，折射出以人为本的文化理念。

（三）语言景观编码的标记策略

标记理论源自结构主义语言学理论，沈家煊（1999）结合语言类型学跨语言现象研究发展了该理论。标记理论可用以描述和解释语言中一对或一组互相关联但又互相区别的分析对象。标记理论创造了一套以"标记模式"为核心的话语分析方法，为复杂语言结构的分析提供了便利。①

---

① 　徐欣路：《语言景观标记论——以北京798艺术区为例》，《语言战略研究》2020年第4期。

在社会语言学研究领域中，标记理论同样有效，在以变异分析为核心的微观社会语言学研究中，标记理论可提供有效的分析话语手段。一般来说，标准语被认为是无标记的，而偏离标准语的变异则被认为是有标记的。以 Trudgill（1974）对英国诺里奇市（Norwich）英语中 ng 发音的研究为例，结果显示阶层越低语体越随意，把 ng 发成非标准音的频率越高。①

使用标记理论对中国语言生活进行研究也很有效。在中国大陆当代公共领域，简化字作为通用规范汉字的一部分，是无标记的，而繁体字是有标记的。在海昏侯国遗址公园的语言景观中，通常采用简体字，但是在几个仿古建筑的门楣匾额上采用了繁体字，就是通过标记营造仿古的文化氛围。普通话作为国家通用语言是无标记的，而方言则是有标记的，作为红色文化的传承载体，江西革命老区的红色民歌"苏区干部好作风"就采用了方言语汇和方音演唱，在红色故都博物馆具有使游客如身临其境的效果，帮助游客产生共鸣。

语言景观研究中无标记项是高频使用的规范的语言文字形式，规范的运用不具有特别的社会意义，正如从发音到遣词造句均标准的普通话难以传递语言符号意义之外的意义。语言景观中的无标记项适用性强，一般语境中使用无标记项可传达基本信息，行使基本交际职能，完成基本交际任务。如上所述，在中国大陆使用简化字替代繁体字一般不影响基本交际，但用繁体字替代简化字，接受者就有可能产生别样的解读。

本书通过对江西文化语言景观的调查分析，对江西文化典型区域的语言景观的总体特点作了系统的描述，利用量化统计方法在选定公共区域采集语言景观，分析语码出现频次、场合，并解读其地理符号学意义，这有助于客观描述江西文化语言景观的基本状态，判明各种语码使用模式，为更深入的文化学和社会学分析提供数据。中国语言政策明确而且执行有力，普通话和规范汉字作为国家通用语言文字的推广普及工作成效巨大。通过调查江西文化语言景观发现，无论是在红色、蓝色、金色文化旅游景区还是在古色文化景点，其语言景观上语言文字符号的选用偏好，以及呈现的语言地位和语言态度趋同。

---

① 徐大明：《语言变异与变化》，上海教育出版社，2006。

有些江西文化语言景观引起了接受者的特别注意，其传达文化意义的效果很好。从社会语言学标记理论视角看，通过语言景观标记研究范式能够发现这些语言景观的新颖独特，从而揭示其在众多语言景观中何以产生聚焦功能，标记范式的研究主要针对这部分有标记的语言景观展开分析。

采用标记范式研究语言景观，对于揭示其文化意义呈现策略比较有效。Landry & Bourhis（1997）认为，语言景观具有信息功能和象征功能。信息功能指的是语言景观可提供信息，帮助人们了解某语言群体的地理边界、构成以及该社区内使用语言的特点，提供语言状况信息。语言景观信息功能是其基本功能，传递字面所表述的信息，从而一般采用无标记的形式。

象征功能指语言景观能映射语言权势与社会身份和地位，包含语言群体成员对语言价值和地位的理解。① 从语言景观接受者视角看，探讨语言景观意义呈现策略是发挥其象征功能、传播文化意义的关键。应用标记范式研究江西语言景观文化意义构建是合适的。本书调查研究的小平小道陈列馆、景德镇、海昏侯国遗址公园被定位为江西文化旅游景区，这些公共区域的语言景观就要为该定位服务，凸显其语言景观构建和传达文创意义的功能，而文创性正是利用标记实现了接受陌生化，换言之，某个语言景观之所以能产生文创意义，是因为相对于一般语言文字而言其被添加了某种标记。

我们对江西语言景观中文化意义编码的标记策略展开分析。经调查分析发现，江西文化语言景观编码的标记策略包括字面添加标记、字象添加标记、字境添加标记、保留式添加标记和添加大比重标记等五种类型。

1. 字面添加标记

字面添加标记指的是在言语内容上添加的标记。我们考察江西文化语言景观中的机构名和场所名，发现除了常见的机构名、企业名、通名外，还有在名称的某部分添加其他标记如添加特殊用法的标点符号、添加特殊组合关系的标记。

我们观察到江西文化语言景观都是在通名上添加标记，不像"中心""工作室""俱乐部""店""厅""馆""廊"等通名，这些是无标记的，

---

① 尚国文、赵守辉：《语言景观的分析维度与理论构建》，《外国语》2014 年第 6 期。

比较突出的添加标记的名称比如"小道",在小平小道陈列馆就比较凸显,小平小道陈列馆因为邓小平同志在江西劳动期间往返工作车间和住所之间的小路而得名,其前后状态内在的功能反差给游客带来陌生化效果,通过命名方式使这种效果得到强化。既标记了历史背景,又产生了陌生化的效果,因此跟文化意义搭配很协调。这种做法在各地的文创产业聚集区多见,只不过标记不限于添加在牌匾的语言符号上,还体现在毛主席语录、红色画像、红星等年代符号的空间配合上,很能吸引景观接受者的注意。为了与机械厂的环境相协调,"小平小道"景区大部分文物介绍类标志使用黑底白字的形式呈现,形状上以立体方形、圆柱形和三角形为主。其中圆柱形的标志形状并不规则,其有文字的一面是利用机器切割后形成的凹陷面。

棱角分明的外形配合纯黑的颜色,给人以严肃认真、一丝不苟的感觉,就像在机械厂工作的邓小平同志和其他工人,对于机械类工作,一个螺丝钉的错误都可能会影响整个装置,工人在工作时必须高度严谨。构建者希望参观者在浏览的过程中可以通过视觉感受这些风格独特的标志而受到潜移默化的思想文化教育。

2. 字象添加标记

字象添加标记是指在文字外在的形态上添加标记。一般展览中的语言景观会加入美术因素,追求字的外在形态创意,如使用书法字或新颖古雅字体、用各种美术要素代替汉字的笔画、把汉字设计成画等。

我们注意到,在江西文化语言景观中的文字符号,除了字形改变、简体字和繁体字选用等字象上添加标记手段外,还有其他令人印象深刻的字象标记方式。如添加传统的旧字形作为标记。与使用繁体字不同,是添加无依据的变异字形作为标记。如海昏侯国遗址公园出土多枚印章,公布的印章材料除表明墓主人身份的刘贺玉印和"大刘印记"玉印,还有一枚"海"字铜印,这实际上是考古出土的一枚汉代烙马印,其就常被用在这里的语言景观上。

3. 字境添加标记

字境添加标记是指在字的外在环境上添加标记。字之于字境,犹如言语之于语境,能够影响解码和汉字信息传递。小平小道陈列馆中语言景观的字境明显表现出修旧如旧的风格,字境添加标记可以通过语言景观的载体而实现。如展厅以邓小平同志在那个时期工作的车间来承载文字，将文字直接附着于建筑物外立面，小平小道陈列馆中随处可见的墙体标语，是将抽象的红色精神转化为具体的字境采用的视觉符号，以弘扬独立自主、自力更生的艰苦创业精神。这些语言标志多出现在邓小平同志曾经工作的车间，是陈列馆为营造"历史现场感"而特意保留的历史性语言景观。参观者在陈旧空旷的车间参观时，可以更加真切地感受到前辈们为社会主义现代化建设而做出的努力。

小平小道陈列馆通常将语言景观直接附着于建筑物外立面，其中大多数都附着于工业厂房砖墙上，还有一些景观设置在工业设备设施的遗迹上，甚至以人为做旧的或曰"遗迹化"的载体来承载文字。这都是为了以一种与那个特殊年代风格相一致的方式来凸显关键性文字。

4. 保留式添加标记

保留式添加标记指的是以历史遗迹的保留作为标记。小平小道陈列馆多处建筑的外墙可见 20 世纪遗留下来的红色标语。"非常岁月"常见的标语到如今保留的已少之又少，标语的保留乃至保护、修复行为无疑是一种标记，使得标语附带上了文创意味。

陈列馆内统一设计的语言标志在颜色上以砖红色、灰色和白色为主，灰底白字既方便参观者阅读，又有庄严肃穆的感觉。砖红色一方面很好地配合了陈列馆红砖青瓦的建筑风格，另一方面又营造了浓厚的红色文化氛围。色彩是红色旅游景观的重要载体，红色是热情、权威和自信的象征，有着与中国近代革命精神一致的色彩性格。在景观空间设计中适当地采用红色元素可以引导参观者从心理空间来理解中国近代革命的精神，并唤起参观者发自内心的情感共鸣。

5. 添加大比重标记

标记在语言景观中比重越大，陌生化程度越高，文化意味就越浓。在对江西文化语言景观的考察中，我们发现了新创文字景观，其传递的文化意义不仅基于语言符号的一般意义而且实现了超越。从海昏侯墓挖掘出的大量器物都镌刻着造型各异、神形逼真的凤鸟纹饰。该纹饰具有浓厚的历史韵味，源自上古神话故事，又是西汉现实生活的真实写照，既具有淳朴写实的特点又兼有夸张写意的特点。在神话传说中"凤鸟"是百鸟之王，只有明君在位、天下太平时，凤鸟才会出现，因此凤鸟在古人心中是吉祥之物。而凤鸟纹饰则是模仿多种禽鸟样貌进行艺术创造而形成，体现了追求人与自然和谐相处的自然之美与天人关系，反映了对于自然生物的观察与认知。西汉时期，由于天人感应观念深入人心，以凤鸟纹饰为代表的祥瑞符号成为人们的精神寄托，与此同时，凤鸟纹饰作为人民美好幻想与愿望的代表被广泛地应用于各类祭祀器具与生活器具之上。随着与汉代社会盛行的厚葬之风、谶纬迷信交织和融合，凤鸟纹饰演变出了不同于以往的社会功能和审美意义。海昏侯墓器具中的凤鸟纹饰不仅是自然界动物，也是饱含汉代人情感、希望和幻想的精神符号，凤鸟纹饰背后蕴含着丰厚的西汉文化内涵，故海昏侯国遗址公园的语言景观几乎全部都以凤鸟纹饰作为载体。

江西古代文化被描述为金色文化，并以海昏侯墓出土的大量马蹄金为代表。马蹄金，状似马蹄，相传源自汉武帝狩猎时发现的白色麒麟祥瑞，并成为汉武帝打赏诸侯重臣的赏赐之物。海昏侯墓出土的马蹄金是汉武帝赐给爱子即刘贺之父刘髆的，而刘贺又从其父那儿继承下来。马蹄金不仅证明了刘贺的富贵，补全了历史上有关刘贺信息的缺失，也展现了西汉对于求仙问道、祥瑞之事的追求。

由此可见，标记表达了语言景观构建者凸显该公共空间文化特色的强烈创作意图，通过不同的添加标记的方式，使语言景观所构建和传递的文化意蕴不仅得以凸显，而且具有了多种解读的可能性。

江西文化语言景观在编码过程中，整体上遵循国家和地区的相关语言文字法律法规，但是为了构建语言景观的文化意义，也使用丰富的标记手段来吸引语言景观接受者的注意力，从理解语言景观的语言符号字面意义抵达感悟其深层的文化意义，达到文创效果。标记研究范式关注语言景观中有价值的内容，研究者凭借已有认知去寻找那些真正有文化意义的语言景观构建方式。直面关键问题展开实质性研究，重视语言景观样本的理论探究，对江西文化语言景观的考察不局限于语言景观体现的语言权势和语言态度等社会学属性的研究，而是结合语言景观社会学属性和语言景观自身独有的构建机制展开研究。语言景观的社会学属性研究以语言景观的自身机制研究为基础，随着研究的发展，语言景观的研究边界不断扩大，公共空间的范围也逐渐拓展。Bolton（2012）指出，语言景观不仅可以通过物理空间来界定，还可以通过电子空间、全球旅行、流行文化和互联网的虚拟空间来界定，这必将使语言景观的呈现越来越丰富，对语言景观自身机制进行研究有助于深入分析语言景观文化意义的构建与传达。

（四）语言景观的语篇修辞结构

从修辞的视角看，语言景观整体上就是一个完整的修辞结构，文化意义的构建与传达需要明确的内在线索才能依次呈现。以中国陶瓷博物馆为例，主体展览"瓷器、瓷业与城市发展史陈列"就是按照时间顺序，采取"总-分-总"结构，先总括景德镇辉煌的陶瓷历史，总体介绍瓷业体系和特点；然后再分阶段叙述从瓷器起源到现当代各个历史时期景德镇瓷业发展情况；最后再对展览的内容进行整体总结，提升主题，展望陶瓷文化发展的未来。游客在博物馆参观时，会不知不觉顺着带有矢量方向的参观路径引导，自然而然地拾级而上，景德镇陶瓷发展历程的宏伟画卷随着游客的移动而有序呈现。我们与游客交谈时，一位游客描述了他作为语言景观接受者的具身感受："我觉得很好的一点是，你不自觉地跟随展馆的引导路径一步步走上去，同时通过眼前展品和配套文字介绍，就可以看到景德镇陶瓷业一步步的发展历程。"空间的顺序更换象征着时间线索的推进，当游客结束观展，回顾整个观展过程时，景德镇璀璨的陶瓷文化意义已然了然于心。

2023 年 9 月，课题组到小平小道陈列馆参观调研，录制了讲解员一段完整的解说词。我们通过分析小平小道陈列馆讲解词，发现讲解词的文本结构体现了修辞的艺术。

> 1969 年邓小平夫妇被下放到这里后，他们的住所被安排在南昌陆军步兵学校"将军楼"，刚开始邓小平夫妇每天要花费 40 分钟去往工厂，路途比较远，一路上还有长途汽车站和采石场，极其不安全。于是，工厂师傅们就沿着工厂一侧的荒坡和田埂开了一条小路，路上铺满炉灰渣使之更加平坦。这条工人师傅们细心铺设的小路，让邓小平夫妇上班的路途缩短了近一半，为邓小平夫妇上班提供了极大的便利。

邓小平在这条不起眼的小路上风风雨雨地走了1000多个日子。这条路也被亲切地称为"小平小道"。小平和夫人卓琳在此劳动、生活了三年零四个月。卓琳说："江西、南昌、新建是我们永远不能忘怀的地方，拖拉机厂工人师傅们的深情厚谊至今仍然温暖着我们的心，而从'小平小道'上延伸出去的则是一条通往国家富强、人民幸福的中国特色社会主义康庄大道。"

从修辞结构看，这是叙事性文本，通过讲故事的形式介绍了"小平小道"的来历。有具体数字"每天要花费40分钟去往工厂""走了1000多个日子""在此劳动、生活了三年零四个月"；有细节描写"一路上还有长途汽车站和采石场，极其不安全"。故事的主人公除了小平和卓琳夫妇，还有"小平小道"的建设者、普通的"工厂师傅们"，有场景描写"沿着工厂一侧的荒坡和田埂开了一条小路，路上铺满炉灰渣使之更加平坦"。

在叙事结构基础上，修辞文本还有文化意义的构建，文化意义通过故事主人公之一卓琳的口吻表达："从'小平小道'上延伸出去的则是一条通往国家富强、人民幸福的中国特色社会主义康庄大道。"可见，修辞文本通过对历史故事的细腻讲述、主人翁口吻的表达，将该红色文化景点有关的现实自然条件和中国社会历史发展的客观规律等信息传达给了参观者，而参观者通过这一语言景观的构建而领悟到其内含的文化意义。

成功的语言景观作品既要有情节性内容，也要表达其所蕴含的文化价值。从具体叙述情节到抽象文化意义的构建，在这种多层次结构中，具体情节可通过表层的语言符号叙述展现，而深刻的文化意义只有通过对景观文本的深层修辞才能构建与传达。语言景观的接受者通过外在的表象认知激发产生联想，才能从主体潜意识情感层面感悟语言景观深层的文化意义。

（五）语言景观翻译

语言景观作为文化的载体，对文化交流有着重要作用。景德镇语言景观中有关陶瓷文化的信息通过多种语言介绍，使来自不同国家和地区的接受者通过自己熟悉的语言了解景德镇陶瓷文化，感受景德镇陶瓷文化的魅力。我们通过对景德镇陶瓷文化多语种标牌上不同语种表达的对比发现，各种语言表达的内容并不对应。在景德镇多语码语言景观中，大部分英语、日语、韩语与中文对应。有些语言景观虽出现中文和英文，但只有大标题"世界瓷都"和小标题"水土宜陶的城市""以瓷业支撑千年繁荣的城市"呈现了与之对应的英文翻译，而在具体正文介绍中只有中文，这属于部分翻译。

Backhaus（2009）将文本互译分为完全的翻译或转译、部分的翻译或转译、互为补充的翻译或转译（转译指文本由两种或更多的语言组成，即不同语言的文本内容互为补充，表达完全不同的内容）以及没有翻译或转译（只有一种语言组成）。[①] 按照这个分类标准，得出如表2-17所示结果，在所有此次调研采集到的多语码语言景观样本中，部分翻译基本为标题翻译，占比接近一半；完全翻译的数量最多，占比超过一半；没有翻译的只有两个，为纯英文标牌。

表 2-17　景德镇多语码语言景观文本互译统计

文本互译	数量（个）	占比（%）
完全翻译	194	52.29
部分翻译	175	47.17
互为补充	0	0
没有翻译	2	0.54
总　计	371	100

我们注意到，标题有英文翻译的多语码语言景观在景德镇中国陶瓷博物馆中占比超过65%，且多出现在博物馆主体展览——景德镇"瓷器、瓷业与城市发展史陈列"中。在外销瓷展览"归来·丝路瓷典"中，几乎全部信息都有中英文本互译，这折射出中国陶瓷博物馆语言景观构建者对外国游客的心理预期较高。然而，中国陶瓷博物馆的多语码语言景观在所调查的六个区域中占比是最高的。此外，完全翻译的多语码语言景观大部分为指示牌或地名牌，文字信息的篇幅短小，所需翻译的内容并不多。可见，在景德镇陶瓷文化语言景观意义构建中，外文翻译方面存在极大的提升空间。

---

① 　徐茗：《北京市语言景观调查研究》，上海三联书店，2020，第58页。

四 语言景观意义构建的心理关联模式

语言景观中的景观本身不是语言符号，但是语言符号与其所处景观空间相互融合，通过语言景观设计，利用语言景观的图文等多模态元素来传递和表达文化意义，建立起景观形式与符号能指之间的关联机制。根据符号学理论，利用语言符号的隐喻象征功能，可能会在语言景观与其构建的文化意义之间产生类比性关联、指定性关联和语境约定关联等三种关联模式。

（一）类比性关联模式

大多数语言景观与语言符号之间通过相似性建立关联，将二者之间存在一种或多种可类比的相似性作为景观形式与符号之间的认知基础，通过类比使语言景观形式具有了符号意义，语言景观接受者通过类比联想，完成对语言景观的感知和理解，生成文化意义。

符号学理论表明符号具有能指和所指，语言符号的能指是字形、字音和字义，而所指是在特定交际环境中该语言符号所指代的客观世界中的具体对象，如"桌子"，在汉语中读音为 zhuōzi，意思是"家具，上有平面，下有支柱，可在上面放东西或者做事情"①。在具体语言环境中，"桌子"可能是交际双方看到的具体的一张桌子，可能是方桌、木头材质、黑色。这种语言符号对应现实世界客观物体的能指和所指关系是最简单的，也是语言符号表意的基础。

有时语言符号不仅指代客观实物，还具有象征意义。在革命摇篮井冈山，毛泽东曾经住在茅坪八角楼，在这里写下了《中国的红色政权为什么能够存在》《井冈山的斗争》两篇著作，回答了"红旗到底能打多久"的疑问，从理论上阐明中国革命发展的规律，引导党和人民在胜利的道路上前进。2023 年 10 月课题组到井冈山茅坪八角楼调研，征得导游同意后，录制并抄写了这段解说词。

---

① 中国社会科学院语言研究所词典编辑室：《现代汉语词典》（第 7 版），商务印书馆，2016，第 1729 页。

当年红军生活艰苦，毛泽东常常工作到深夜，根据地用油十分紧张，按规定，毛泽东晚上办公可以用三根灯芯，但他坚持只点一根灯芯，为根据地军民做了表率。这段革命历史有红歌为证："天上的北斗星最明亮，茅坪河的水啊闪银光，井冈山的人啊抬头望，八角楼的灯光啊照四方。我们的毛委员在灯下写文章。革命风雷笔下起，五洲四海红旗扬。"

对这段红色革命景点"八角楼的灯光"现场解说词的类比联想分析如下：一根灯芯的油灯发出的光亮是暗淡的，但是与天上的北斗一样指明前进和胜利的方向。毛泽东面对白色恐怖和艰苦环境的双重重压，始终保持清醒的头脑，坚持实事求是，在调查研究的基础上，以非凡的勇气总结经验，大胆探索，在昏暗的油灯下撰写出光辉的著作，指引了中国革命的方向。这里的"灯"，呈现的是一盏马灯，但是引发接受者联想的灯具有象征光明前途的意义，只有结合中国革命斗争的历史背景，才能解读出这一语境中语言景观的深层意义，并将二者类比关联。

可见，类比关联模式需要通过语言景观中的语言符号来凸显、提示和启发接受者，提供可供类比的相似点，在确定关联模式后，将语言符号的组织与特定语言景观环境相融合，传达语言景观的文化意蕴。认知隐喻在语言景观中是常用手段，如"灯"是"照明或做其他用途发光的器具"[①]，与"照明"有关。一根灯芯的故事是对毛泽东在艰苦的物质生活中不懈斗争的叙事。在昏暗油灯下写出的光辉著作照亮了中国革命胜利的方向，"照亮"以具体的"照明"含义，隐喻照亮内心、指引胜利的方向。

景物本身具有具象性和丰富的细节，如果没有语言的帮助，有时很难通过景物本身细致入微地表达意义，即便是真实的细节，包括历史背景和艰苦的环境等，也需要用文字进行描写，游客往往没有足够的时间驻足阅读，过于直白和具体的表述缺乏意义构建，也很难使游客产生穿越时间和空间的心理共鸣。突出表现井冈山革命斗争时期毛泽东的领导作用，特定

---

① 中国社会科学院语言研究所词典编辑室：《现代汉语词典》（第7版），商务印书馆，2016，第273页。

空间的语言景观只能是载体，需要通过语言符号将景物形象与文化意义联系起来，这盏马灯不一定是毛泽东当年用过的实物，它只是一个象征，在游客的认知过程中充当载体，在接受者的感悟过程中勾起意义联想。

可见，在这真假虚实的心理变换中，语言景观起到了启发类比联想的作用，是揭示语言景观文化意蕴的重要手段。认知心理学认为，类比是基于人类认知中类推能力的最常见手段。

给某个特定公共空间或者建筑物题名，是通过语言符号引发类比关联的一种典型形式，将语言景观形象与文化意义相关联，这在历史文化语言景观设计中常用。景德镇历史街区的题名体现了当地陶瓷业的发展格局与功能。题名亦可根据民间传说命名，折射当地民俗文化的积淀，如"水碓""窑弄里""草鞋弄""毛笔弄"等。

类比联想借助的是符号形式和意义约定的预期心理，符号与意义之间存在必然、本质、内在、稳定且符合认知普遍规律的关联。在跨文化交际中易于翻译与传达文化意义，如西班牙语俗语"如果你是蜡烛，照亮自己；如果你是炉火，温暖家人；如果你是篝火，照亮和温暖夜行者。"这种表达中国人也很容易理解和接受。可见，不同文化中对于"灯火"这种意象表达的意义是基本相近的，这是在人类认知共性基础上形成的普遍规约性。

（二）指定性关联模式

在对江西文化语言景观的考察中，我们发现也存在语言景观形式与语言符号之间无法通过类比产生直接认知关联的情况。语言景观构建者只能通过约定的语境条件，将语言景观形象与语言符号指定为关联的对象，从而在形象与意义之间构建联系。

一种情况是公共空间的某些语言景观在任何场合都能稳定、明确地与某一意义保持联系，最典型的是花语，自然界的鲜花在不同的文化中有着不同的象征意蕴。江西省的省花是杜鹃，杜鹃花又名映山红，为常绿或平常绿灌木。相传古有杜鹃鸟，日夜哀鸣而咯血，染红遍山的花朵，因而得名杜鹃花。杜鹃花一般在春季开花，每簇有 2~6 朵花，花冠呈漏斗形，有红、淡红、杏红、雪青、白色等，花色繁茂艳丽，生于海拔 500~1200 米山地的疏灌丛或松林下，为中国中南及西南地区典型的酸性土指示植物。江西红色文化的象征是杜鹃红，杜鹃适合江西的酸性土壤，漫山遍野盛开的杜鹃，热烈奔放，鲜艳夺目，花朵浓密得像一团烈火，象征江西老区人民的革命热情，同时也是革命胜利的象征。

歌曲《映山红》是电影《闪闪的红星》的插曲："夜半三更哟盼天明，寒冬腊月哟盼春风，若要盼得哟红军来，岭上开遍哟映山红。"歌曲旋律具有江西民歌韵味，歌词表达指定了革命成功与开遍映山红之间的关联，环环相扣，不仅唱出了生活在黑暗中的江西革命根据地人民渴盼红军归来的强烈心声，更唱出了他们与黑暗势力斗争的革命意志。

可见，江西红色文化与《映山红》之间的指定性关联，是一对一关系明确的心理关联模式的典型代表。此外，语言景观中的特定景物与其表达文化意义之间也存在一对多关系的指定性关联模式。同一个语言景观形象可能与多种意义产生关联，在特定公共空间认知某一特定意义的关联，需要语境的二次规定，最直接准确的就是语言景观提示。语言景观文化意义的生成一方面依靠约定俗成，另一方面依靠语境规约。

在指定性关联模式中，一个语言景观可能产生多种关联，而语言景观中的语言具有引导提示功能，使接受者对同一语言景观产生与多种意义的联系，同时，借助语境二次规定性，使形象与意义形成一一对应的关系，避免歧义产生，促成特定文化意义的生成。例如，十字架是基督教堂中常见的符号，红十字会是最早在战场上实施救护行动的组织，由瑞士人亨利·杜南发起创建。如今，其已成为世界上家喻户晓的从事人道主义工作的社会救助组织。无论在世界各地还是在中国，"红十字"这一标志总会让人联想到人道、博爱、奉献的红十字精神，即以保护人类的生命和健康、促进人类和平进步事业为宗旨的人道主义精神。

可见，文化意义的生成环境包括民俗、宗教、礼仪传统，文化符号所表达的意义在同一文化背景下具有极高的同一性和稳定性。一种语言景观符号通常与某种明确的构建方式相对应，如某个时代的某种功能的建筑，从结构到外形都要遵循一定之规，而语言景观构建者按照既定的模式再现景观符号，使文化意义与语境相辅相成。如海昏侯国遗址公园展示服务中心，通过表现汉文化特征的"瑗璧礼天"形态空间，为遗址公园构建了一个具有西汉文化特色的标志性服务建筑。

现代景物形象与符号之间不像仿古建筑那样具有固定模式的关联，语言景观构建者往往要指引接受者审美的方向，通过凸显某些符号的意义，利用联想和普遍联系的心理机制，建立景物形象与符号之间的关联来体现其文化意义。江西红色文化语言景观，如在铜鼓秋收起义纪念馆、秋收起义纪念地等处，多采用红色作为基本色调，象征革命的热情和热血，讲解员统一的制服给人军装的视觉感，这是移动的非典型性语言景观，易于唤起游客对革命峥嵘岁月的现场感，并对其解说内容的严肃性和权威性产生敬畏和信任。

对于红色文化基地讲解员的服饰，游客们的看法不尽相同，有的表示赞同，认为讲解员穿绿军装很好，游客从他们身上能领略到革命的精神风采和青春朝气，也使游客对红色历史文化有更深层次的理解，使游客不自觉地融入讲解员对那段红色历史的讲述之中。但也有人对此表示不认同，认为并非军事单位的讲解员服装设计虽为军绿色，但又不是正式军装，就跟有些地方的保安服设计非要照着警服做一样，有点像"戏服"，这种装扮不严肃，与红色历史文化场景不协调，还容易让人走神。

可见解读者很难在抽象的景物符号与意义之间建立必然的关联，不同的人会有不同的解读，符号与意义的关联不是必然、本质和内在的，指定性关联模式必须依靠文化指定性规约和语境信息规约，来预定符号与意义的对应关系。在中国传统文化中有"留得青山在，不怕没柴烧""靠山吃山，靠水吃水"的说法，而江西绿色文化口号"绿水青山就是金山银山"贴切地表现了在商品经济时代其绿色生态观念的与时俱进。

井冈山地标"井冈红旗"雕塑建于 2007 年，是为纪念井冈山革命根据地建立 80 周年而设置的，高 19.27 米，跨度 27 米，寓意井冈山革命根据地创建于 1927 年，高高飘扬的红旗中间镶嵌了一个五角星，五角星中间有镰刀锤子，五角星上方有"井冈山"三个大字。屹立不倒的巨石象征中华人民共和国在井冈山奠基；熊熊燃烧的火焰寓意中国革命的星星之火从井冈山燎原；高高飘扬的旗帜昭示中国革命从井冈山走向成功。井冈山"胜利的号角"雕塑以红军军号为主体，雕塑高 8.1 米，基座宽 10.27 米，寓意1927 年 8 月 1 日中国共产党发动南昌起义，打响武装反抗国民党反动派的第一枪。数字本身没有意义，但通过雕塑的文字解说建立指定性关联，语言符号在揭示语言景观的文化意义上起到了画龙点睛的作用。

（三）语境约定关联模式

语境是语言使用的具体环境。一般分为言内语境和言外语境。言外语境是指使用语言的时间、地点、场合、对象等，俗话说"到什么山上唱什么歌"。言内语境是正文，狭义语境对语言表达和理解的影响最为直接。

在语言景观构建中，语言景观借助语言符号在特定的语境中表现特定的文化意义。江西茨坪西南面的荆竹山，有一块被雷电击破后从山上滚落的巨石，当地人称其为"雷打石"，这种自然现象不足为奇，其之所以成为红色文化的景点，是因为在革命斗争年代，毛泽东站在这块巨石上宣布了人民军队的三大纪律，只有了解在这块石头上发生的革命历史事件，才能了解其文化内涵，在特定语境中其被赋予了浓厚的象征意味。

可见，文化意义的构建深受语境制约，只有将语言景观作品置于其产生的历史文化背景中，才能领悟其文化内涵，而发生在该语言景观空间的历史事件是唤起跨越时间记忆的手段，通过语言符号启发对该语言景观文化意蕴的理解。

井冈山行洲中国工农红军标语群旧址也是一个典型的语境约定文化意义构建模式。2023 年 10 月，课题组到井冈山行洲调研并收集语言景观。根据导游介绍，行洲是井冈山五大哨口内一个较大的村庄，革命斗争时期是红白交界区。国民党反动派一方面对红军进行残酷的军事"围剿"，另一方面借助其掌握的宣传机器进行反共宣传，挤压我党我军的生存空间。为了揭露敌人的欺骗宣传，消除群众的疑惑，展示无产阶级领导的人民军队形象，在井冈山革命斗争时期，毛泽东十分重视宣传工作，将其作为中心任务来对待。毛泽东坚持一手抓军事斗争，一手抓宣传工作，强调共产党只有左手拿传单、右手拿枪弹才可以打倒敌人。井冈山时期写标语是红军最常用的一种宣传方式，用墨汁、石灰水直接书写在墙壁上。没有笔，就用笋壳或棕片扎上代替笔。行洲中国工农红军标语群就是指红军写在几幢土木结构的民房内墙和外墙上的标语，保存下来的共有 30 多处，内容有《共产党十大政纲》《国民党十大罪状》，还有"实行马克思主义""实行共产主义"等口号,有的标语还配有漫画。红军的宣传鼓舞了士兵斗志,动摇瓦解了敌军,唤醒了劳苦大众。

第三节　江西语言景观与文化意义传达

一　语言景观与文化意义传达

语言景观不仅是历史的见证,也是文化的载体,语言景观构建者追寻的文化意义需要通过一定的手段传达出去,才能得到接受者的认同和感悟。

为了达到传达文化意蕴的目的需要借助语言景观符号。符号的基本功能是保存人类抽象思考的结果,只有通过符号传达,人类才能超越自身限制,与社会产生联结,与先辈产生联系,过上有意义的生活。符号超越时间和空间限制的特点可使语言景观接受者产生由此及彼、由表及里的想象和思维;符号的简约性与象征性赋予接受者联想的自由,实现以虚带实、以形带意的再创造,从而实现文化意义的传达。

(一)诗词歌赋传达文化意义

在语言景观设计过程中,尤其注重其具有意义传达的画龙点睛之功。语言景观符号包括图像,具有易读性、多义性和联想性,在语言景观设计中巧妙运用这些特性可以减少传达障碍,丰富表达手段。楹联匾额是汉语特有的表达样式,是具有中国特色的编码手段。在园林景观构建中,这类语言景观既可描绘园林美景,表达诗情画意,也可借景抒情,臧否历史,更能够寄情山水,托物言志,对传达文化意义具有重要作用。

庐山是江西绿色生态文化的代表,庐山是自然美和艺术美的结合。大自然赋予庐山奇异的自然风光,以庐山为主题创作的山水诗和田园诗所展现的中华文化更是认知庐山不可或缺的重要组成部分。自晋代陶渊明的"种豆南山下,草盛豆苗稀"(《归田园居·其三》)、谢灵运的"昼夜遮日月,冬夏共霜雪"(《登庐山绝顶望诸峤》),到唐代李白的"飞流直下三千尺,疑是银河落九天"(《望庐山瀑布》)、白居易的"人间四月芳菲尽,山寺桃花始盛开"(《大林寺桃花》),再到宋代苏轼的

"横看成岭侧成峰，远近高低各不同"（《题西林壁》）、欧阳修的"庐山高哉，几万仞兮"（《庐山高歌》）、王安石的"不畏浮云遮望眼，自缘身在最高层"（《登飞来峰》）等，许多著名诗人和文化名人都描绘了庐山美景，表达了丰富多彩的情感，体现了庐山山水文化的多样性和丰富性，推动了庐山山水文化的发展。可见，诗词歌赋是庐山山水文化最好的传承和传播载体。

（二）文化意义的发展与传达

语言景观是人类生活在大地上的文化记忆，是物质生活与精神方式留下的痕迹。然而，社会和环境处于不断变化中，语言景观构建的观念和艺术手段也在不断发展，当代可借助多元化手段来诠释语言景观空间的文化内涵与精神追求，江西建设文化强省，"四色"文化已成为江西闪亮的名片，江西语言景观的文化意义也在不断丰富与发展。

景德镇通过多元化交流打造世界级文化符号，传达新时代的陶瓷文化意义。景德镇成功举办了第五届"阿拉伯艺术节"，为新时代中阿人文交流注入蓬勃力量，向世界展现景德镇的风采。景德镇深入开展陶瓷文化研究，从陶瓷器物美上升到文化美，挖掘景德镇陶瓷文化个性与中华文化之间的深刻内涵，同时为在世界陶瓷文化中传播中国文化特色话语，通过设立瓷博会海外分会场、建立海外中华文化体验中心等形式，打响"瓷行天下"文化品牌。

江西蓝色陶瓷文化的意义传达不再局限于传统的传播手段，而是通过举办国际版权论坛、国际陶瓷博览会、国际陶艺双年展等国际性大会和大展等形式多样的文化活动，将陶瓷文化融入产业经济发展和文化旅游之中，向全世界展现千年瓷都的陶瓷文化。

二　语言景观文化意义的传达模式

语言景观对文化意义的传达有直接传达和间接传达两种模式。

（一）语言景观直接传达文化意义

景观符号与语言载体合二为一，语言景观只需要解释即可，不需要进行转换，有点破意思的，不需要特别说明。正如景德镇的街灯，全部采用陶瓷文化元素设计。语言景观直接采用汉字设计是中国文化的特色。海昏侯刘贺墓共出土了四枚印章，除了表明墓主人身份的刘贺玉印、"大刘记印"玉印和一枚无印文龟钮玉印外，还有一枚与众不同的"海"字青铜印。青铜印的印文为阳文"海"字，是标准的汉篆体，宽博沉雄，下边框及印底有残断。"海"是"海昏"的缩写，是西汉时期官印常见的省略手法。这枚青铜印体形硕大，尺寸远大于一般的汉代方寸印，专家推测其为烙马印。烙马印又称火印、打马印，一般为铜印或铁印，印钮上部有孔可装入木柄。"马者，甲兵之本，国之大用"①，通过在马身上烙印加强对马的管理，这也是刘贺实施马政管理的证明之物。

景德镇语言景观中有一部分汉字使用繁体字，选择隶书、楷书、行书等字体，按照从右至左的顺序进行排列，这些都是历史延续性的体现，有助于传承历史文化，凸显历史文化气息。不过，这些大多见于牌匾和楹联上，在篇幅较长的文字信息中并不多见。在遣词造句上，还有很多直接引用古文献或古诗句，即采用文言文形式直接呈现的，彰显文化底蕴。得益于文化符号和具有古典特色的语言文字，语言景观的象征功能被更好地发挥出来，历史悠久、底蕴深厚的陶瓷文化也以更好的形式呈现在公众面前，并被更好地传承下去。

语言景观常将关键的、带有特征意义的文字符号镌刻并呈现出来，非关键的、特征性不强的字则被省略，这些语言景观中的汉字及其材质的特殊性，都是语言景观从视觉和内容两方面直接传达文化意义的重要手段。

（二）语言景观间接传达文化意义

并非所有语言景观都能直接通过语言文字来表述文化意义，有些语言景观通过形式表情达意，具有具象性，细节丰富，很难用语言文字表达。有些语言景观的文化意义则不必通过语言符号的直白传达，写实性的语言文字很容易流于符号的表层意义，因其浅表化而局限接受者对语言景观意义领悟的空间；不可忽视的还有解读文字信息的时间成本，大段的文字表

---

① 引自〔南朝宋〕范晔《后汉书·卷二十四·马援列传第十四》，中华书局，2016。

达很难吸引游客，因为他们往往时间有限，不能驻足研读，致使重要信息被淹没；景物的形式是中介，是意义表达的空间建构，从文化意义的传达上看，语言景观设计与景物之间应融合，语言景观的主要作用是将景物激发的想象与文化意义联系起来。语言景观间接表达文化意义的方式有很多，主要有以下两种。

1. 象征隐喻与语言景观文化意义的传达

语言符号的组合是为了传递信息，文化意义要符合审美认知，采用不同的修辞手段，基于隐喻的象征是常见的手段。象征功能指语言景观能映射语言权势与社会身份和地位。中文在景德镇语言标牌中的显现率为100%，这说明景德镇较好地贯彻了国家语言文字政策，突出汉语言文字的主体地位和中华民族的主体性。英文是强势外语，符合全球化浪潮中英语作为国际公认的通用语的地位。课题组对 20 位景德镇当地居民进行了问卷调查，其中96%的被调查者表示认同语言标牌中所传递的信息和情感，这说明景德镇语言景观强化了文化身份认同。

尚国文（2018）从异域情调、历史感和好客三个方面分析了旅游语言景观的象征功能。在以古文化、历史遗迹为主题的旅游中，从古代遗留下来或仿制的物件中追寻历史印迹是游客的兴趣所在。在景德镇语言景观中，陶瓷作为一种历史文化符号能构建怀旧、古雅的意义。在外观上，景德镇语言景观最显著的特征就是多利用陶瓷元素，这体现在材质、颜色和形状三个方面。材质上，语言标牌多用陶瓷制成；颜色上，多采用代表青花瓷配色的蓝色和白色为底色；形状上，以瓷瓶为样式的标牌非常多见。这些点缀在语言景观中的陶瓷元素独具特色，使陶瓷文化气息扑面而来，营造出一种历史感。在古窑民俗博览区，一位受访的游客表示景区内令她印象最深刻的就是"有些标牌做成了陶瓷形，包括花瓶等"，这激发她反复观赏回味。

2. 虚实变换

任何事物的性质都具有虚实两个方面，虚的部分也具有较大价值，实的部分解决不了的问题，往往可以考虑用虚的部分来解决，因为虚实之间存在相关性和转化性，体现虚实共轭原理。格式塔心理学中的"图底反转"、中国画中的"计白当黑"都是虚实共轭原理的巧妙运用。在特定空间语言景观的建构中，可以通过声光电的手法用虚部形象取代实部形象。

世界各国不少知名文化历史旅游景点利用该原理建构语言景观，取得不错效果。如在西班牙的科尔多瓦大清真寺博物馆，晚上的介绍就充分利用了灯光。在寂静的黑暗中，游客站在庭院的中心，一束光打在古老的钟楼上，随着响起了潺潺的流水声，声音由远及近，由小到大，最后，一个带着历史沧桑感的声音开始述说这座清真寺的前世今生。因为黑暗的笼罩，随着灯光的聚焦，由导游引导的游客瞬间成为这座古老清真寺中唯一的主人，他们在灯光的引导下，听着这个沧海桑田变化的解说，移步换景，不知不觉中就了解了历史，走进这古老的伊斯兰文明景观和她背后惊心动魄的故事之中。

科尔多瓦大清真寺博物馆的夜游巧妙地利用了黑夜中灯光的聚焦效果，并利用黑暗中人们视觉聚焦引发的专注，以及静夜中听觉的敏锐，巧妙地利用虚实结合的方法，在灯光引导游客观看历史遗迹的同时，以饱经风霜的解说音质将历史故事娓娓道来，当年的刀光剑影仿佛就在这座古老的建筑中再次上演。

江西古老的海昏侯文化、景德镇的陶瓷文化也可以通过虚实变换的手段构建语言景观。景德镇是具有千年历史的古老瓷都，以承办 2021 年江西省旅游产业发展大会为契机，形成以陶阳里、陶溪川为代表的文化游，以皇窑、中国陶瓷博物馆为代表的研学游，以名坊园、智造工坊为代表的工业游，以高岭中国村、瓷乐、瓷宴为代表的沉浸游。今后应把文旅消费从白天拓展到夜晚，挖掘夜游、夜展、夜淘、夜购等"十夜"场景，利用夜游的灯光实现虚实变换，将景德镇陶瓷文化意义与经济发展有机结合。

第三章

语言景观与江西文化解读接受

第一节　语言景观文化意义传达的心理分析

语言景观形式与表达的内容与语境相关，语境所提供的信息是微妙的。当人们看到一个具体语言景观，感知到的可能是客观形象，激发的是心理印象，即以某种具体形象为出发点，进行心理意象分析与加工，通过感知选择而生成，结合认知主体的审美经验，寻找该景物的文化本质。

语言景观中的语言在该审美接受过程中具有启发和引导作用，因为语言符号具有提取具体景物抽象意义的功能，帮助把握该特定景物最重要的性质，并且穿越时间传达动态，以达到对景物时空总体状态的把握。

语言景观标记景物的本质特征，通过语言符号标记关键性质，起到帮助接受者生发意象的作用。如江西铜鼓的秋收起义纪念地，1927年毛泽东从安源出发，经浏阳奔赴铜鼓，领导秋收起义。这个红色景点地处山连山的江西与湖南交界处，地势险峻，毛泽东在艰苦斗争环境中机智脱险的故事，被镌刻在其当年藏身的水塘边。语言叙事在具体的情景中给人身临其境之感，在景点空间吸引并感动接受者，给人遐思的空间和乐趣。语言是引领和启发红色景点意蕴的点睛之笔，语言景观是传递文化信息的承载手段，超越语言符号表层，引导接受者的审美从表层感知转入深层认知，从而实现从空间形态、故事叙述到红色文化意义上的建构。借助语言景观构建摆脱对景物形态的过度依赖，以语言叙述凸显环境，强化空间体验和直觉感知，实现语言景观接受者意识的空间架构，使语言景观构建者与接受者共鸣。

语言景观一方面是为了满足语言景观构建者对意义传达的需求，另一方面是为了满足接受者从语言景观中认知、寻找和获得意义的愿望。著名心理学家荣格非常重视人对意义的探寻，他在《荣格自传》中指出："真正生命不可见，它隐在根茎中，拱出地面的那一部分只能维持一个夏天，之后便会萎谢凋零，犹如昙花一现。"[①] 杰里科认为："将人类精神的全部映射到环境中去，是艺术景观创作的最高目标。"[②] 因此潜意识和有意识的意义追求都是必要的。

潜意识的意义追求通过语言景观空间构建、形状、色彩和声音效果等手段，使追求隐喻和象征的心理过程得以实现，而有意识的意义通常通过语言文字表述得以实现。语言景观可以缓解飞速变换的现代生活和人类成长之间的矛盾，也可以消解琐碎平庸乏味重复的日常生活与求新求异心理之间的矛盾。语言景观构建者努力探索自身潜意识，洞察所在群体的集体潜意识，并试图在两者之间建立联结，通过语言景观构建引发共鸣。

人具有主动性和个性差异，面对相同的语言景观不同接受者会产生不同的审美感受，人的认知经验在对语言景观的解读接受中自然被调动，被不知不觉融人对语言景观的重构中，导致对同一语言景观产生不同的联想和理解。

一　感觉与知觉

接受者从语言景观符号获取信息的过程从感觉和知觉开始。人的感官分工明确又彼此相连，当大脑通过眼耳鼻舌身感知信息并进行综合后，主体会产生完整印象，再将这些被获取并存储的信息与过去的经验进行比较、判断、综合，从而产生感受和联想。

人的感觉是人脑对直接作用于客观事物属性的反映，眼耳鼻舌身等感官分别对应视觉、听觉、嗅觉、味觉和触觉，这是获取信息的基础，为思维提供感性材料。但不可否认的是感觉的局限性，知觉则是人脑对直接作

---

① 〔瑞士〕荣格：《荣格自传：回忆·梦·思考》，杨德友译，上海三联书店，2009，序言。
② Jellicoe, Geoffrey. 1989. *The Landscape of Civilization*. England：Garden Art Press.

用于感觉器官的客观事物各个部分和属性的整体反映，在感觉的基础上经过了多种分析而加以综合，因此具有整体性、选择性、理解性和恒常性。人脑可自动根据已有的经验对感觉信息加以补充而形成完整认识。这是不同人对同一语言景观知觉不同的原因，知觉是感觉和思维的中间环节。

人们通过感官获取语言景观信息，其中视觉获取的信息量占绝对优势。俗话说"耳听为虚，眼见为实"，说明人们更加相信视觉获取的信息，因此语言景观中的空间、形状和色彩被充分重视，这对语言景观信息的获取来说起主导作用。比如，江西绿色文化景观与振兴乡村建设相结合，不少乡村在房前屋后建起了篱笆墙，远看是绿色的竹篱笆，近看是将铝合金表层设计成竹子的形状和颜色，这既营造了田园生活气息，也避免了竹子这种天然材质容易腐烂的缺陷。

二　推理和联想

人们在感觉和知觉的基础上进行推理和联想。推理是依据个体经验和事物之间的关联由已知推导出未知。如对上文所述乡村房前屋后的篱笆墙，接受者的推理和联想依据是，中国农业社会建筑以竹木和泥土等材质为主，看到外形如竹子一般翠绿，并且有圆形、有节等形态特征，自然就推导出这是竹篱笆的结论。

推理过程常伴随联想，即由当前事物连带出与该事物相关事物的联想心理过程。客观事物之间的相关性是联想产生的基础，联想可以是时间性、空间性、因果关联和性状关联等。金属材料给人的感觉是冰冷的、坚硬的、工业化的，而竹木材质给人带来柔和、温暖以及自然田园感受，这是由视觉根据经验而引发的推理感受。

语言景观接受者解读接受信息的基本心理过程就是推理和联想。自然界的青山绿水自然让人产生舒适宜居的感受，然而江西绿色文化则具有红绿交相辉映的特点，无论是在井冈山、瑞金，还是在南昌都发生过许多轰轰烈烈的革命故事，也孕育出方志敏这样的许多革命英雄。江西的红色版图中洋溢着一抹清新亮丽的绿色。江西以绿色发展为导向，树立"绿水青山就是金山银山"的理念，深入推进国家生态文明试验区建设，步入生态优先的绿色发展之路。

课题组 2023 年 11 月在红色故都瑞金的调研过程中，发现了一个红色与绿色文化交相辉映的典型语言景观。瑞金叶坪乡华屋村"十七棵松"的"烈士林"就是红绿文化交融的典范。1934 年长征前夕，17 位加入红军队伍的华屋村青年相约到蛤蟆岭，每人栽下一棵松树，互相承诺：活着回来的人要为阵亡的战友照顾好父母，照看好这些松树。他们守着这个约定，抱着"青松常在，革命必胜"的信念踏上长征之路。然而青松在人未归。华屋村乡亲们把这 17 位栽树的红军烈士的名字写在木牌上，悬挂在树干上，在后山建亭立碑，把这片树林取名为"烈士林"。每年春天自发来到后山以描红烈士姓名的传统方式祭奠先烈。这个红色景观的参观者经历的就是推理和联想的过程，将苍翠成林的松树与常青的革命精神意蕴相结合。

三　情绪和情感

情绪是与生理需要相联系的态度体验，往往与具体的环境或者事件相关，持续时间短暂。情绪可能由外部环境刺激、主体生理刺激或认知评价刺激而产生。情感是人类复杂的社会感受，包括道德感、美感和理智等，具有精神文化意义。

语言景观接受过程中通过视觉和听觉获取的信息亦可直接或间接地刺激接受主体的情绪，引发人的情感体验。在江西革命故都瑞金的叶坪革命旧址保留着革命斗争年代的环境风格，斑驳的干打垒的土墙上挂着革命领袖马克思和列宁的画像，对开的两扇木门上贴着已褪色的写着"中国工农红军万岁"的标语。参观者被安排在具有时代和地方特点的简陋的长木板凳上落座，听着身穿红军服的讲解员讲述在这个特定空间发生的红色革命故事——八子参军。

八子参军的革命故事出自《永恒的初心：赣南苏区红色故事》①。1931 年 11 月苏维埃临时中央政府在叶坪成立的第二天，当地农民杨荣显高高兴兴地带着两个儿子来到参军报名处。不到三个月，两个儿子不幸战死沙场。1932 年为了扼杀新生的红色政权，蒋介石又纠集了 40 万兵力对中央苏区实行更大规模的军事"围剿"，苏维埃政府发出了"扩红支前"的号召。第二

---

① 中共赣州市委宣传部：《永恒的初心：赣南苏区红色故事》，中共党史出版社，2018。

天，杨荣显就把六个儿子送到区苏维埃政府报名处应征。苏区军民经过艰苦作战，粉碎了敌人的"围剿"，可杨家的老三、老四、老五、老六也都先后牺牲在战场上。此时，担任红军总政治部秘书长的邓小平听说了杨荣显的事情，专门派人看望了老人家，并告诉他部队下决心帮他找到老七、老八，把哥俩送回老人身边，可杨荣显怎么也不答应。最后，经过几番周折，终于在广昌战役的战场上找到了老七、老八。哥俩说等打完广昌这一仗再回去，可就是这一仗，兄弟俩再也没有回来……

参观者在叶坪革命纪念馆构建的特殊空间，通过红色故事的叙述穿越时空，仿佛置身当年苏区艰苦卓绝的斗争环境，激发了对革命历史故事中蕴藏着的不屈不挠的民族精神的感悟。

四　动机和期待

动机是激发和维持有机体行动和心理活动的内部驱力，以达到预定的愿望或者意念。需求和刺激都可能产生相应的动机，生理需求和心理需求都有可能由自然环境和社会环境等外部条件刺激而产生。期待是对结果的预设引发相应的心理期待，是对事件发展的整体判断或具体细致的局部设想。

语言景观接受者在理解语言景观时的心理期待与接受效果密切相关。人们一般对某类语言景观环境空间、形式、色彩、比例和尺度等持有固定的观念。人是语言景观构建中最重要的因素，每处语言景观"都是一个舞台，每一个拥有者都是一位演员"[1]。语言景观设计必须考虑接受者，即潜在的可能进入该公共空间的人群。当代语言景观设计中人文关怀是文化意义表达的核心。语言景观接受者进入公共空间后会不知不觉地从旁观者向接受者角色转换，在语言景观引导下以自己的方式去领悟语言景观所传递的文化信息。

从接受美学的视角看，接受者的重要性不可忽视，任何语言景观在未经接受者接受之前都具有不确定性。语言景观意义的构建传达离不开进入语言景观的接受者，语言景观的文化意义最终是需要在接受者的期待中完

---

[1]　〔美〕马克·特雷布：《现代景观：一次批判性的回顾》，丁力扬译，中国建筑工业出版社，2008，第240页。

成，语言景观被赋予意义的过程即语言景观被解读、被欣赏和被感知的过程。

第二节 江西语言景观文化意义的接受效果调查

一 语言景观接受效果调查与分析

从江西语言景观的文化体验维度，课题组通过调查考察接受者对语言景观的态度和理解，包括社区居民和旅游者对该地区语言景观的感知与态度，考察语言景观构建者与接受者之间的信息是否一致，分析语言景观的接受效果。

（一）语言景观接受效果的调查设计与实施

1. 理论依据与调查设计

列斐伏尔（Lefebvre，1991）认为，不同人群和个人的历史背景和社会地位不同，导致人们对公共空间的感知体验各不相同。语言景观的构建者通过理解经验构建语言景观，本地居民和游客的文化背景、教育背景和人生经验各不相同，对同一语言景观会有不同的解读和接受效果。针对语言景观是否呈现了接受者族群的语言，接受者是否感受到本族群的语言身份和语言地位得到尊重，课题组通过问卷调查和随机访谈的形式对语言景观接受者进行了调查。编制调查问卷时选定一定数量的官方语言景观和非官方语言景观，前者以指示性路标和景区介绍等语言景观为主，后者以社区广场、餐馆、纪念品商店、咖啡冷饮店和小超市等景区配套服务的商铺语言景观为主要代表。

语言景观接受效果调查问卷分为四个部分：第一部分是个人情况，包括被调查者的性别、年龄、受教育程度、职业、国籍/籍贯、在被调查地生活/停留的时间等；第二部分是对语言景观的认知，主要考察对官方与非官方语言景观上的语言种类的关注度；第三部分是语言偏好调查，对官方和非官方语言景观上的语言偏好进行调查；第四部分是语言态度调查，针对官方和非官方语言景观考察不同接受者的语言态度。被调查者对这四个方面的问题选择答案，快速完成问卷，不用过多分析，充分利用直觉加以判断，从而考察被调查者潜意识中的语言认知、语言偏好和语言态度。

访谈问卷主要考察文化传承和传播与语言景观之间的关系，包括对特定语言景观文化内涵的理解、翻译文本与跨文化交际的需求，考察语言景观构建者和接受者对同一个语言景观的不同看法，将文化意义构建意图与接受者对文化意义的接受效果加以对比分析。面对面的访谈采用开放式，便于根据访谈过程深入推进。

2. 语言景观接受效果调查实施

采用随机性抽样和目的性抽样相结合的方式，2020 年 10 月至 2023 年 10 月，本课题组选定江西文化语言景观所在的社区广场、小超市、咖啡店和饭店，并在该文化旅游景点内向当地居民、店主、游客等发放问卷 250 份，共回收有效问卷 238 份。在景区关闭期间，课题组以线上问卷的方式发放问卷，参与提交的有效问卷达 569 份。

（二）典型语言景观揭示文化意义

公共空间语言景观的主要功能是揭示该景区的文化意义，课题组调查结果显示，语言景观信息传递的基础是接受者视觉注意力的聚焦。语言景观的基本功能是信息指示，以信息指示功能为主的语言景观一般通过语言符号传递简明准确的信息，语言景观接受者首次进入该公共空间时，搜索语言标牌是为了了解自己所处空间的性质并准确定位，以确定在该公共空间下一步的行动方案。搜索接受理解语言符号首先是一个视觉过程，视觉有效性是公共空间环境中语言景观置放首先要考虑的因素，无论是商业性语言标牌还是道路交通标识，如停车场等不仅需要设置语言标识，而且要考虑这些语言标识的接受者往往正在驾驶汽车，因此要考虑这些接受者的视角、有效视距和时间调整等因素。

公共空间以文化象征功能为主的语言景观一般依附于公共建筑或置放于公共空间。某个特定文化主题公共空间的语言景观接受者，首先接受的是语言景观的图文内容、与该特定公共空间的联系、语言景观颜色材质的风格等。其次应重视的是室内室外语言景观的采光与阅读便利、语言景观篇幅的大小以及接受者停留的时间等问题。一般大篇幅文字的语言景观不宜置放于景观入口处，因为入口是接受者必经之地，没有太多停留的时间和空间，快速通过的要求与大篇幅文字阅读所需时间之间存在矛盾，大部分接受者会选择放弃仔细阅读。因此，博物馆和遗址公园等都会对园区的语言景观标识系统的选址、内容、图文方式和颜色等因素进行综合考虑。

语言景观的置放选址是由语言景观信息的编码者和解码者即景观的构建者与接受者共同决定的。语言景观文化意义的表达一般需要使用语言符号揭示的方法，但是文字的表达应该遵循"充分理性"原则，即理性地满足接受者需求。① 课题组在访谈中询问游客是否会仔细阅读语言标牌时，有受访者表示："要么是字太小、太浅，要么是字太多，没有重点，所以不太愿意看。"通过问卷收集的建议中，也有受访者表示"文字不要太长"。可见语言精简是语言景观接受者的普遍要求。

在景德镇采集文化功能语言景观时，课题组筛选出 287 条与陶瓷文化相关的可分析语料进行统计，字数为 100~300 字的最多，其次是少于 100 字和 300~500 字的，多于 500 字的最少。从统计结果来看，景德镇陶瓷文化语言景观的篇幅相对合理，但是调查访谈中也有接受者提出存在字数较多的问题。因此，建议结合受众的阅读喜好和需求，对篇幅过长的语言景观进行适当删减和取舍，或通过增加语言标牌数量的方式，减少平均字数，进而减轻接受者的阅读压力。

语言交际的主体包括说话人和听话人，语言景观作为一种社会话语形式，使构建者与接受者之间形成对话。如何增强接受者对语言景观信息的接受效果，使其领悟构建者所要传达的文化意蕴，是语言景观构建者需要思考的问题。

课题组对景德镇当地居民开展了问卷调查，调查结果显示，95%的受访者认为景德镇语言景观有助于了解景德镇的陶瓷历史文化；90%的人认为语言景观很好地体现了景德镇陶瓷文化的底蕴。可见对土生土长、具有一定陶瓷文化背景的景德镇居民而言，语言景观的构建有助于本地居民系统而准确地认知陶瓷文化的本质特点。

---

① 尚国文、赵守辉：《语言景观的分析维度与理论构建》，《外国语》（上海外国语大学学报）2014 年第 6 期。

　　对景德镇陶瓷文化语言景观的调查中，课题组通过面对面的访谈发现了一些值得重视的问题。例如在中国陶瓷博物馆，一名带着孩子从外地慕名而来的女士表示，没有找到从儿童视角提供语言服务与互动的语言景观，她的孩子在参观后只留下了瓷器精美、制瓷技艺高超的印象，没有对陶瓷文化产生兴趣。这个问题在海昏侯国遗址公园则呈现不同的景象，这里有专门为儿童和学生设置的体验互动厅，通过与遗址博物馆文化主题相关的动手活动参与文化体验，吸引了孩子们的注意，并使他们在参与文化活动的过程中体会到了古色文化的内涵。

　　可以利用陶瓷文化元素开展丰富多彩的文化活动，在每年10月的景德镇陶瓷文化宣传活动月，将陶瓷文化元素融入民众喜爱的动态语言景观形式中，利用现代化多媒体技术，通过具有景德镇特色的动画、视频、图片、文字展示等多符号模态，在文化交流中增强语言景观的可体验性和参与感，在互动中促进景德镇陶瓷文化的传播。

　　调查结果显示，对江西文化语言景观，不同性别受访者的感知存在差异，女性偏好阅读文字，而男性偏好看图标。在对语言景观语言符号的期待上，女性耐心且关注细节，男性则对语言景观的整体风格要求较高。对不同年龄接受者的调查表明，年长者对语言景观中的语言符号表现出阅读兴趣和足够的耐心，而年轻人偏好图像浏览和电子语音方式。在受教育程度上，文化水平较低的接受者对语言景观的语言符号不愿花费时间，而受教育程度高的接受者对语言景观传递的信息，尤其是该景观的文化内涵介绍感兴趣，不仅会花时间去理解和推敲细节，还会据此判断景区的品质。

　　课题组对四位中国游客（三位大学生、一位高校辅导员）和一位外国留学生（巴基斯坦人，已在中国留学三年，汉语水平HSK3级）进行了访谈。受新冠疫情影响，访谈以线上方式展开，为降低访谈对象在接受访谈时因参观间隔时间较长而印象模糊作答不准确的误差，我们将小平小道陈列馆拍摄选取的语言景观发给受访者，为确保访谈的有效性，待受访者浏览图片后再进行访谈。

　　通过访谈发现，四位参观者均表示通过参观小平小道陈列馆，借助陈列馆展厅的语言景观，了解了有关"小平小道"的历史文化。其中一位参观者表示，陈列馆展厅内容详细，让她全面深刻了解了"小平小道"的由来，体会了邓小平同志在逆境中自强不息、艰苦奋斗的精神。另一位参观者指出，邓小平劳动过的车间里各类历史性标语、工具介绍牌和人们使用过的机器等让当年的历史情景重现眼前。外国留学生表示展厅展板上的汉语句子简短，英文翻译恰当，帮助他接受并感受到中国的红色文化。四名中国游客均表示参观陈列馆、重走"小平小道"后，邓小平同志不怕困难、乐观积极的精神激励自己以革命乐观态度投入今后的生活和工作。一位受访者表示："一代人有一代人的长征，今天的幸福生活来之不易，需要我们守护，未来也需要我们去建设，不能让伟人的努力和牺牲付诸东流。"

小平小道陈列馆展厅中的展板使用了中英双语，有利于向外国参观者介绍陈列馆的文化内涵，达到中外文化交流的目的。接受访谈的留学生表示，自己之前并不了解邓小平，陈列馆的语言给他很大帮助，邓小平对人民和国家的无私奉献精神让他联想到了自己国家最伟大的人物，他认为两位伟人存在很多共同之处，都是敢为人先、全心全意为国家和人民利益而奋斗的人。

自下而上的非官方商业性语言标牌通常被置放在商业场所，信息功能的发挥有赖于耀眼、突出的形象，因此字体选择必须具有视觉冲击力，凸显个性化以吸引人们的注意力，这类语言景观在字体选择之外，也非常注重语言景观承载的材质特性，有些辅以声、光、电等技术以增强其在公共环境中的表现力。从调查结果看，接受者对这类语言景观多为其语言景观的材质、声音以及其他多模态的构建元素所吸引，这也是语言景观展示创新性较多之处。

（三）非典型性语言景观营造文化氛围

景德镇语言景观中存在不少非典型性语言景观，但在数字景观方面与大城市相比仍有一定差距。以博物馆为例，景德镇中国陶瓷博物馆和位于北京的中国国家博物馆都是国家一级博物馆，都有官方门户网站，可实现全景 VR 参观的线上展览，但是，中国国家博物馆有专门的数字展厅和 App。在中国国家博物馆数字展厅中，访问者可以通过图片、语音、文字和视频等数字景观全方位了解展品信息，还可进行观展留言，与网友进行互动。在中国国家博物馆官方 App 中，也能免费听到对各个展览和各种展品的语音讲解。2024 年 3 月，App 内还上线了"古代中国"基本陈列分众语音导游，分为儿童版、青少年版、成年人 2 小时版和 6 小时版四个不同版本，满足了不同访问者的需求。

　　根据访谈结果，海昏侯国遗址公园内 80%的被访谈者都在参观期间关注到了各类标牌上的凤鸟纹饰，并有兴趣了解景区使用凤鸟纹饰作为标牌的装饰所要表达的特殊文化意义，同时马蹄金状的语言标牌一方面增添了语言景观的多样性，另一方面展现了海昏侯国文化的特点。黑底红边的金字是该景区语言景观主要呈现的典型方式，可见语言景观构建者在建设之初就考虑到整体、统一的原则。这一形式共同搭建了一个完整的、统一的语言景观，同时又以深沉的颜色彰显了西汉皇室的威严与历史的厚重感，提高了游客的观感和沉浸程度。

　　调查结果显示，在文化旅游景区，图文并茂的语言景观更容易吸引游客的注意力，而且游客花在看图上的时间更多，对文字内容的阅读则不够细致。对于扫码后获取的同步语音讲解也非常感兴趣。根据调查的数据可知，游客通过阅读语言景观上语言符号的方式获取信息。海昏侯墓碑语言景观记载了该墓园的基本信息，揭示了墓园的文化价值。

　　非典型性语言景观中的语言呈现在景区中属于边缘化的环境文字，与普通路牌、街牌、商铺招牌等所构成的主流语言景观相比，具有以下特征：移动性、临时性、多模态性与越界性。在海昏侯国遗址公园景区内，非典型性语言景观的呈现形式充分利用视觉与听觉以及游客随处可见的物品，如工作人员的工作制服、带有凤鸟纹饰的装饰灯、清洁车身贴纸与景区内西汉编钟奏乐的游览背景配乐等。工作人员的工作制服与清洁车的车身贴纸以黑、红、金三色为主，配以景区的徽标与凤鸟纹饰，展现了景区内工作人员的个人风采以及对于海昏侯国文化的认同。而带有凤鸟纹饰的装饰灯与西汉编钟奏乐的配乐则展示了西汉文化特色，让游客从视觉和听觉上充分融入游览，为游客营造了身临其境的观赏氛围。这些形式通过符号或图案向游览者传达身份认同、信仰与海昏侯国文化等信息，虽然并不具有明显的信息或实用功能，但在整个景区中发挥了不可替代的补充与修饰的功能。非典型性语言景观依靠其所呈现的凤鸟纹、编钟音、典型文物形状等多模态手段，营造了古朴厚重的文化氛围。

在调查中，100%的游客表示在游览过程中通过语言景观感受到了海昏侯国的文化气息。

（四）语言景观的语种选择显示语言态度

课题组调查了语言景观接受者对语言景观语种选择的态度，包括对官方标识和非官方标识的语言种类，有"英语、日语、韩语、拼音、繁体字"等5个类型及"完全符合、基本符合、不确定、基本不符合、完全不符合"5种评价，据此比较对官方和非官方语言标牌上不同语言种类的关注程度。

调查结果显示，受访的中国居民对不同语言的感知关注程度因受教育程度而不同：受教育程度高的接受者对语种的关注度显然高于受教育水平低的；本地居民对此的关注度显然低于游客，这与不同人群的心理期待相关。语言景观的语种选择体现了语言态度，课题组主要考察不同语言景观的接受者对给定陈述的评价程度。

调查发现，总体上，江西文化语言景观在对文化内容介绍上的外语翻译并未普及，在信息功能的路牌如指引厕所等提供旅游服务便利的路牌上常有英文的指示。可见，信息功能是语言景观最基本的功能，语言景观上的文字符号提供最基本信息。景点的文化内涵是旅游者关注的内容，但是通常缺少简洁得体的英文翻译。从符号学理论和信息传播理论视角看，语言景观既要重视语言符号组合，也要重视语言表达形式应符合大众阅读欣赏习惯，能在短时间内凸显核心信息，使接受者获得此时此地需要的主要信息，达到交际目的。

在对中国籍和外籍游客的采访中对语种的选择存在显著差异，有着显著的统计学意义。受访的少部分中国游客认为在景区对历史文物介绍时，应该标有中文和英文，外籍人士则全部认为必须要有英文，否则他们看不懂博物馆展示的内容，需要语言景观中的文字来帮助理解。

调查数据显示，接受者选择的语种，按照重要性和凸显度排序，依次是汉语、英语、日语、韩语。访问不同国籍、不同受教育程度的接受者，对不同语种在语言景观中的组合模式偏好，从高到低依次为"汉语+英语""汉语+英语+日语""汉语+英语+日语+韩语"，这一方面说明了江西语言景观的接受者在全球化大背景下具有国际交流的多语意识和跨文化交际的意识。在多语种组合中，无论中国国籍还是其他国籍的受访者都支持主体与属地的优先权利意识。无论来自哪个国家，也无论被访者的母语是否为英语，被访问者的共识是，认可英语是了解世界文化最便利的方法，可以用英语这种世界性的语言与不同国家和不同文化背景的人进行交往，这是一种工具性的语言。

值得注意的是，官方与非官方语言景观构建偏好的语种组合模式存在差异。官方语言景观凸显语言优势并且严格遵守语言规范，显示出该语言的权势和地位。非官方语言景观的多语种组合模式丰富多样，在民间对文化多元的包容下凸显了语言景观构建者求新求异的审美心理，尤其是有些外国人当老板的店铺，为了表明自己的异文化身份背景，突出店铺所售卖产品地道的特点，选用自己的母语以吸引对其文化感兴趣的消费者或游客。如有一家酒吧，命名为"阿米果"，音译自西班牙语的"amigo"（朋友）谐音，凸显其西班牙语文化特色。

在我国，韩语的使用较多与中韩民间交往频繁有关系，语言政策是为交际服务的，从国家法律到地方政策，应该及时反映时代的发展。2017年国家质量监督检验检疫总局和国家标准化管理委员会联合发布了《公共服务领域英语译写规范》。Spolsky（2004）指出，一个社会真实的语言政策更有可能在该社会的语言实践中得到体现。如2008年北京举办奥运会，在北京商场超市、公园校园等公共空间以及地铁公交等公共交通工具上均呈现英文标识，使人们对英语的态度潜移默化发生改变，这种语言使用基于社会发展而变化的动态规范符合语言景观的友好性原则。

语言景观的友好性原则，指语言景观的构建者内心有预期的潜在接受者，语言景观构建者必须考虑接受者的需求。国际传播语境下，语言景观的信息功能必须考虑以多语种语言符号传递信息，才能起到语言服务的作用。

21世纪后随着中国综合国力的增强，中国国际影响力的提高从语言景观上得以体现。世界各国的机场陆续添加了汉语标识，提供中文服务，以方便中国乘客出行。如莫斯科谢列梅捷沃国际机场航班信息显示屏上，起飞和抵达的城市名称均出现汉语标识，显示屏所要传递的航班起降信息通过俄语、汉语和英语交替呈现。许多国际机场抵达与中转指示标牌上新增汉语，这是为了通过汉语标识方便中国乘客，提升乘客出入海关的速度，这与中国旅客数量激增有关。在澳大利亚国际机场每个语言标识上都有中文，还有讲汉语的工作人员。泰国曼谷廊曼机场有清晰的汉语指示标识和汉语广播，白俄罗斯明斯克机场全面启用汉语服务，不仅机场网站、各类指示牌、机场广播等增加了汉语，机场商店和餐饮店等也陆续推出汉语服务，给中国乘客提供了更多便利。

2017 年西班牙巴塞罗那的 El Prat 机场推出中文手机服务，通过 Aena 手机应用或者官网预订服务，向身处一号航站楼与二号航站楼的中国旅客提供所有关于机场航站楼商店商品与服务的信息，旅客可以在不懂西班牙语的情况下，了解航站楼中的所有品牌店、购物套餐、折扣、新款产品、商店位置和旅客福利。法兰克福、维也纳等机场也推广过类似的中文手机服务。

通过分析国内国际语言景观典型案例可见，语言景观中的语种选择是语言规范的有机构成，应该采取灵活、务实的态度，着眼于实际交际效果。陈章太（2006）指出，语言规范要积极稳妥，有一定的弹性和宽容度，要将指令性和指导性相结合。李宇明（2008）强调要深入了解语言生活情况，做出的规划要符合语言生活实际。2014 年公布的《上海市公共场所外国文字使用规定》第七条和第八条规定，公共场所的招牌、告示牌和标志牌等禁止单独使用外国文字，公共场所的标牌、设施上有广告内容且使用规范汉字和外国文字的，应当以规范汉字为主、外国文字为辅。上海作为国际金融中心、国际大都会，存在外国人聚集区，在这类特定区域有时会出现只有英文的语言标牌。要避免这种情况，需要制定灵活的规章条例，可以借鉴华盛顿中国城的做法，专门制定条例来规范特殊公共空间语言景观中的语种选择与呈现方式。

（五）语言景观语体风格折射交际角色关系

不同公共空间的语言景观有着不同的语体风格。曾有去日本旅游的人表述日本街道上不少警示语只用中文书写，如"请不要随地大小便""请不要站在路中间""请不要乱摸"等，根据语种选择可推测，这些语言标牌是针对中国人设计的。与前文所描述的国际机场友好型语言景观相比，最大的区别是语体风格差异及其背后折射的语言景观构建者与接受者之间的交际角色关系。国际机场友好型中文语言景观全部采用陈述和说明语体，旨在指引信息，提供语言服务。而上文所列举的日本某些街道的中文语言景观采用的都是命令式，其典型句式是"不要"，表明禁止某种行为，这些行为都是低俗和缺乏教养的，不仅不友好，而且表达者采取了居高临下的充满戒备的态度。

还有网友分享作为华裔去加拿大安大略省政府机构办事遇到的情况。门窗上贴着中文提示："我们不是每个人都可以说中文，如果需要中文服务请耐心等待，如有侮辱性的言语或者行为，我们会请您离开。"加拿大的官方语言是英语和法语，大多数公共空间的语言景观会同时出现这两种语言，这里仅用中文提示让汉语母语者感觉被冒犯。有趣的是，被投诉后这则中文提示已被该政府机构删除。可见，语体风格的选择折射出语言景观构建者对潜在交际对象的定位，而接受者在通过阅读理解构建者传递信息的同时，也感受到构建者与接受者之间的交际角色定位。

一般来说，城市道路标识要突出指示性，语言景观上的语言符号要求标准化和规范化，容易识别、简洁明了，并具有权威性。公共空间的服务性标识则不同，接受者的目光在这类语言景观上停留时间长，接受者可从语言标识的解读中获取服务质量、服务内容和服务理念等信息，这类标识在内容规划以及语言表达和工艺上应更细致，体现该公共空间的环境质量、服务水平及人文关怀。

在对江西绿色文化语言景观调查中，我们发现政府倡导绿色生态文明多采用公益广告的形式，其中不少采用了禁止类、警告类语体风格，旨在改变人们的一些不良观念和生活习惯，但是有些语言表达直接简单甚至显得粗暴，如某国家森林公园的路边出现"谁放火，谁坐牢"这类语言景观，以惊吓接受者达成说服目的，在说服信息中强调有害的结果，折射出语言景观构建者的权威性和接受者的被管理地位。

将恐惧诉求应用到公益广告中，利用人们害怕的心理来制造压力，通过刺激受众，达到改变受众态度或行为并说服受众做出适当行为的效果。这可能与语言景观构建者假设的受众是具有不良用火习惯（如抽烟、烧荒）的当地居民有关，采用他们习惯的命令式来表达，以达到警示效果。虽然语言表达看似简单粗暴，但可能是符合接受者接受习惯的有效表达。

新加坡唐人街有一则公益广告是"去上班还是去坐牢",这个标识贴在餐馆每张桌子上:"警告:雇用没有合法工作证的外籍劳工是违法的。"配合这段文字的图画是一副大手铐,该手铐空间内画着警察押着一个非法外籍劳工去班房。另一个手铐内文字表述刑罚的标准:"监禁 12 个月或罚款 1.5 万新元,或者两者兼施,同时补缴外籍劳工税。"这是新加坡人力部的创意公益广告。该广告有中文和英文两种不同语言类型的版本。看来,新加坡文化中也采用"坐牢"这样的表达来激活语言景观接受者的恐惧,从而达到警告效果。

但是能否考虑通过图文相结合的语言景观构建,采用既能震撼接受者,又不太过粗暴而缺乏尊重的语言表达呢?新加坡的一则控烟公益广告或许能给我们一些启示。

在新加坡有一则宣传戒烟的公益广告,在平面广告画面中,黑色的背景下凸显平躺在停尸床上的大人和小孩的一双大脚和一双小脚,画中人身上盖着白布,大脚上挂有一个写着"SMOKER"的牌子。这则语言景观的构建者要传达的是:"吸烟不仅害了自己的健康,也一定会伤害孩子的健康。"整个广告画面色彩黑白对比强烈,震撼人心。我们调查当地居民,他们认为该公益广告具有良好的控烟效果。

新加坡的这则控烟公益广告也利用了恐惧诉求心理,通过图文结合的方式构建,是一个成功的案例,既表达了政府的劝诫警示,又很含蓄地照顾了接受者心理。语言景观的构建者不仅要考虑图文设计与其所要传达的意义之间的关系,还需要考虑语言景观呈现的方式和时间。同样是新加坡保健促进局推出的控烟广告,这则电视广告通过故事叙述起到警示提醒功能。一名女子饰演因吸烟致癌而导致嘴部溃烂的吸烟成瘾者,以强调吸烟将致死。该广告中女子嘴部溃烂,形似鬼魅。结果广告一播出就有民众打电话抗议,说小朋友看了这则戒烟广告晚上做噩梦。虽然新加坡保健促进局解释说,该公益广告展示的是真实的吸烟后果,但仍接受民众建议,把该广告改在晚间 8 点后播出,并在映前预先出现提醒字样。

可见,运用适当的恐惧诉求信息是有效的,含有威胁度的信息会减少人们对威胁的可接受度,以致减少采取类似行为的兴趣。吸烟有害健康,尤其有损儿童健康的信息增加了人们对信息的认可度,推动成人采取戒烟或控烟行动。但当这类恐惧信息引起的恐惧程度超出人们接受的范围时，对恐吓的可接受性则会降低。人们面对可引起恐惧的信息所产生的自保或反感会减缓其对吸烟有害健康的观念认同。[①]

（六）小结

根据课题组问卷和访谈的数据分析，我们认为江西文化语言景观的构建应注意如下问题。

其一，文化旅游景区和周边居民居住区域，在语言景观构建方面要充分挖掘和利用该区域的文化内涵，注重培养文化意识，营造独特的文化氛围。在协商公共空间语言景观的构建时，要多了解语言景观接受者的需求和建议，营造民主参与的良好氛围，将公共区域的日常生活与文化传统有机结合，构建和谐文化的语言景观。

其二，以语言景观为纽带拓宽特定地域人群的沟通交流，助力文化意义的揭示与文化氛围的营造。静态典型性的语言景观构建应结合历史文化中的重要节日、庆典文化和社会重大事件，传播中华文化，展示中华文化的魅力，提升该地域的文化软实力。可以通过非典型性语言景观，利用动态展览以及文化活动组织等吸引该地域的中小学生和大学生参与活动，从而实现地域文化认同，建立文化自信，并在此基础上使他们成为地域文化的传承者和传播者。

其三，语言景观构建应考虑真实语言社区与虚拟语言社区的不同特点，将语言景观分为真实社区语言景观和虚拟社区语言景观，准确定位语言景观呈现的不同语言文字的潜在接受者。在虚拟网络社区构建语言景观时，语言服务的意识首先体现在增加语种以增加认同感，应将灵活务实的语言政策与文化构建功能相结合。

我们对海昏侯国遗址公园历史文化多模态语言景观进行了阐释，发现语言景观作为历史文化景区的外显性代表，直观又具体地展现了历史文化景区的语言使用情况、语言文化发展变化及历史、语言、文化与经济协同发展的关系。作为文化意义构建的手段，语言景观本身是多种符号模态形

---

① 王冰：《新加坡公益广告中恐惧诉求的运用》，《现代广告》2010 年第 7 期。

式的构成体，语言景观可从书面、静态和固化的意义表达拓展到活态化、历史再现化和情境化的协同和交互多模态符号意义表达，这也是文化意义的建构过程。

二 语言景观的文化功能

语言景观是随着文化发展而产生的一种社会现象，并且随着社会的发展而变化，是地方文化的传达与呈现，具有文化功能。接受者通过对语言景观的理解和联想，解读语言景观的文化意义，语言景观接受者领悟的文化意义不等同于语言景观符号的表面意义，而是基于语言景观接受者所处的生态环境和其文化模式所形成的新意义。对语言景观文化意义的解读体现了接受者的审美情趣和文化背景，可能超越语言景观构建者拟传达的意义。语言景观文化意义的接受是个复杂的心理过程，语言景观文化意义的传递不仅与其所处生态环境密切相关，而且与接受者的文化欣赏习惯有机融合。

（一）语言景观营造文化生态环境

"生态环境"（ecological environment）一词的具体内涵在不同领域有着不同的理解。"生态环境"由"生态"和"环境"组合而成。"生态"一词源于古希腊文，指一切生物的状态以及不同生物个体之间、生物与环境之间的关系。生态学是研究动物与植物之间、动植物与环境之间相互影响的学科。"环境"指人类生活的外部世界，人类赖以生存和发展的物质条件的综合体构成人类的环境，通常分为自然环境和社会环境。自然环境又称地理环境，是人类所处的自然界；社会环境指在自然环境基础上，为不断提高物质和精神文明水平，在生存和发展中形成的社会环境。《中华人民共和国环境保护法》对"环境"的定义是："指影响人类生存和发展的各种天然的和经过人工改造的自然因素的总体，包括大气、水、海洋、土地、矿藏、森林、草原、野生生物、自然遗迹，人文遗迹、风景名胜区、自然保护区、城市和乡村等。"[①] 该定义包含所有的生态构成因素，具有自然性和社会性。

随着生态一词的高频使用，逐步出现"生态城市""生态乡村""生态

---

① 参见《中华人民共和国环境保护法》第二条，中国法制出版社，2014。

食品""生态旅游"等说法。语言景观是语言生态建设的重要组成部分，通过对公共空间语言景观的构建，体现社会和谐，传达社会核心价值观，倡导社会新风尚，由此构建良好的社会生态文明。

语言生态视野下，语言景观置于自然环境与文化氛围之中，接受者通过对语言景观解读感受公共空间的生态环境，包括基于自然环境而通过语言景观构建的文化环境。

江西绿色文化语言景观揭示了青山绿水自然生态环境中蕴含的"人与自然和谐相处""天人合一"的生态观念。如江西南昌鄱阳湖白鹤小镇，在候鸟观测点，语言景观与外部生态环境互动交流，木栈道与木质的语言景观标牌体现了自然质朴的大自然风格，所有语言标牌统一使用翩然起舞的白鹤图标；语言景观上的语言符号组合和表达充分体现出温馨的人文关怀，表现了对来自西伯利亚的候鸟的关心与帮助。和谐优美的语言表达韵律、丰富多样的符号和古老而形象的汉字等语码组合在一起，展现了候鸟观测点内在的生态之美，语言景观吸收自然、人文和时代的精神及元素，在候鸟观测点营造了独特的生态审美意境。

（二）语言景观凸显地域文化特色

地域文化包含地区的地理环境特点以及地标性地貌，同时反映该地域发展历程及生活在该地域的人群的行为方式与思维方式。江西不同地域具有不同特色的地域文化，江西红色文化主要体现在革命摇篮井冈山、红色故都瑞金、革命军队摇篮南昌以及改革开放发源地"小平小道"等处；江西蓝色陶瓷文化则以千年瓷都景德镇为代表；江西的绿色文化遍布全省，尤以庐山、井岗山、三清山和龙虎山及鄱阳湖为代表；江西古色文化以海昏侯国遗址公园为代表。江西"四色"文化体现了地域文化多元的特点。在经济、文化全球化的进程中，地域文化受到外来文化的影响或者冲击会发生变化：或者导致地域文化特色的淡化与弱化，或者促使地域文化与外来文化以互补模式融合发展。

地域文化能够为公共空间的语言景观构建者提供信息源泉，增强接受者对地域文化的认同感，提高群体凝聚力与归属感。语言景观接受者期待景区能凸显自身特色的地域文化，以满足人们精神、文化以及审美的需求，引发情感共鸣与文化认同感。语言景观是地域文化的载体，应传达地域文化内涵，凸显地域文化特色，推进地域文化发展，使地域文化形象更加鲜明，促进地域经济发展。将地域文化通过语言景观传达与呈现，有助于提升地域文化内涵，因而在语言景观构建中融入地域文化具有现实意义与文化审美价值。

文化旅游景区应该凸显地域文化的特性，在彰显文化自信的同时要表现出多元包容，为地域文化传承和传播奠定基础。无论是旅游景区还是一般居民社区的文化建设，从语言景观的设计、置放到语言景观的规划、构建，对于建设开放多元的文化强省都意义重大。

（三）地域文化融入语言景观的原则

构建语言景观时应考虑其承载材质、多模态表达手段、置放方式与地域文化的有机融合，采用具有地域特色的材料，不应仅将地域文化的表达浮于浅表文字与图形，而应将当地独具特色的地域文化融入语言景观的文化意义构建中，使语言景观具备地域文化的特色与内涵。如江西南昌白鹤小镇构造与设计的语言景观，作为绿色生态文化景区的地域性标志，不仅有效地保护了候鸟，而且传播了江西绿色生态地域文化，提升了江西绿色生态文化的形象与地位，有力地促进了江西地域经济发展。

白鹤小镇的语言景观构建强调候鸟保护的地域性绿色生态文化内涵，语言景观构建不仅使当地居民增强了保护候鸟的责任意识，而且贴近人们的生活习惯与生活趣味，方便作为接受者的游客欣赏与理解语言景观传达的绿色生态文化理念。候鸟小镇位于南昌市鲤鱼洲，曾是围湖造田开垦的城郊农业生产基地，鄱阳湖边湿地上大片的藕塘为来自西伯利亚的白鹤提供了天然的栖息地与丰足的食源植物，每年冬季来此觅食的白鹤约占全球白鹤总数的70%。2017年10月，中共中央办公厅、国务院办公厅印发《国家生态文明试验区（江西）实施方案》，白鹤小镇在以科学保护和恢复白鹤栖息地为基本功能的语言景观构建中，注重绿色生态价值的文化内涵建设，人与自然和谐共处和可持续发展成为鄱阳湖国家生态建设战略的绿色文化名片。白鹤小镇语言景观的构建凸显了该区域的生态价值与人文资源，通过"大湖明珠，生态栖息"的语言准确地揭示景区的地域特色。

在白鹤小镇的观鸟长廊上，游客行走在芦苇丛中的木栈道上，可以听见白鹤在自然湿地优美幽静的环境中自在地鸣叫，同时游客可静心阅读木质语言标牌上的介绍性图文内容，获取有关眼前所见的这群美丽生灵的科普知识。通过阅读，游客会了解到白鹤属极度濒危物种，是在地球家园生存了 6000 万年的"活化石"，目前全球仅存不到 4000 只。鄱阳湖作为白鹤迁徙廊道上重要的越冬地和中继站，是名副其实的"候鸟天堂"。这样的语言景观构建，凸显了地域文化中候鸟生态保护区的特色，即这里是"世界上人离白鹤最近的地方"。

南昌市高新区鲤鱼洲被誉为"知青故里，人杰地灵"。鲤鱼洲曾是国营南昌市五星垦殖场所在地，历史上的生产建设兵团战士、知青、北大清华"五七"干校师生都曾经在这片土地上开垦，这段独特的艰苦奋斗史在 20 世纪六七十年代的历史打下深刻的烙印。在语言景观构建中，挖掘清华北大江西分校旧址、五星垦殖场、一分砖瓦厂旧址等遗产空间特色，不仅为小镇提供了多重功能的文化休闲及产业发展空间，同时也结合时代发展重塑了当年的奋斗精神，在地域特色中凸显了文化意义。

江西鲤鱼洲白鹤小镇注重整体科学规划，将语言景观构建设计理念与地域文化深度融合，创造出具有地域和时代特色的主题。围绕核心主题，通过多模态手段不仅使公共空间的语言景观形成鲜明风格，而且体现了该地域的文化特色，展现了语言景观构建者将该地域文化融入语言景观的宏观视角。而从微观视角，语言景观更注重具体情境中的细节设计，使不同语言景观所具有的不同韵味得以展示，为接受者领悟地域文化起到很好的引导作用，营造并揭示了该地域的文化内涵与特色。

（四）规范化问题

课题组对景德镇语言景观中繁简字体统计发现，繁体字出现率为 10.47%，其中古窑民俗博览区所占比例最高；拼音出现率仅有 2.65%，其中民窑遗址博物馆占比最高。与简体汉字相比，繁体汉字在语言标牌中更能体现历史厚重感，传递出古朴的文化气息，凸显历史文化底蕴，这与景德镇历史悠久的陶瓷文化底蕴相契合。《景德镇市社会用字管理暂行规定》明确规定在文物古迹中可以保留或者使用繁体字。根据表 3-1 的数据可以看出古窑民俗博览区和御窑厂国家考古遗址公园在语言景观繁体字运用方面做得较好。这可能是因为古窑和御窑厂都是依托传统窑址建立起来的景区，所以传统文化气息浓厚。

表 3-1　各调查区域繁体字和拼音数量及显现率

调查区域	含汉字标牌数（个）	繁体字数（个）	显现率（%）	拼音数（个）	显现率（%）
古窑民俗博览区	251	44	17.53	2	0.80
陶溪川历史文化街区	53	5	9.43	1	1.89
御窑厂国家考古遗址公园	95	15	15.79	8	8.42
中国陶瓷博物馆	222	4	1.80	0	0.00
民窑遗址博物馆	44	2	4.55	7	15.91
迎宾大道及其他街道	13	1	7.69	0	0.00
总　计	678	71	10.47	18	2.65

景德镇语言景观中也出现了一些不规范的现象，主要是英文翻译问题，包括中英文拼写、标点、语法错误等。上述情况已引起有关部门重视并得到有效改进。

第三节　语言景观文化意义的接受模式

文化意义要通过语言景观揭示才能帮助接受者感知，接受者通过接受信息、诠释其文化意义而检测语言景观的效果。从语言景观构建维度看，应该充分利用特定公共空间和语言符号，为叙述故事提供情节并营造氛围，从而为接受者的解读和对语言景观文化意义的诠释提供线索。语言景观的接受者通过感知、理解、联想和想象加工，在文化氛围中通过演绎故事诠释文化意义。从这个维度看，语言景观的构建者与接受者构成某个特定景区故事的共同讲述者，通过感觉和心理认知，在某一公共空间通过语言景观营造的特定语境达成充分交流，接受者获取对语言景观所传达的文化意义的认知和解读，了解该文化并获得文化认同，这个接受过程可以描述为以下两种不同审美接受模式。

一　语言景观文化意义的重构模式

从接受美学视角看，语言景观的接受者或被构建者通过语言明确告知语言景观的意义；或经他人阐释理解语言景观的意义；或将意义纳入期待视野，在感知景区之后重新加以诠释。无论何种接受方式，语言景观中的语言文字符号都起着引导作用，这是语言景观构建者影响其接受者的主要手段。在景区解读中，如中国传统园林，通过匾额题名和建筑物入口处的楹联等语言景观呈现，指引接受者对该园林的文化意义做出诠释。

中国传统园林是绿色生态文化的典型代表，园林中的语言景观能超越接受者的预期，开阔其视野，提升其品位，并在此指导下对山水自然景观的文化意义做出诠释。由于历史文化背景因素影响，"自然景观""青山绿水"中常蕴含着中国文化。位于南昌市西北部的梅岭是山岳型自然风景旅游区，是国家级风景名胜、国家级森林公园。梅岭坐拥岩洞、奇石、泉瀑、幽谷、云海佛光、古树名木，不仅有江南独特的秀美自然风光，更有着悠久丰富的历史人文底蕴。相传西汉末年，南昌县尉梅福为抵制王莽专政，退隐此山修道，后人筑梅仙坛于岭上，故称"梅岭"。梅岭的命名折射出中国文人不同流合污、洁身自好的处世原则。

梅岭名胜古迹中的"洪崖丹井"与音乐起源相关。根据该景区的语言景观介绍，黄帝时音乐大臣伶伦精通乐理，定十二音律，被誉为华夏音乐鼻祖。伶伦来到豫章，隐居西山，采药炼丹，人称"洪崖先生"。洪崖先生为了取水炼丹，在山涧龙潭凿井洞五口，形成"洪崖丹井"，受其影响豫章郡也改名为"洪都"，这是极具特色的江西绿色生态文化自然风景区，其命名关乎道教炼丹，更与华夏音乐的起源相关。该景点题名背后的文化意蕴优美，体现了优美的自然风光中道教思想及艺术底蕴。梅岭景区还有个"洗药湖"，当地人说过去这里叫"洗脚坞"，传说因李时珍带弟子在此采药洗药而更名，这样的重构诠释了南昌人对李时珍的敬仰之情。

语言景观对自然风景区的文化意义进行重构诠释，不仅体现在历史古迹中，也体现在风景名胜中。江西南昌梅岭网红打卡地"高路入云端"即是例证。该地位于南昌市海拔最高处，宽大的盘山公路直入云端。毛泽东在《水调歌头·重上井冈山》中的诗句"到处莺歌燕舞，更有潺潺流水，高路入云端"表达了伟人豪迈的气概,因此语言景观构建者借用伟人的诗句命名此处景点,令接受者在登高望远的同时,因情境而产生豪迈的共鸣。语言景观在秀美的山水间与中国传统文化有机融合,令人遐思,引导人们在游山玩水的同时开阔眼界,领略文化内涵之美,提升认知格局。

语言景观的接受者对语言景观文化意义的重构诠释,有时可能与构建者的意图并不一致。有些语言景观可能限制接受者的想象,或不能提供文化意义诠释的指示信息;有些景区命名或更名追求短期效应,生硬追求国际化影响力而失去中华文化根基,无法给接受者以文化意义的诠释引导。如"南天一柱"位于世界自然遗产张家界武陵源风景名胜区,峰体造型奇特,如刀劈斧削般顶天立地,故又名"乾坤柱",是科幻片《阿凡达》中"哈利路亚山"的原型。电影《阿凡达》在全球热播后,"南天一柱"被更名为"哈利路亚山"。这次更名引发了大众关注,而且看法不同。有人认为"南天一柱"更名为"哈利路亚山"不是崇洋媚外,而是顺应景区居民和游客的心理需求,张家界自然遗产是中国的,也是世界的,更名传递的信息是张家界已走向世界。也有观点认为,景点命名应该尊重该地域的历史,并体现该地域文化特色。哈利路亚(Hallelu Yah)是个希伯来词语,常用在崇拜之前的宣召中,用于命名中国境内景点让人产生违和感。可见,命名或其他形式的语言符号使用有着深厚的历史文化积淀,是历史文化的折射。离开该景点所处地域的历史文化,语言景观的接受者无法将语言景观情境与其中的语言表达相结合,没有文化意义重构的信息线索,很难完成接受审美过程中对文化意义的重构诠释,自然也无法达到对语言景观理想的接受效果。

二 语言景观文化意义的建构模式

语言景观通过语言符号层面的组合,使接受者直接从语言文字的阅读中理解意义。接受者的阐释完全建立在语言景观上,并且与语言景观构建者的期待一致,这种主动建构阐释是最理想状态。但接受者准确的解读通常需要借助语言标牌所处具体语境辅助完成,语言景观中语言符号信息解读需要在特定语境中进行。但对于具有文化象征意蕴的语言符号的关注,远不及图像、色彩、雕塑或空间本身那样能瞬间吸引接受者的注意力,从而使之驻足仔细阅读并构建文化意义。应通过语言景观的构建手段加强语境指引，从而吸引接受者主动构建文化意义。

（一）构建文化意义的预设

任何语言景观的接受者都有对某种文化意义的预设。语言景观的文化内涵需要借助三维空间，通过接受者身体知觉感受信息并调动经验认知图式，激发某种特定的审美体验。人们进入某个公共空间，通过自己的眼耳鼻舌等器官去感知信息，同时激发头脑中既有的对类似情况的认知图式，通过联想和类推等心理活动，对语言景观形成基于个人认知经验的理解和感悟，并构建其文化意义。

（二）语境辅助构建文化意义

语言景观构建者应考虑通过语言景观在特定语境中的巧妙设置去引导接受者，语言景观是景区文化意义的指引性手段，通过指引激发接受者丰富对景区文化蕴含的体验和感知。

庐山是江西绿色生态文化的代表，是世界自然与文化双遗产，美丽的自然风光蕴含着气象万千的文化意味，而对文化名山的欣赏往往离不开历史上文人墨客在这里留下的诗篇。不同景点有不同的美，在该景点留下的诗句是作为游客的接受者构建文化意义的重要指引。五老峰是庐山的一大景观，李白在《望庐山五老峰》中写道"庐山东南五老峰，青天削出金芙蓉"，豪放浪漫的诗句引导游客了解五老峰在庐山的地理位置，同时，李白对五老峰临浩渺鄱阳湖且峰尖直刺蓝天之险峻的生动描写，也非常符合中华传统文化的审美观。

仙人洞是庐山著名景点，传说八仙中的剑仙正是在此修道成仙，当庐山云雾缭绕时，这里会平添几分仙气，故名"仙人洞"，毛泽东同志在此写下"天生一个仙人洞，无限风光在险峰"的诗句。动人诗句使仙人洞名扬四海，也是游客必来此探访的重要指引，因为"无限风光在险峰"凸显了中华文化的哲学思考。

庐山秀峰瀑布因唐代诗人李白的《望庐山瀑布》"日照香炉生紫烟，遥看瀑布挂前川。飞流直下三千尺，疑是银河落九天"而成为庐山最著名的景点，诗的前两句看似写实，"香炉"指庐山的香炉峰，香炉是焚香的器具，"香炉"不仅描写了山峰的外形，也蕴含了佛道文化；"紫烟"中的紫色与中华传统文化中紫气东来的传说有关。传说老子过函谷关之前，关尹喜见有紫气从东而来，知将有圣人过关，果然老子骑青牛而来，因此"紫烟"在中国传统文化中是吉兆。通常人们意识到诗句中的"三千尺"是使用了夸张手法，而"银河"蕴含了牛郎织女的神话传说。李白的诗歌通过比喻、夸张、想象等文学手段寓情于景，情景交融，语言洗练，有效地激发了具有中华文化背景的接受者领略秀峰瀑布的文化意蕴。

苏东坡是宋朝的诗人、哲学家。他在庐山写下《题西林壁》："横看成岭侧成峰，远近高低各不同。不识庐山真面目，只缘身在此山中。"这使游客在游览庐山时，不仅欣赏到多变的自然美景，而且将其领悟升华为哲学的思考，由于各自所处的地位不同，看问题的出发点各异，对客观事物全貌的把握必须超越自我认识的狭隘局限。这首哲理诗也是借助语境构建文化意义的绝佳例证。

（三）顺应接受者的期待视野

无论公共空间的功能是主题公园、文化广场，还是名胜古迹，在文化蕴含丰富的景区中，语言景观构建文化意义通常有两种方式：一种是语言景观直截了当地明确文化意义，采用直白的语言表达方式，语言景观的接受者容易读懂，通常不会有歧义；另一种是语言景观蕴含复杂的文化内涵，并不直接通过语言表达，而是引导接受者调动自身认知经验和社会文化背景，通过类比和联想进行接受和理解，这种语言景观表达方式具有多义性，接受者期待视野不同，解读和接受获取的文化意义也各异，正如文学作品阅读中存在"有一百个读者，就有一百个哈姆雷特"的现象。

语言景观构建者往往还会利用可能存在的歧义，引导接受者解读其中不同的文化蕴含。某景区广告宣传语"吃喝漂睹嘉年华，万人烧烤漂流节"中的"吃喝漂睹"引发关注，这则语言景观采用了"旧瓶装新酒"的仿用修辞手段，成为民众热议的焦点。"漂流"的"漂"和"嫖娼"的"嫖"一声之转，"目睹"的"睹"和"赌博"的"赌"发音则完全相同，而"吃喝嫖赌"是人们深恶痛绝的生活恶习，这条广告标语因采用同音手段而容易激发接受者对常用义的联想。而在具体语境中，"吃""喝"专指该景区漂流节活动将组织"吃烧烤""免费喝啤酒"的活动；"漂"指的是景区特色旅游项目"激情漂流"；而"睹"是参与者可以亲眼观赏景区活动期间的美景和烟火晚会。该广告标语构建者试图通过对"吃喝嫖赌"仿用改写吸引接受者注意，其目的是宣传景区美景，凸显特色漂流活动。从顺应接受者期待视野看的确是成功的，但其内容低俗而有违公序良俗。

语言景观顺应接受者的期待视野，调动接受者的认知经验，从而达到语言景观构建的预期目标，传递文化意义，但语言景观构建者一定要考虑接受者期待与审美接受的关系。

（四）调动接受者主动参与构建

语言景观构建者应尽量调动潜在接受者主动参与语言景观构建，忽视接受者所处地域的历史、文化传统和基本价值观，不了解接受者的兴趣与审美偏好，很难创作出广受欢迎而且影响深远的语言景观。应该尽量贴近接受者视角去构建语言景观，引导接受者审美接受的心理方向。课题组调查发现，江西省文化语言景观多构建于复杂城市的有机体内，基于物质环境与精神环境，将自然景观设计与文化景观设计融合起来，江西语言景观只有通过调动接受者的主动参与提升其对语言景观的认知，加强其与语言景观构建者的互动，才能助力建设江西文化强省。

语言景观构建者要想调动接受者主动参与，首先应充分尊重民意，倾听该公共空间民众的心声，激发民众智慧，发挥语言景观构建者的引领作用，形成构建者与接受者共同参与的互动构建。

调动接受者主动参与语言景观构建，可以增强该公共空间的社区凝聚力，培养社区精神，增强文化自信，从而达到文化传承的目的。语言景观构建因为调动接受者参与，更充分考虑接受者的实际需求，也就更容易被接受和喜爱，从而避免构建者因个人偏好而导致语言景观的构建缺陷。充分调动语言景观接受者主动参与构建，有助于改善政府与公众的关系，提升社区和谐程度，尤其是接受者参与自上而下的官方语言景观构建，更有助于提升执政党公信力，促进社会和谐稳定发展。

为了调动接受者主动参与，语言景观构建者首先要搜集信息，通过与接受者交流互动了解其需求。在这个阶段，语言景观构建者可利用揭示性的图片调动公众参与讨论，激发其想象力，对公众不同的需求由高到低进行排序，结合实际情况尽量予以满足。此外，语言景观构建者还可通过走访观察，了解公众对该公共空间的使用习惯和活动偏好，针对老年人、成年人和孩子等不同接受人群细致调研。例如，南昌海昏侯国遗址公园基于孩子动手能力和创造力强的特点，准备绘画和手工制作用具提供给孩子们，满足他们可视化表达的需求，最大限度地调动了少儿接受者主动参与构建的激情，接受者参与成为语言景观的有机构成。

调动语言景观接受者主动参与是"以人为本"理念的体现，除了满足民众对某个公共空间物质活动的安全性、功能性、审美娱乐需求，更应重视语言景观对人类价值观的影响，立足中国传统文化，将生态观、审美观以及价值观等纳入语言景观构建，推动地域经济、社会以及精神文化的发展。语言景观接受者通过参与构建获得自然生态价值、健康价值、愉情价值和教育价值，充分发挥语言景观潜在的社会影响作用，提高对语言景观文化意义的认知，积极助力生态文明与社会价值观的养成。

第四节　语言景观文化意义与视域融合

语言景观与一般语言符号不同，是在特定公共空间内的语言符号组合。语言景观中的语言符号与其所处景观空间的关系非常重要，语言景观文化意义的传达与解读，需要语言与图像、空间塑形甚至多模态手段达成审美一致，因视域融合而产生意义。对语言景观的考察应根据这一特点，突破传统语言符号学采用的静态、个体和单一性描写与解释的方法，在视域融合视角下以动态、生成和协同方式融合构建新的审美意义。

视域融合是哲学诠释学经典理论。"视域"和"前见"是理解视域融合的前提条件。伽达默尔（1992）将"视域"界定为"看视的区域，这个区域囊括和包容了从某个立足之点出发所能看到的一切"。某公共空间的语言景观就是接受者进入该特定空间那一刻呈现在其眼前的，而且随着箭头标识的方向前进时，不同的语言景观以动态方式呈现在接受者眼前，在中国古典园林构建中，就讲究移步换景、曲径通幽的审美效果。

在特定语言景观中语言符号通常是有机构成，语言符号组合成文本，接受者对语言景观中文本的理解必然带有认知经验，即"前理解"或"前见"。"阐释者在进入阐释过程时，就将自己的生活阅历、知识经验、文化意识、道德伦理等带入阐释过程中。"① 视域融合指接受者在已有前见基础上，把对语言景观中文本的理解与当下客观视域和主观认知文化视域有机结合，这是理解语言景观多样性的重要前提。

视域融合视野下的语言景观接受解读过程，不是静态、封闭地寻求语言文本意义，而是接受者在其前见基础上的体验和再创造，是动态、开放、多种互动和具有再生性的审美过程。语言景观对于接受者是一种唤醒，唤醒接受者的前见和已有视域，激发其主体性和语言景观客体性相融合，从而形成新的认知，这个接受过程是语言景观接受者与其构建者之间的对话，这个交际过程本质上即视域融合的过程，审美视域超越主客体之别、跨越时空局限性，是对语言景观所蕴含文化的发展、开放、新生的认知审美历程。

一　语言景观的多模态协同

语言景观类型不局限于传统的语言文字符号，声频视频及现场表演方式与互动等已成为语言景观信息传达的新元素。西湖李家村地处江西省进贤县军山湖与青岚湖之间，是一个具有 600 多年历史的古村庄。村庄与山水相依，田园秀美，具有绿色生态优势，而且乡风古朴，民俗浓郁。该村的语言景观充分利用了视域融合的理念，不仅使用多语种的文字介绍，还有广播系统，以及今昔对比的历史图片展示。

西湖李家村是新农村的代表，村民祖祖辈辈都生活在此，其语言景观的构建充分利用了多模态协同手段以体现多元文化。李家村先祖自称陇西李氏，村里兴建了古朴典雅的陇西堂，具有乡村文化活动室功能。堂内张贴村赋、村史、村歌、村规民约，以及上级领导和国内外贤达名士来村视察观光的照片等，对内是村民聚会、进行传统教育、开展文化娱乐活动的

---

① 〔德〕伽达默尔：《真理与方法——哲学解释学的基本特征（上卷）》，洪汉鼎译，上海译文出版社，1999。

场所，对外帮助游客快速集中地了解该村的历史和文化特色，并感受其真实独特的文化氛围。

村庄东西两边的外围墙被打造成文化墙，西边围墙门楼上依次雕刻着二十四孝图及其典故，东边围墙门楼上雕刻《三字经》，凸显了该村庄的文化底蕴和价值观念。西湖李家村的内围墙分东、中、西三个院落，每个院落的围墙外巷道小径通幽，每道围墙都有红石门楼，上面刻着李氏名人的画像和生平，他们是世代生活在这里的村民们敬仰和学习的对象。中心的红石广场因用当地出产的红石铺就而得名。广场东面是中国传统风格的古戏台，西面是古民居，南面明塘绿树环绕，塘边石书和塘中湖心亭营造出闲适氛围，该公共空间具有召开村民大会、节日看戏耍灯、过年吃百桌年夜饭和平日休闲健身的功能。

视域融合的语言景观让游客从时空和场景中感受西湖李家村绿色健康的生态文化与古朴醇厚的乡村文化，不仅给人多种感官体验，而且呈现与展示了中国振兴乡村文化的内涵。无论是官方的还是非官方的多模态语言景观，都应与该地域的文化建设协同发展。虽然不同公共空间的多模态语言景观在数量、种类和呈现方式上有所不同，但其语言景观在政策信息、对外交流、交通标识和教育信息等方面都应体现历史文化底蕴以及新时代发展轨迹。

二 语言景观的多元互动

在数字科技日益发展的当下，多媒体技术拓展了语言景观的外延，传递信息的各种符号形式有机融合形成新的语言景观。接受者对语言景观的理解是在其之前理解的基础上发展变化的，语言景观的意义不是接受者单向的心理意识和行为，任何脱离历史和当下的阐释都无意义，语言景观的文化含义随着接受者和语言景观的变化而不断变化，并交互影响。

视域融合的语言景观是多种符号模态的构成体，语言文化传统是一种历史视域，接受者由于时空、文化、地域和心理等差异，对语言景观文化意义的理解存在主体性差异，尤其在对历史文化意蕴的理解上呈现多元性。

万寿宫历史文化街区位于南昌市繁华老城区的中山路和船山路交会处，该街区的语言景观构建以"挖掘、传承、融汇、展示"为基本原则，体现该公共空间"历史街区、城市记忆"的经济文化功能，很好展现了文化、商业和旅游三者融合的效果。重建的万寿宫历史文化街区建筑具有典型的江右民居和商铺风格，营造了万寿宫历史文化街区空间的文化氛围，承载着丰厚的历史人文底蕴，反映当地政府重视传统文化保护和传承的官方语言景观注重对历史文化的介绍、宣传，语言标语、告示牌和电子显示屏较多，选用的语种为汉语普通话和规范汉字。

从非官方语言标牌的分布来看，餐饮、零售等行业语言景观与当地居民的社会经济生活息息相关。鉴于该历史文化街区形象规划的要求，语言景观大多体现了仿古风格，但在自由规划范围内的语言景观则注重体现时代性和年轻消费者追求古代意境等多元化需求之间的协同。

特别是零售业语言景观，不少语言景观使用了独特的汉字谐音修辞手段，如"真粥到""石全食美"等美食类店铺语言标牌，图文并茂并利用谐音"真周到""十全十美"，追求视域融合中年轻人对陌生化和诙谐会心的审美偏好，把美食特点与用餐感受同时呈现。课题组通过在历史文化街区的随机访谈发现，有些中老年人会觉得这样的店铺命名令人费解，但是年轻人对这类以谐音取名的店铺语言景观的认同感和接受度则很高。

历史文化街区的语言景观是传统文化和当代经济的有机结合，街区地名、店铺名称、政府宣传口号等语言景观无疑是视域融合的反映。语言景观中"反前见"文本的文化意义解读是对视域融合的一种再创造，即利用人们对传统文化的固有思维造成文本多读或者难解，通过引起歧义或反复思考推敲增加了接受者在该语言景观上的目光关注和注意力停留时间，从而达到幽默或反观效果，在接受者主体和语言景观客体、历史意义和当代呈现的多元互动后达成新的文化意义。

随着对外文化交流发展，外来文化影响加强，文化语言景观的多元互动增加，语言景观需要把握其文化本质内核，体现该地域的文化自觉和文化自信。万寿宫历史文化街区语言景观基于当地历史人文发展，源于传统文化，但不止步于此，无论是商铺店名还是政府宣传、旅游指示等语言景观，都是在对历史文化、当今经济社会发展理解基础上的再创造，推动历史与现实、外来文化与当地文化实现视域融合。

　　语言景观在信息时代呈现多种符号模态，以文字、声音、图像、场景、建筑、电子图文等多种方式传递信息，接受者通过"自我"和语言景观"他者"的多元互动，不断协调"自我"与语言景观"他者"的视域融合，从而形成一个不断更新发展的文化认知过程。

第四章

语言景观与语言教学

语言景观研究有个重要的研究领域，就是将语言景观融入语言教学。Shohamy & Waksan（2009）将语言景观视为教育的强大工具，认为通过语言教师的引导，帮助学习者关注公共空间的语言景观，可以呈现意义的多重性。[①] 无论在母语教学还是第二语教学中，引导学生关注语言景观，不仅关注语言符号作为交际工具的信息传递功能，而且关注语言课本之外的语言与文化意义。

中国经济发展以及国际影响力的提升引发全球学习汉语的热潮。"汉语热"背后展现的是中华民族的伟大复兴，以及中华文化和智慧对共建人类命运共同体的影响。随着中国同世界各国的友好交流不断深入，人文交流不断增加为世界各国年轻人提供了新的机遇，越来越多的人加入了学习汉语的行列。俄罗斯首次制定了中级义务教育（5年级以上）汉语教学大纲，并计划以此为基础制定全俄统一的汉语水平考试。世界不少国家也将汉语纳入国民教育体系。

语言景观作为教学资源，也体现在母语和第二语教学中。

第一节　语言景观与母语教育

母语的教学主要通过语文课实施，从小学到中学再到大学，语文课都

[①] Shohamy, E. & Waksman S. 2009. "Linguistic Landscape as an Ecological Arena: Modalities, Meanings, Negotiations, Education". In E. Shohamy & D. Gorter (eds.), *Linguistic Landscape: Expanding the Scenery*. London: Routledge, 326.

是重要的核心课程。语文课程不仅具有工具性，而且具有很强的思想性，有助于促进学生健康全面发展，对把学生培养成为独立判断的思想者、终身学习者和公共事务的主动参与者而言，语文教学更是具有积极的重要意义。

语文教学的宗旨不仅是培养学生的知识技能，而且要助力学生情感态度和文化价值观念的养成。语言景观是真实社会中语言环境的重要组成部分。引导学生关注身边的语言景观，不仅能丰富学生识字和阅读的场景，而且能帮助学生感受语言符号与社会生活的密切关联；不仅能帮助学生利用母语听说读写的技能去获取信息和表达情感，更重要的是能在日常的社会语言生活中培养学生全球化视野下的中华文化认同，引导学生的审美情趣并陶冶其性情。

课题组与所在高校附属小学进行合作教学研究，在小学语文教学中引入对语言景观的观察与讨论，通过语文课外活动，引导学生观察身边的语言景观，激发学生识字兴趣，以字带文，让小学生通过语言景观了解所在地的历史与文化，并且感悟地方文化，培养文化认同。

一 语言景观与中小学语文教学

在社会公共空间的语言标牌，包括路牌、广告牌和商店招牌等语言景观，具有信息传递功能和象征功能。不少学者将语言教学纳入语言景观研究范围。Gorter（2017）认为，在小学生的读写能力培养中，语言景观提供了语言环境，作为教学资源，语言景观可以培养小学生的语言意识，激发他们学习语言的兴趣，增加语言学习的成就感，从而促进其语言学习。

（一）语言景观与识字教学

小学语文教学的主要目标之一是通过识字引导学生观察图画和实物，即联系生活实际，把识字和认识事物结合起来，学过的字力求在语言训练中反复运用，把识字和听说读写结合起来。语言景观正好能够为识字教学提供教学资源，在真实的社会生活中，引导学生通过观察语言景观识字，引导小学生理解语言景观上文字符号所表达的意义，把文字符号的表意与对周围真实生活、真实事物的认知结合起来，将小学识字教学和语文教学与日常生活结合起来，培养学生的听说读写能力，促进他们语言能力和思维能力的发展。

阅读是小学语文教学的基本环节，也是识字的重要途径，有利于提高识字质量，使学生发展思维，增长知识，受到思想教育和美的熏陶。结合小学生的社会生活，鼓励学生在语言实践中提高使用语言文字的能力。语言景观也为小学语文的词汇教学提供了丰富的教学资源，学生会不自觉地尝试读出语言景观中学过的词语，而且会主动去理解该词的意思，自然就在语言景观的阅读中领悟了该词语在具体语境中的用法。

语文教师应引导学生学会联系具体语境理解词语，对含义比较深刻的词语，不仅要理解其字面义，更要理解其所表达的情感。对于含义深刻的句子，要体会其在具体语境中所表达的思想和感情，以及语言文字与其他传递信息方式之间的关系。通过对语言景观的阅读，指导学生观察事物、分析事物，引导学生把语文课的基本功运用到真实的语言生活中去。

语文学科是思想教育和语言文字训练的结合，思想教育是语文教育不可忽视的重要任务。学生可通过语言景观认识所处的环境、悠久的历史、灿烂的文化、勤劳的人民，语言景观因其在公共空间的展示，不仅能激发学生对祖国语言文字的兴趣，更能激发其对地域文化的热爱。

江西是红色的土地，借助红色语言景观引导学生了解在江西这块红色土地上奋斗过的革命英雄、在今天平凡生活中兢兢业业为人民服务的共产党人，以及在革命和建设事业中做出贡献的平凡而伟大的劳动者，培养学生热爱中国共产党、热爱祖国、热爱劳动和热爱家乡的思想情感。通过江西绿色生态语言景观和蓝色陶瓷文化语言景观，了解江西取得的辉煌的成就，使学生认识自然、了解社会，培养学生爱科学、爱劳动、诚实勇敢、爱国敬业的高尚情操。

课外活动是语文教学的有机组成部分，语言景观作为课外教学资源，将课堂教学与学生的认知成长相结合，可以开阔学生的视野，增长学生的知识。把语言景观纳入课外阅读的范围，引导学生把课内学到的方法运用到身边的语言景观阅读中去，根据学生的兴趣爱好组织"啄木鸟行动"小组，对身边的语言景观进行有目的、有计划的阅读和审视，记录可能存在的问题和疑问，并给语言景观构建者提出改进完善的建议。

语言和思维密不可分，在语文教学中要重视学生通过身边真实的语言景观去发展阅读和思维能力，促进语言与思维的统一。语言景观不仅具有信息指示功能，更有文化象征功能。教师在指导学生阅读观察理解语言景观的过程中，要培养学生发现问题、提出问题、分析问题的能力，将各阶段教学内容与真实社会生活相结合、口头和书面语言相促进、课内和课外相联系，让语文教学与其他学科互相配合，协调发展。对语言景观的阅读和观察是面对真实的语言事实进行启发式的思考，调动学生利用所学语言文化的积极性和主动性，使学生在语文学习过程中活跃思维，把课堂所学知识运用到实践中，从而让学习产生意义，这有助于学生采用适合自己的方法主动学习，有利于培养学生的创造性思维能力。

与课题组合作研究的某小学一年级有个小组展示了一条在街头拍摄的语言景观，内容是"绿水青山就是金山银山"。小组同学分享了在哪里发现的这条语言景观，又为什么觉得有趣，教师还请同学们从展示的这条语言景观中找出意思相对的两个字。学生们的兴趣被充分调动，这时候老师通过提问启发学生理解这条标语的意义，如"为什么会置放出现在这个环境中？""这个语言景观想告诉我们什么？"

课堂汇报中显示出学生们参与的积极性很高，争先恐后地展示本小组搜集的语言景观，如在社区绿地广场边拍摄的"花草有心，踩踏无情"；在公共厕所看到的"来也匆匆，去也冲冲"；在学校的绿草坪边拍摄的"脚下绕一绕，小草笑一笑"。通过展示分享，学生们不仅巩固和复习了语文课堂上学习过的汉字，而且为在真实的社会生活和公共空间中识别和理解了这些字词而兴奋，拓展了课堂所学的知识，与此同时，也达到了提升文化素养的目的。更有意义的是，通过阅读、拍摄、记录身边的语言景观，培养了学生有意识地通过身边的语言景观认识字词、获取信息，并将语言文字的表达与周围的环境相结合，引导学生从身边语言景观的语言文字中学会欣赏美，从而在语言实践活动中润物细无声地融入了核心价值观和传统文化教育。

（二）语言景观与文化素养培养

利用语言景观资源进行语言教学，不仅体现在识字认词上，还体现在文化素养的提升上。无论在城市还是在乡村，悠久的历史和浓郁的文化氛围都可通过公共空间的路牌、街道名称和典型建筑物命名等语言景观加以营造，彰显地域历史文化魅力，可以说语言景观如同融合在公共空间的百科全书。充分利用语言景观，可以丰富语文课教学，不仅让学生们对语言的交际工具性产生切身体会和成就感，而且可以让他们在语言景观中耳濡目染地域文化艺术之美，沉浸式体验并感悟历史文化氛围，潜移默化提升自己的文化素养。

传统文化教育是语文课程教学的重要目标，仅通过教师课堂讲解很难激发学生的兴趣。课题组在所在高校的附属小学进行了教学实证研究，将课堂教学与课外的语言景观资源有机结合起来，取得了良好效果。

课题组设计的实证研究是提出具体交际任务，引导学生走出课堂，走进社会语言生活。通过交际任务引导，培养学生将已掌握的语言知识转化为能力，通过自己的眼睛去观察搜集反映社会主义核心价值观的语言景观。如"一年之计在于春，一日之计在于晨。一寸光阴一寸金，寸金难买寸光阴"表达了中华民族珍惜时间、勤劳进取的价值观念，但小学生的认知水平决定了他们很难对此做出深刻理解，因为这些成语和俗话表达中有古汉语印记，与小学生熟悉的现代汉语书面或者口语表达风格有别，语文教师需要解释其字面意义，同时启发学生领悟其中蕴含的中华民族的传统美德和价值观。为此我们的教学设计是：先进行认知热身活动，播放反映小学所处地域春天百花盛开景色的公益广告视频，引发学生感知春天带来的万物生长和生机勃勃的气息；之后通过小组任务设计，让学生将阅读歌咏春天的语言景观，通过小组制作手抄报形式展示，并在全班进行评比，将语言景观与春天的典型意象结合起来，从而让学生们感悟理解春天在中华文化中的内涵，意识到应该珍惜时间，养成早起晨读习惯。

著名教育家叶圣陶指出："语言文字的学习，就理解方面来说，是得到一种知识；就运用方面来说是养成一种习惯。"[①] 引导学生观察身边的语言景观，具有学生通过自己的观察理解，自觉将学习母语的字词句等知识与对中华文化的理解传承相结合的功能。

---

① 叶圣陶：《叶圣陶语文教育论集》，教育科学出版社，2015。

语言景观将抽象深奥的中华文化通过特定公共空间的多模态呈现，用语言文字符号准确、简洁地表达出来，引导学生关注身边的语言景观，有利于养成学生对社会生活中语言文字的关注和敏感性。语言标牌的字体、颜色、材质、形状等元素，以及与文字配套的图案和设计，不仅可以激发学生对语言文字阅读的兴趣，而且潜移默化地锻炼了学生多模态信息接收的能力，尤其可以从文字及与其配套的图案、色彩、形状和建筑以及空间配置等方面得到美的熏陶，这种客观直觉的初步体验，能使学生更快地适应人工智能时代科技迅猛发展形势下的语言文字应用，有助于学生多模态阅读和表达能力的培养，以及文化素养的培养。

二 语言景观与大学语文教学

儒家经典《大学》认为："大学之道，在明明德，在亲民，在止于至善。"这让我们思考大学人文精神的培养应该帮助学生确立正确的人生观和世界观，引导他们关心国家与社会，具有社会责任感和积极进取、勇于担当的精神。我国著名文学理论家、教育家徐中玉先生指出，语文教育应当兼有工具性、审美性和人文性，相对于小学中学基础语文教学，高等院校的语文教学中，应该把人文性和审美性作为主要目标。大学生已具有很好的母语听说读写能力，大学语文课程主要是帮助学生拓宽视野，提升素质。

（一）语言景观与大学生家国情怀养成

对大学生人文素质的培养首先体现在家国情怀的培养，除了引导大学生阅读中外文学典籍，进行审美熏陶，更应引导大学生从自身所处社会环境的语言景观中去体会地域文化和民族精神，提高自身文化素养。语言景观为大学语文教学提供了丰富而生动的资源，有助于将大学语文教学从传统单调的课堂走入更为广阔的真实而生动的社会生活，让语文教学充满场景感，从切实可感的具体场景中引发学生的兴趣和审美能力，培养他们的家国情怀。

南昌是一座历史悠久的古城，不少重大历史事件发生在这里，许多历史人物与南昌密切相关，这里充满历史感的街道、建筑等公共空间中的语言景观就是一部活动的历史书。课题组与大学语文教学团队合作，鼓励学生结合江西地域文化特色，分成红色革命文化、绿色生态文化、金色古代文化和蓝色陶瓷文化四个小组，从自己身边熟悉的语言景观开始，寻找南昌活着的历史遗迹，最终，各小组的活动均硕果累累。

如红色革命文化小组围绕"南昌英雄城"这个主题开始了对语言景观的考察和调研，发现南昌有"八一公园""八一大桥""八一大道""八一广场""八一学校""八一起义纪念碑""八一起义纪念馆"等，通过对这些独特公共空间语言景观的阅读和记录，了解了南昌英雄城的由来。

大学生们通过对南昌"八一"红色革命语言景观的调研和考察，为自己能在英雄城南昌度过最美好的大学时光而感到自豪，更深刻地认识到新时代大学生的社会责任，坚定了听党话跟党走的决心，以及为中华民族和美好生活而努力学习、为中华民族伟大复兴而努力奋斗的历史使命感和责任感。

南昌有不少街道以历史名人命名，如"阳明路""孺子路""陶然亭""中山路"等。其中"阳明路""阳明公园"是为了纪念理学大家王阳明。通过对王阳明在江西活动轨迹的语言景观追寻，大学生们切身体悟了王阳明心学的魅力，再读王阳明著作《传习录》时他们的感受就深刻多了。所以大学语文教学如果能结合地域文化，并且通过语言景观的考察追寻文化名人和其思想发展的足迹，有助于大学生用自己的眼睛去发现美，用自己的心灵去感悟美。

（二）景区讲解与大学生语言服务意识

大学生语言教育与中小学生不同，大学生已具有母语的系统知识、较强的语言能力和家国情怀，对大学生的语言教育应提升培养目标层次，重点培养大学生的语言服务意识。大学生通过语言服务加深对特定地域历史文化的理解，形成文化认同，增强民族自豪感，利用掌握的知识和具备的能力为提升地域知名度、美誉度和传承传播中华文化服务。

"语言服务"（language service）这一概念最初指语言翻译，近年来对语言服务的认识不断变化，随着社会生活发展，学界也以新的眼光来看待语言服务。屈哨兵（2007；2011）对语言服务的属性内容和类型等进行研究，提出其范围包括语言翻译、语言教育、语言知识型产品开发和特定领域语言服务等四个方面。李现乐（2010）将语言服务分为宏观和微观两个层面。微观上指提供以语言为内容、或以语言为主要工具手段的有偿或无偿服务，该服务是接受方从中获益的活动；宏观语言服务指国家或政府部门为保证所辖区域内成员合理有效地使用语言而对语言资源进行有效配置、规划和规范。

　　语言服务的本质是帮助他人，目的是满足特定对象的交际需求，以语言文字及相关知识作为工具实施服务；服务对象是任何有语言方面需求的个体、群体或社会。课题组所在高校充分利用江西红色文化资源，举办系列"红色金牌讲解员大赛"，通过大赛评选校园十佳讲解员。通过大赛激发大学生，包括中国大学生和来自世界不同国家的留学生对江西红色文化的认知和理解。参赛选手声情并茂地讲述在江西红色土地上发生的红色故事，表达了对中国共产党和国家的热爱，展现了大学生的精神风貌。以讲述红色故事的方式，引导青年学子传承红色基因，推动学习贯彻习近平新时代中国特色社会主义思想主题教育走向深入，为大学生走向社会、讲好中国故事、提供语言服务做好充分准备。

　　江西高校的旅游专业人才培养更应利用江西红色文化资源，开展社会实践，拓展教育手段和形式。课题组所在高校的旅游学院为此进行了有益的尝试。在本科培养计划中充分利用江西红色文化资源，组织大学生成立红色志愿讲解队，通过讲述红色故事，追寻红色历史记忆，传承红色基因。2023年利用夏季暑期，志愿讲解队赴红色故都瑞金开展暑期社会实践活动。依托当地红色资源，参观红色革命旧址，跟随当地景区讲解员的讲述，学习苏区历史，追寻革命足迹，在特定语言景观中感悟峥嵘岁月，深刻理解中国共产党的初心使命。在特定红色语言景观现场的讲解学习，无论是思想动机的激发还是语言服务能力的培养都为大学生今后在红色景区提供志愿讲解服务打下了坚实基础。

　　大学生通过与当地景区提供语言服务的红色讲解员的交流，对语言服务有了切身体会。在真实的红色语言景观中对大学生进行讲解训练后，志愿讲解队尝试在当地红色景区为游客进行志愿讲解，通过讲述在该特定场景中发生的红色故事，再现该景区当年艰苦斗争的岁月，用红色故事激发游客的爱国之情。

　　为了深入了解群众对红色文化的理解和看法，大学生志愿讲解队针对不同人群，采取不同方式开展社会调研。针对年轻人，设计网上调查问卷，以网上问卷形式进行调研；针对中老年人，采用纸质问卷进行调查；针对外籍游客，采用当面访谈形式进行调查。大学生们从对语言景观接受者的调查中获益良多。来自韩国和巴基斯坦等国的游客，感叹中国共产党领导中国脱贫攻坚战取得的成就，对沙洲坝红井的故事印象深刻，对"吃水不忘挖井人"这一质朴话语背后的感恩之情深有感触，深入的访谈帮助大学生发现了不同文化背景下红色文化底层逻辑的共性。

　　通过调研，志愿讲解队分析总结群众对红色文化的看法，对如何有针对性地提供语言服务、弘扬红色文化有了更深入的认识。在社会实践过程中，志愿讲解队与不同国籍、不同年龄、不同教育背景的游客进行了充分而友好的互动交流。

　　在红色景区提供红色文化讲解的语言服务时，志愿讲解队的大学生不仅学会了从容地与他人沟通，提升了语言服务意识，而且培养了对红色基因的认同感，将红色文化浸润灵魂深处，坚定了理想信念，懂得了自己的使命担当。志愿讲解队的大学生通过这次社会实践认识到，在提供语言服务的过程中，要充分利用多模态红色文化资源，往往一首红歌就是一个动情的红色故事，一位英雄就是一座丰碑，更是红色精神的一面旗帜。作为在红色土地上成长起来的青年而言，沿着英雄的足迹前进、讲好红色故事、把红色精神代代相传是其责无旁贷的历史使命。

　　课题组所在高校还充分利用江西文化资源，组织大学生利用课余时间进行义务讲解；与南昌多所中小学联系，到中小学开展江西地方文化"大手拉小手，一起向前走"活动。大学生通过提供语言服务，为宣传江西文化做贡献。

　　无论在城市还是在乡村，语言景观都非常丰富，都是宝贵的可利用的文化资源。充分利用语言景观资源，将语言教学与真实的社会语言生活相结合，有助于点燃学生的学习热情，激发学生学习语言的兴趣。同时，可以引导学生养成观察、阅读和欣赏身边语言景观资源的习惯。新时代多模态语言景观形式丰富，创新求变，这样的信息传递和表达手段有助于学生提升多模态交际过程中使用语言文字的能力，在日常生活中主动寻求适应交际需求的交际模式，沉浸式体会并深刻理解中华文化和江西文化的内涵，成为自觉的文化传承者和文化宣传员。

三 语言服务与文化传播人才培养

江西具有特色鲜明的文化资源，近年来江西省提出将旅游业打造成为绿色崛起的"第一窗口、第一名片、第一品牌"，传播江西文化需要高层次、高素质、高技能的国际化人才。课题组调查发现，江西省有些文化旅游景点优质导游的数量不足，尤其是具有专业基础的高层次旅游讲解员数量明显不足，影响了江西文化传播的效果。人才培养成为当务之急，讲解员良好的语言服务能力是让语言景观活起来并激发游客感悟和思考的重要一环。

通过开办金牌讲解员班不仅有利于加快全省的旅游建设，还可推动江西高等教育的特色化，增强学生专业实力，拓展就业空间。随着高等教育改革优化，国家重视并引导高校根据地域优势特色办学，面向国家和地方发展需求的特色大学、特色专业受到重视。江西省高等教育通过对讲解人员专业系统的培养，解决人才培养与地方经济发展和文化传播等社会需求之间的矛盾，为江西培养应用型、复合型高端人才探索新路。

受国际形势等因素影响，当前大学生就业难成为急需解决的问题。用人单位对高校毕业生的要求提高，高校作为培养单位应通过设立实训、实习、实践基地，培养学生的岗位胜任能力，而文化传播的人才培养应该充分利用江西特色文化语言景观资源，尤其是人文学科的大学生应具有促进江西文化传播和旅游业发展的能力，这可有效增强学生的就业竞争力。

通过志愿讲解的社会实践，让大学生走出课堂，直接面对不同游客，在实践中认识到自身知识和能力结构的不足，在撰写讲解词、背诵导游词的基本功上下功夫。大学生讲解员应该具有一定的外语能力，以保证顺畅地与国际友人交流，还应该具有一定的方言能力以方便与不同方言区的游客沟通。优秀的讲解员不限于对景点的知识性讲解，而且应具有通过生动的叙事方式调动游客互动和引导游客思考的能力。

江西省教育厅为了助推省高等旅游教育专业综合教学改革，服务江西旅游经济发展，2012 年开始实施"金牌讲解员班"人才工程，并将旅游管理（金牌导游）列入专业综合改革项目予以重点支持。该项目有效整合创新资源，克服人才培养同质化倾向，创新人才培养模式，是江西高等教育与政府合作协同创新培养人才的新模式。高校"金牌讲解员班"开办以来，学生经常受邀为各类文化活动承担讲解任务。第十七届海峡两岸旅游行业联谊会举行期间，江西科技师范大学第一届和第二届"金牌讲解员班"的人员负责担任志愿者工作，以优质的服务获得了国家和各省（自治区、直辖市）旅游主管部门领导的一致好评。

在培养高层次文化旅游人才的教育改革中，应探索政府、高校、行业、企业协同培养人才新模式，促进江西省文化旅游解说员素质的提升。

第二节　语言景观与第二语言教学

语言景观在第二语言教学中的应用也逐步被研究者关注。第一语言和第二语言是根据学习者习得语言的时间先后顺序而定义的。从呱呱坠地来到人间，最先掌握的语言即为第一语言，通常是自己的母语。母语通常是在母语环境中不知不觉习得的，第一语言习得过程与主体的认知发展过程通常是同步的。在母语及其母文化环境中浸润成长，对母文化的认知通常与母语的习得同步进行。

在掌握第一语言之后，有意识地学习其他语言，包括外民族语言或者外国语言，从时间上看比第一语言习得的时间晚，故称为第二语言。第二语言习得通常要经过在学校课堂上有意识的学习。母语习得与第二语言习得都是为了利用语言进行交际，这是共同点。但不同点也很多，第二语言习得的动机可能是工具性的，也可能是文化融入性的。所谓工具性，指习得二语的目的是能够利用该种语言进行学习或者工作；文化融入性的习得，则对语言背后的文化感兴趣，是为融入使用该语言的社会文化而进行的准备。无论何种二语习得动机，二语教学与文化之间均存在深刻的内在关联。

课题组对语言景观与第二语言教学的考察对象包括两个不同的类型：一个是中国大学生；另一个是外国留学生。

一　语言景观与中国学生的英语教学

　　教育工作者最初的尝试是在外语教学中利用语言景观资源，探讨其在外语教学上的功能。Cenoz & Gorter（2008）认为，语言景观在第二语言教学中可以增加语言输入，主要以真实语境中目的语输入的形式实现其教学辅助功能。多语种的语言景观能帮助二语学习者调动多语能力；将多模态语言景观资源应用于外语教学中能提升学生真实的外语交际能力。通过叙事分析，研究英语翻译专业本科生参与语言景观项目的英语习得效果，表明语言景观为英语二语学习和教学提供了多元文化视角。

　　利用语言景观进行大学英语教学领域有不少研究成果，但多聚焦汉语语言景观英文翻译中存在的问题，对如何利用语言景观、利用对比汉语和英语语言景观的表达以提升外语专业学生的语言应用能力和跨文化交际能力的研究不多。

　　课题组为大学英语专业三年级的英语教学设计了对江西"四色"文化语言景观进行调查与分析的任务。让英语专业的大学生通过考察身边真实的语言景观，完成江西语言景观的汉英表达调查与对比分析，深刻体会语言表达系统的交际功能及其文化载体功能。通过任务引导大学生对生活中司空见惯、习焉不察但是又与交际和文化密切相关的语言景观进行考察，调查记录和分析思考不同语言在社会生活中的作用，考察文化要素翻译在具体真实语境中的得体表达，评价翻译文本中对该地域文化信息传达的准确性和可读性。这真实的任务可引领大学生重视语言与社会、语言与文化的关系，提升自己用英语传播中华文化和地域文化的能力。

　　在对语言景观的调查中，学生们通过观察和体验，不仅记录了身边的语言景观及其英文翻译，而且发现了不少新的问题，激发了学生研究语言与文化关系的好奇心，对现实生活中的语言使用、语言景观与文化传播的关系有了更加深刻的认识，也让英语专业的学生意识到，要成为具有文化自信、传播中华文化的使者，不仅需要具有较高的英语水平，而且要有对中华民族文化特质的深刻理解与把握。

　　课题组还引导英语、日语、西班牙语和俄语系的学生观察身边的语言景观。

外语学院不同语种的大学生，观察到江西不同文化景点语言景观的一些特点。首先，在外语语种的选用上，不同文化景区的语言景观存在差异。其次，语言景观翻译中的多样性处理，并不只是用不同语种去翻译语言景观中汉字表达的全部内容。最后，在各种语言景观中不同语种翻译的正确性与得体性都存在一些问题，尚存完善的空间。

通过在外语教学中引导大学生观察江西语言景观，外语专业的大学生对于真实语境中的语言翻译质量评估不再局限于简单的正误对立二元判断，而且调动了大学生学习外语的积极性和主动探索精神。在提升大学生外语翻译能力的同时，加深了大学生对江西地域文化特点的认知。

课题组通过调查发现，江西文化语言景观中的外语语种以英语为主，英语在语言景观中占据明显的优势地位，仅次于作为官方语言的汉语。一方面，江西语言景观中英语出现的频率最高；另一方面，其他语种多出现在信息指示性语言标牌上，其作用主要为来到该景区的外国游客进入该公共区域后定位并指引行动，而一些内容复杂、形式较长的汉语文本往往只有英语翻译。

针对江西文化语言景观中汉英翻译的问题，课题组根据江西"四色"文化语言景观特点，将40名学生分成对应的四个小组。

培训之后教师带领学生到指定的江西"四色"文化代表性景点，搜集语言景观中具有文化内涵的汉语文本及其英文翻译文本。

学生从指定调查点取得调查资料后，对采集的资料进行统计分析，并汇报其记录的语言景观和声音景观。教师指导学生整理语言景观的英语表达，包括词汇选择、句式选用、修辞手法、语篇组织等，分析其语言翻译的标准程度、流畅度以及节奏、表达的亲和力和交流感等。教师提出的问题如下。

（1）记录的静态语言景观与导游动态的声音景观是否完全一致？为什么？

（2）考察记录的汉语与英语的语言表达是否得体？

（3）中英文的表述是否针对了潜在的接受者？

（4）游客的文化背景如何影响其对语言景观的表达和理解？

（5）语言景观中的英文功能是什么？与承载语言标识材料的材质，以及配套的图案是否有关？有何关联？

（6）中文和英文语言景观的地理分布是否完全一致？

（7）语言景观是否反映了语言政策和意识形态？

围绕以上问题，四个调查小组对语言景观的调查非常活跃，充满好奇，并在好奇心的驱动下展开了细致考察。对于取得的语言景观数据进行统计、分析得出的结论很有见地，引人深思。通过对比汉语与英语文本，激发学生观察和思考，不仅检测了英语系学生对用英语得体表述江西地域文化的敏感度，检测了学生在真实语境中的英语表达能力，而且激发了学生英语学习的热情，引发了学生对语言景观的研究兴趣。考察小组发现：在红色文化景区的语言景观中，官方语言标识中汉语处于显著的位置，英语是第一外语，而且很多时候是唯一外语；多语种的语言标牌中，汉语处于显赫位置，外语字体则相对较小。由此可见，官方语言标识以中文群体为目标读者。

有些语言景观只有汉语，没有完全对应的外语翻译。有英语翻译的基本是信息类的指示功能语言标牌，而对于景区典型景点历史文化的介绍，很多仅有汉语表达，并无英语翻译。有些即便有英语翻译，其翻译的内容与汉语表达的内容也并不完全一致。

调查小组注意到在非官方语言标识中，英语标识更加凸显，个别语言标牌甚至只出现英文而未出现中文；即便是双语标识，汉语和英语所表达和传递的信息也不完全对等，总体上英语内容比汉语内容更简短。

调查结果显示，语音景观中的汉语和外语所占比例差异显著。调查小组在景区考察发现，听到的外语语音跟汉语表达之比仅为1∶50。这说明江西文化旅游景点的目标人群虽然考虑了不同母语背景的国际友人，但以汉语母语者为主。江西省境内大城市中的语言景观更加多元，语言标识的正确程度、规范程度都较高，而小城市文化语言景观中的语言种类少，而且语言表达中的错误较多，不规范的现象也比较多。

在全球化背景下，不同语言景观中汉语和英语呈现的意义具有多维性和复杂性，很难简单地以国家语言标准来判断对错。英语教学应该摈弃以汉语母语者的语感为标准的做法，引导大学生认识不同语言之间的翻译不应只限于语言表达形式正确与否，而应该重视语言表达内隐的文化信息。对江西文化语言景观的调查改变了大学生对全球化语境中跨文化交际语言的态度，不再固守以本族语言为唯一的评判标准，而是在汉外翻译中通过语言比较，对母语汉语的语言系统及其特点、汉语作为中华民族文化载体的特点以及江西地域文化的汉语表达方式，有更加深刻的认识和理解。对江西文化语言景观汉语和外语表达的调查与对比研究，有助于英语专业大学生实现对母语的深刻认识，树立跨语言交际中的汉语资源意识，实现多元化语言态度的转变，对母语文化认同，为江西地域文化自信，从而产生文化归属感。这个调查有助于学生从真实的公共空间语言景观中领略母语汉语的美好和中华文化的厚重，激发大学生成长为中华文化和江西地域文化的传承者和传播者。

对江西文化语言景观的调查，将大学生置身真实而具体的语言实践之中，思考自己为外国游客提供导游等语言服务的能力，以及更具有挑战性的对景区文化内涵做简明准确介绍的能力，思考自己是否准确理解了该景点的文化本质特征，以及如何用符合接受者审美习惯的英语表达来解释该景点的文化意蕴，从而促进不同文化之间的理解和交流。

学生们提出了一个值得深思的问题：学习外语的学生，通常重视提高外语语言知识及听说读写技能，在进入大学之后，没有继续系统提升母语的机会，对汉语背后的文化、对江西地域文化特色更是因身处其中而浑然不觉，对中华文化和地域文化没有投入太多的关注，从而成为地域文化"熟悉的陌生人"。因此，要想用外语准确得体地介绍语言景观所传递的文化信息，必须先理解语言景观汉语的表述，领会其文化内涵，才能用外语输出这些信息，这个从信息输入到输出的过程，也是从"看得懂"到"说得出"的过程，有助于大学生发现自己对母语语言和文化知识储备的不足，激发外语系大学生更为主动地学习中华历史和文化，深入了解当地文化特色，更好地利用自己所学专业成为地域文化的国际传播者。

这次调研激发了外语系学生对母语及其背后文化的兴趣，因此回来后大部分学生都选修了"现代汉语与交际"课程，以加深对汉语的系统认识，提升自己的国际交际能力。

二　语言景观与留学生的汉语教学

随着中国国际影响力的不断提升，汉语越来越被重视，全球范围内学习汉语的人数稳步增长。到中国留学的学生一个主要目的是学习汉语，有些人在掌握了汉语之后，再利用汉语学习自己感兴趣的专业知识。

处于汉语的语境中，留学生们更愿意用自己的双眼去观察、去发现和认识中国，了解中国现状，感悟中华文化。所以，在将汉语作为第二语言的教学中，除了课堂教学，汉语教师也应该充分利用汉语环境，鼓励外国留学生走出教室，走进真实的中国社会，去游历名胜古迹，去参观中国乡村，去访谈当地民众。这不仅可以锻炼和提升外国留学生的汉语听说读写技能，更有助于他们通过亲身感受去了解丰富多彩的中华文化和悠久独特的中国历史。国际中文教育教师应该利用现实社会中随处可见的多模态语言景观，引领汉语学习者阅读语言景观，包括汉语和其他语种的表达，分析文本的风格及其所要传达的文化内涵，让留学生通过语言景观感受独特的文化氛围和中国人的价值观念。多模态语言景观对提升汉语教学效果、加强中华文化传播有着不可忽视的重要作用。

（一）养成留学生用汉语交际的习惯

留学生来到中国，来到江西，在生活交际中自然需要搜索信息，汉语教师应该引导留学生养成观察语言景观的习惯，让他们有意识地阅读出现在特定环境中的语言标牌。由于跨文化交际，语言景观的构建者与留学生接受者之间存在不可忽视的文化背景差异，国际中文教师应结合课堂学习内容，针对留学生的汉语水平，通过任务型教学法，设计真实的交际任务，引导留学生观察身边的语言景观，并完成记录、翻译和评价的任务。这有助于留学生养成在中文语境中用中文获取信息的汉语交际习惯，培养他们在真实的汉语交际社会环境中得体应用汉语的能力。

从汉语学习者视角看，通过汉语水平考试 HSK 三级的学生，已初步具有识别、阅读特定语言景观中汉字的能力，能大致理解语言标牌的基本意义，并借此完成理解道路标牌的指示功能、电子屏幕的提示功能等交际任务。配合汉语课堂教学，在教育中适当引入语言景观资源，有助于留学生利用汉语课堂所教授的汉语知识和技能，完成在现实语言环境中交际的任务，提高留学生用汉语交际的能力。

（二）提高留学生对多模态汉语文本的理解力

传统的汉语第二语言教学主要围绕汉语教材组织教学，这必然导致汉语课堂教学与真实语言交际之间界限分明，形成只能在汉语教室里供教师和留学生之间交流的、为了追求语法标准而不太地道的"教室语言"，或汉语教师为了照顾留学生的汉语水平而放缓语速，采用简单句法结构的所谓"保姆式语言"。这样的教学显然无法满足跨文化交际的需求。

语言景观可为留学生的汉语能力发展提供真实而丰富的语言资源。教师在课堂上通过展示图片和短视频等方式，引导学生关注身边的语言景观，如以地铁站为背景呈现含有不同信息的语言标牌，包括"本站首末班车时刻表""售票处"等指示性语言标牌，以读取语言标牌的信息为目的，帮助留学生了解在南昌乘坐地铁等公共交通需要掌握的语言。又如，通过图片展示"请给有需要的人士让座，多谢合作""文明礼让，智者守序"等公交车上常见的文明行为提示语言标牌，帮助留学生通过阅读这些具有"中国特色"的语言标牌，直观、形象地感受其所传递的价值观。课堂上教师引导留学生对真实交际场景中语言景观的学习，有助于逐步培养留学生从多模态语言景观中获取指示信息，激发他们深入了解中国、理解中华文化的兴趣，从而真正利用汉语环境提高他们汉语得体交际的能力。

除了传统的语言文字符号之外，信息的传递手段结合了更多样的颜色、字体或图像、姿态、声音等符号。语言景观帮助汉语二语学习者在特定语境中获得多模态的识读技能，通过某个特定区域的建筑、雕塑、色彩、形状和实物，配合语言文字传情达意。这种真实文化语境中的多模态语言景观，为提高汉语学习者的多模态文本应用能力提供了资源。

将多模态语言景观资源恰当运用于汉语二语教学，有助于提升汉语学习者对多模态文本的阅读理解能力。将多模态语言景观引入国际中文教学，能够有效地将课堂教学与课外活动结合起来，为汉语学习者提供更丰富和多样性的语言资源。

汉语教师分析多模态语言景观，不仅能够增加汉语教学的趣味性和真实性，还能带领学生解读语言景观的表述。汉语教师可以带领学生走出课堂，切身体会汉语在真实环境中的用法，有助于汉语学习者将课堂所学知识与现实环境中的语言应用相联系，更有效地掌握和运用汉语。与此同时，汉语学习者也可通过语言景观了解中国文化的表现方法，通过汉语教师的引导，了解语言景观背后的中国文化内涵。

（三）培养留学生跨文化交际的能力

留学生汉语学习的基本目标是掌握汉语的语音、词汇和语法等规则，在掌握用汉语正确表达的基础上，得体表达是真实交际中语用能力的关键，尤其是在跨文化交际中，信息表达者和接受者之间要达到得体交际的效果，还应培养语用能力。所谓语用能力，是指根据交际目的和言语交际语境有效使用语言工具进行得体交际的能力，即在真实社会文化环境中使用语言的能力。

利用真实的语言景观资源有利于培养留学生的语用能力。在跨文化交际中，交际主体要采用与语境适合的方式，这要求其对作为交际工具的语言背后的文化有理解感悟能力。Sayer（2010）指出墨西哥在将西班牙语作为二语教学中，经常在课堂外引领西班牙语学习者观察识读当地语言景观，这有助于将西班牙语的听说读写技能与学习者身处的现实世界结合起来，培养学生批判性的识读能力。Chern & Dooley（2014）尝试在中国台湾地区利用语言景观资源进行汉语二语教学。首先组织学习者收集语言景观，汉语教师基于语言景观提出启发式问题，指导学生分析和理解语言景观传递的信息及其中的文化内涵。

语言景观为汉语二语教学提供了丰富的、具有时代性的、真实的语言资源。但将语言景观用于汉语二语教学仍处于探索阶段。

课题组所在的高校拥有1000多名来自世界各国的留学生。课题组抽取其中300名不同国籍、不同汉语水平的学生和他们的汉语教师进行调查和访谈，数据统计分析结果表明，不同汉语水平和不同国别的留学生均对所看到的语言景观表现出极大的兴趣，主要原因有二。一是亲自观察到的真实社会生活中的语言景观是客观存在的，不同于新闻传媒可能带有主观倾向性的或有选择性的报道，留学生认为通过自己对身边语言景观的观察能够了解真实的中国，通过多媒体语言景观还能感悟当代中华文化。二是留学生通过对语言景观上汉字的识别与阅读，可有效检测自己在真实交际中的汉语水平。通过对汉语与翻译成英语等外语的语言表达对比，加深对中国文化的理解。

教师采用课内和课外相结合的方式，组织带领留学生到江西有代表性的文化景点，包括城市和乡村的公共空间开展文化研学活动。

教师提出问题，引导留学生感受并观察该特定空间的文化氛围，并将该空间中的语言景观阅读作为核心任务。留学生拍照记录语言景观，汉语教师进行讲解与答疑。首先解决留学生提出的问题，既有对语言表达形式理解的问题，也有对外语翻译准确性的问题，来自英语母语国家的留学生对语言景观中英文翻译的正确性和得体性提出了不少建议。留学生感觉比较难但又最感兴趣的是景点的文化内涵。一个有趣的现象是，留学生在尝试理解该区域文化内涵的过程中，通常会将其与自己母语背后熟悉的文化进行对比，寻找共性与差异。

江西文化语言景观研学结果表明，留学生很容易被优美的自然景观所吸引，但也试图通过语言景观去探索自然景观所传达的中国人的文化理念。江西文化旅游景区利用汉字元素做成的各种旅游纪念品非常受留学生欢迎，比如海昏侯国遗址公园的文创产品——"海"的繁体字印章，他们觉得这类旅游纪念品显示了汉字文化独特的魅力，适合送给异国他乡的朋友，满足异文化背景朋友对中国文化的好奇心；同时选择这样的礼物，在给朋友们解释其文化蕴含过程中，也有利于凸显自己懂汉字和汉语的优越感和成就感。

留学生对不同景点解说词的多语服务提出了不少建议，因为这些解说词对于他们深刻理解江西文化的内涵有着重要的意义，而解说词的内容包括从汉语到英语的翻译应尽量拉近表达者和接受者的心理距离，有些需要在翻译技巧上做一些调整，包括利用打比方、换用和替代等手段，不能采用直译的方式。文化内涵翻译的困难也让留学生意识到提升汉语水平对中华文化的理解至关重要。

三　海外国际中文教育中的语言景观功能

课题组所在高校与西班牙某高校孔子学院从揭牌运营开始，每年都会在非物质文化遗产的中世纪古镇、孔子学院所在地举办中国春节庆祝活动。孔子学院给当地社会各界人士寄送的新春贺卡采用中文和西班牙语双语表述，贺卡设计有表现中国传统文化的十二生肖，每年援引一句孔子富有哲理的话共勉，受到当地各阶层人士的欢迎。应当地民众的请求，孔子学院还举办了舞龙舞狮迎新春、中华传统盛装游行、书写并赠送春联、春节包饺子、品中国美食以及古诗词吟诵等活动，有效地利用汉字、汉语和中华文化符号营造了喜气洋洋、热热闹闹的春节气氛，得到了当地市政府和市长的大力支持，引发了当地媒体的关注并发布了大量图文并茂的新闻报道。当地民众乐于接受语言景观展示的中华节庆文化，同时这也为当地构建了文化多元的语言景观，很好地促进了文化交流和多元文化的融合。

结合中国和西班牙的传统节日，教师引导西班牙学生设计贺卡，如母亲节时中华文化工作坊帮助学生们通过国画和书写汉字的祝福，表达他们对母亲的感恩。这种移动的语言景观在汉语学习者及其亲人朋友之间，营造了中华文化的氛围。

通过中华传统故事的讲述传播中华文化也是有效的方式。如中秋佳节的庆祝活动，讲述嫦娥奔月的故事，吟诵苏轼的《水调歌头·明月几时有》，欣赏古诗词谱写的歌曲。多模态语言景观既体现了汉字汉语核心要素，也利用了现代化的技术手段，使传统文化的传播更具丰富性和可接受性。

第三节　利用语言景观进行教学的言语行为分析

一　教师言语行为分析及其角色定位

为了研究如何利用语言景观进行语言教学，包括中小学语文教学、大学语文教学等母语教学，以及二语教学角度中的中国大学生英语教学、来华留学生汉语教学等，课题组围绕江西语言景观的教学，组织并观摩了 18 堂课，考查教师在课堂上常用言语行为类型。

言语行为（speech action）包括言内行为、言外行为和言后行为。在考察利用语言景观进行教学的过程中，教师的言外行为最重要。语言景观提供的资源通过教师言语行为传递文化蕴含，以建立学习者的认同行为（actions of identity）。根据 Austin（1962）说话即做事的基本原则，教师的言语行为分布和频率折射出教师的文化认同。

课题组通过课堂录像收集语言景观作为语言教学资源的语料，对采集到的信息进行分析。首先，找出教师在语言景观教学中反复出现的言语行为，对这些言语行为进行初步编码；其次，通过不同教学类型中教师言语行为的比较，对编码的言语行为进行检测，根据相互比较的结果进行分析并完成对教师言语行为研究的增补、合并和修订；最后，确定在语言景观教学中的常见言语行为类型。分析课堂教学过程中教师言语行为的分布特点，有助于分析教师的文化身份认同，以及不同类型学生在特定交际情景中的文化身份认同，因为言语行为折射出交际主体的文化身份认同和文化自信与文化传承存在紧密的内在联系。

教学过程中常见的问句类型主要有以下几种。

一是开放式问句，通常由疑问词构成。如老师带着学生到南昌绳金塔进行文化研学，来到绳金塔下，老师问："大家可以数一数，绳金塔一共有多少层？"学生很快数完了，告诉老师有七层。老师接着问："为什么是七层呢？"通过第一个开放式问句，提升留学生细心观察的注意力，完成自己能够完成的任务；第二个开放式问句则引导学生深入了解佛塔和佛教文化的内容。

二是指示性较强的封闭式问句，即一般疑问句。如教师带领留学生参观滕王阁时说："江西人杰地灵，我们刚才参观了人杰厅，接下来我们要进入的下一个厅，是不是地灵厅呢？"这种封闭性较强的提问方式，能够通过教师的言语行为，引导并帮助学生理解景观布置的内在线索与文化之间的逻辑关系，强化教学的内容。

三是附加问句。如在引导学生们参观南昌的万寿宫历史文化街区时，老师问："同学们，大家抬头看这块雕刻非常精美的匾额，认出上面的汉字，我们就可以知道这个地方的名称了，可以做到吗？"留学生们被老师的提议鼓励和引导，都抬头专心认读万寿宫三个字，认出后非常有成就感。

可见，通过不同的问句形式，清晰指明思考的方向，可以引导学生自主思考，指引留学生对所处公共空间文化内涵的感悟与理解。

通过对教师言语行为的观察与分析，得出的主要研究结论如下。

（一）教师是学生意愿的追问者和代言人

在利用江西语言景观进行教学的过程中，教师是学生意愿的追问者和代言人。这同导游与一般游客的关系有相似点，但是又不完全一样。尤其是在对留学生的教学中，考虑到留学生不同的汉语水平会影响学生对语言景观中汉字的认读能力，教师通过恰当的言语行为提示学生在所处的公共空间通过语言景观搜索有效信息非常重要。而且汉语作为二语教学，中华文化与留学生的母语文化背景存在差异性，因此汉语教师设计恰当的提问，其实是达成为学生代言的目的。教师在言语行为选用时必须预设前提，通过提问，引导学生观察特定地域的语言景观，并激发其对语言景观文化内涵的联想。

（二）教师是语言景观文化内涵的传播者和教育者

在教师把学生带领到某个具有江西地域文化特色的景点时，教师必须已经过精心备课。教师对学生所处特定公共空间语言景观的文化内涵已有清晰而透彻的理解，并准备好了学生接受水平内的介绍性语言表达。通过引导学生观察和提问，激发学生对语言景观文化内涵的兴趣，从而达到传播文化的功能，对接受者进行中华文化普及。

（三）教师是多元文化的倾听者和协调者

教师应该通过对江西语言景观的观察讨论，成为多元文化的倾听者和协调者。

语言景观构建者的主要的目的是通过语言景观传承并传播该地域的特色文化，但是语言景观的接受者由于其受教育的经历不同、文化背景的差异等，对同一个语言景观及其文化内涵可能有不同的解读和理解，教师此时应该成为多元文化的倾听者。比如，在教师带领留学生参观绳金塔时，有留学生问："为什么在中国的很多景区都会出现龙的雕塑呢？"老师便借这个问题，跟学生解释中国文化中的龙图腾与西方文化中的 dragon 之间存在很大的差异。教师有时候也需要成为多元文化的协调者，比如在参观万寿宫历史文化街区时，老师提示学生中国的一些古老建筑有祈福的功能，百姓们都到这里祈求平安。于是来自俄罗斯和印尼的学生也介绍了自己国家的祈福习惯。这里涉及不同文化的生活方式，没有高下之分，只能让人了解世界和文化的多元性，老师成为多元文化交际者之间的协调者。

（四）教师是文化游学的引领者和穿针引线者

教师是通过语言景观开展文化游学的引领者和穿针引线者。开展文化游学活动或者文化研学活动，需要将课堂内的教学与课堂外作为教学资源的语言景观有机结合。所以教师对于课堂内外结合的安排要做到胸中有数。第一步就是要求教师自己了解江西丰富的地域文化资源，包括红色革命文化、蓝色陶瓷文化、绿色生态文化和金色古代文化，成为利用语言景观开展文化游学的引领者。教师的言语行为在参观过程中具有很高的参考价值。课题组观察到不同小组的讨论，学生们经过游学，对于江西的文化特点、对于南昌的悠久历史都有了新的认识，而教师的言语行为在其中起到了很好的穿针引线的作用。

二　学生在语言景观教育中的文化建构

通过语言景观实现对某个特定地域文化的传承与传播，首先需要实现语言景观构建者与接受者之间的文化认同。跨越不同历史年代的文化基因如何通过语言景观帮助当代学习者实现文化认同？完成这个任务的关键是文化建构。

高一虹等（2008）分析了语言与认同之间的关系，分析了结构观和建构观的不同。结构观将文化认同视为相对固定和客观的种族、国别、性别和地域等外部社会结构范畴，或是以这些因素为基础的主观定位。与此不同，建构观将文化认同视为在社会文化历史情境中，个体与外界互动而发展出来的多元、动态的身份定位及其过程。在语言景观的教育功能研究中，文化认同是关注的焦点。

所谓的"认同"（identity），通俗地说就是"身份"。一个学习主体必须面对的问题是"我是谁"。语言景观是对语言的使用，语言景观的构建者是语言使用者。在语言教育中，被教学的语言与学习者的身份认同、特定公共空间呈现的语言景观与接受者的文化认同，在社会语言学和二语教学中都是值得深入研究的课题。

语言社会符号论强调社会意识形态对语言使用的影响（Halliday，

1978）。某个特定公共空间在某个特定历史时期呈现的语言景观，从社会学视角可视为对某种意识形态的实现。自上而下的官方语言景观对此表现得更为清晰。语言景观可透视当地的语言政策和语言权势，以及不同群体的语言态度等。这是文化认同的外在结构，是文化认同的表征。

社会心理学家 Tajfel（1978；1981）提出了社会认同理论（Social Identity Theory），强调个人主观群体身份，指出个体有其所属的主观社会范畴，如国家、党派和种族等。社会文化认同与个人认同是自我概念的下位概念。语言景观的构建者首先可以分为两类：官方的或者非官方的。不同类别的群体成员身份决定其积极或者消极的社会文化认同。

交际适应理论（Communication Accommodation Theory）重视通过调整语言风格、发音、语速和信息内容，向他人传达自己的价值观、意向和态度。该理论对于教师言语行为研究具有启发性，当教师利用江西语言景观作为教学资源时，教师言语行为的风格若向学习者靠拢，能让学生感到亲切和放松。

（一）语言景观的使用基于文化建构观

文化认同是在特定社会结构影响下的去个人化过程，即将自我视为某一典型群体内的成员。文化认同在井冈山红色革命景区的教育中被观察到。中国大学生在赴井冈山的红色主题学习过程中，有一个活动是穿上红军服，重走朱德在艰苦斗争时期为反"围剿"而挑粮食上山的小路。这个学习活动的前提是大学生们小时候都学习过一篇课文——《朱德的扁担》，从文字叙述中了解了当年中国共产党人革命斗争时的艰苦。然而，大学生目前的生活条件与当时革命时期的艰苦斗争条件已有巨大的反差，因此大学生脱去时髦的服装，换上红军服，就是走出文化认同的第一步，这直接影响了认同选择，有助于大学生体验并感恩到正是革命前辈的付出与牺牲才换来了今天人民的幸福生活。

文化认同带有本质主义色彩，强调社会角色的制约性而忽视个体的主体功能。这种形式的言语行为忽视语言与认同之间存在多元复杂的关系。文化建构观认为，文化建构的过程不是社会结构的附属品，也不是个人内在意图的产物，而是在社会文化历史条件下、在互动情景中与语言互为建构的一个多元流动的过程。① Gumperz（1982）在《语言与社会认同》中指出，民族和社会认同在很大程度上通过语言构建、建立和维持。语言景观是真实社会生活中在公共空间呈现的稳定的社会结构和文化资源，多模态的语言景观对文化认同产生潜移默化的影响。而在某一特定公共空间内，每个具体的语言景观均是构建者与接受者之间动态微观交际的情景化，蕴含着复杂的互动交际，对语言景观的文化意蕴可能存在多元解释。基于建构理论，从互动社会语言学视角看，言语行为即是认同行为。Bourdieu（1991）指出，借助语言的象征力量，可以控制人们对现实世界的认识和信念，形成文化认知惯习。

所谓惯习，是从小习得的认知方式，通过群体无意识影响个体认同，通过交际场域客观资源的方式影响个体掌握的文化资本，影响个体的实践和认同。课题组研学活动中，汉语教师引导解释，留学生亲身观察体悟，通过语言标牌和导游词介绍，改变了留学生对红色革命文化的认知惯习。在红色故都瑞金沙洲坝的红井旁，听导游讲述红井的故事，可以深刻领悟"吃水不忘挖井人"的含义，感悟到中国共产党为普通民众福祉而全心全意工作的宗旨。留学生从某个社会结构的被动接受者成为与环境互动认同的能动者，语言景观帮助留学生探索多种文化认同之间的协商、发展和变化。语言景观作为宝贵而丰富的语言教育和文化传播资源，有助于学生完成从社会结构到语言表达再到文化认同的相互建构过程。

（二）跨文化交际能力培养模式

全球化时代的文化认同与跨文化交际能力的培养密切相关。跨文化交际中交际的主体来自不同文化背景，因为交际者文化背景的差异，需要在交际中选择能够作为双方信息传递工具的语言，可能是其中一方的母语或者是媒介语。语言与文化密不可分，运用语言符号传递信息、表达情感的过程必然蕴含文化因素。语言是文化的载体，跨文化交际中交际者跨文化交际的能力是除掌握某种外语工具之外不可忽视的能力。

---

① Harklau, L. 2000. "From the 'Good Kids' to the 'Worst': Representations of English Language Learners across Educational Settings". *TESOL Quarterly* 34: 35-67.

　　跨文化交际能力培养包括跨越与超越两个不同层面。所谓跨越，是对某种具体语言文化的理解和有关交际能力的提高。受历史地理条件影响，不同文化之间存在隐性或者显性的界限。这种文化界限在跨文化交际中带来局限性，使得对某个不同文化的理解难以准确全面。况且，文化是随着社会发展而不断发展的，任何文化的内部都存在亚文化之间的差异性和多样性，这也是不可忽略的。如同样是红色文化，江西与陕西的特点不同，红色故都瑞金与改革开放发源地"小平小道"的文化内涵也不同。

　　为了跨越文化差异，交际主体首先必须获得目的语文化的知识和技能，以此作为工具，将交际主体的立场、情感和行为模式从本族文化转移到目的语文化。当来华留学生身处目的语的语言环境中，汉语教师要提醒避免自己对母文化的文化沙文主义倾向，否则可能会强化文化刻板印象。在留学生跨文化交际意识未养成的情况下，将带有主观性的描述与客观事实相混淆，对文化特征的过分强调可能会产生误导作用。

　　在掌握某种目的语的同时，也应重视该种语言背后的文化系统，并帮助学习者理解语言表达背后的文化，以期在跨文化交际中，学习者可以得体地利用该语言进行表达。如外国留学生对汉语成语"爱屋及乌""掩耳盗铃"等比喻义和象征义的理解比较困难，汉语教师需要解释其文化意蕴，学生才能理解并得体运用。

　　跨文化交际中的超越是指获得一般的整体意义上的文化意识，以及反思、包容的态度。让学习者具备交际双方整体文化意识，并在此基础上具有对某种文化包括母语所负载的母文化以及某种目的语及其背后文化的反思，对于异文化的尊重和包容态度可以超越交际双方任何一方的文化背景，从而拥有超越个体的整体观，这种能力显然基于文化跨越，但是高于跨越，实现了由分离到综合的过程，即跨文化交际主体意识到文化差异的存在，但是不被差异束缚，而是能唤醒开放灵活的文化意识，通过交际主动建构文化认同。

　　培养学生文化超越能力的具体任务包括培养交际主体的认知能力、情感能力和行为能力。所谓认知能力，在跨文化交际中指的是要有目的语文化知识以及自身价值观念的意识，比如学习英语专业的中国大学生，要了解和掌握英语相关的文化知识（包括节庆文化知识和日常生活习俗等知识），同时能在对比视角下关注自己母语汉语及其文化的价值观念。所谓情感能力，是指对不确定性的容忍和共情能力。没有跨文化交际经验的交际主体和学习者，倾向于对自己熟悉文化的确定，对于异文化现象可能难以容忍。比如以西班牙语为官方语言的拉美国家，以墨西哥为例，对于死亡的态度是欢乐的。在亡灵节的时候，西班牙学生用巧克力做了一个骷髅头送给汉语教师，还在骷髅头上写上了老师的名字。这对于忌讳谈论死亡的中国人来说，具有巨大的文化冲击，若不具备跨文化交际的情感能力，很难对此共情和理解。所谓行为能力，是指在跨文化交际中交际主体通过解决问题建立和谐的交际关系并顺利完成交际任务的能力。比如墨西哥留学生对汉语教师在周末布置大量的课外作业表示不赞同，或者找各种借口拒绝交作业。汉语老师通过找学生谈心，访问其他语种的教师，发现这是墨西哥人的习惯，甚至有"墨西哥时间"的说法，即迟到半个小时也不算迟到。于是汉语教师在课堂上，从文化差异角度对不同国家和民族的时间观念进行对比分析，请学生们提出解决方案。在墨西哥，中国老师给墨西哥学生上课就是一种跨文化交际，交际中必须选择文化的依附，最后学生都选择以中国文化为标准。大家在汉语课堂上尽量尊重中国的文化观念，这有利于培养他们与中国人交际的行为习惯。

在利用江西语言景观培养跨文化交际能力的过程中，可以根据学习者不同的特点采用不同的模式。

1. 行为中心模式

所谓行为中心模式，指在跨文化交际能力培养过程中，以跨文化交际培养的行为实践为中心任务，关注跨文化交际情境中交际主体的文化适应、人际互动和交际任务完成等能力的培养。可以通过模拟跨文化交际环境中完成交际任务的方式实现。

利用江西语言景观培养来华留学生的跨文化交际能力时，采用行为中心模式能够最大限度地利用真实的目的语文化资源，在真实的交际语境中，留学生通过完成特定交际任务而完成文化适应的过程。如留学生通过与特定公共空间语言景观的互动，完成汉语教师指定的交际任务；完成任务后的小组展示和讨论也能有效提升留学生的跨文化交际能力。

2. 知识中心模式

该模式强调在跨文化交际过程中，交际主体要得体交际、顺利完成交际任务所必须学习的相关文化知识。该模式的培养可以通过传统课堂讲授的方式完成。通过课堂教学能够让学习者获得关于目的语文化的基本概念，这可为交际主体进行跨文化交际做好知识储备。不足之处是难以处理文化的多元性和发展性，传授的文化知识很容易形成文化刻板印象。

比如"吃了吗?"曾是中国人见面打招呼常用的交际用语，如今已很少用。留学生来到中国后，不区分交际情境也不考虑交际对象地使用这一用语，就显得很不适宜。这是因为知识中心模式忽略了文化的多元性特点。随着社会的发展，很多文化观念也在发生变化。中国在改革开放前，很多场合用"同志"来称呼陌生人以建立交际关系，但随着社会发展，除了某些特定的场合，陌生人之间已不再使用这个称谓，这就是文化观念随着社会变化而变化的结果。

（三）语言景观与跨文化交际能力培养

将语言景观作为语言文化资源，在跨文化交际能力培养中具有的独特优势主要表现在以下几个方面。

1. 帮助学习者完成从文化知识到文化意识的自然过渡

随处可见的语言景观对学习者来说，体现了对文化多元性的包容，对不同文化差异性的宽容，甚至体现了对异文化的共情和友好态度。同时，通过语言景观的解读，对语言景观构建者和接受者的自身文化价值观念及行为方式提供观察和对比分析，这有助于学习者完成跨文化交际中所需要的文化知识和跨越不同文化障碍的能力，形成多元文化意识。

2. 帮助学习者获得文化灵活性和创新性

在教师引导下主动观察特定公共空间的语言景观，有助于学习者获取语言景观信息，通过对比分析从更深层次上处理自己已掌握的文化知识，也有助于培养学习者跨文化交际的灵活性，并在明确的文化自主意识基础上产生跨文化交际激发的创造性。

3. 帮助学习者养成批判性思维

当身处某个特定公共空间，多模态的语言景观容易唤起跨文化交际主体的态度和情感，使学习者已掌握的母语文化与目的语文化之间产生联结，这有助于拓宽文化视野，培养学习者的批判性思维能力。语言景观传递的信息和负载的文化意义并不局限于目的语，可以是任何其他文化成员跨文化交际中的语言符号系统。

利用语言景观进行教学，可以引导学习者从知识性学习到创造性学习，促使学习者形成新的认知情感行为和实现个人成长。学习达到一定深度之后，会发现人的个性与人的共性经常是一致的，成为一个完全的人意味着以上两种过程同时进行。弄清楚我们是谁、了解我们与他人的差异，意味着我们作为人类一分子可以充分理解人类的共性与差异。

跨文化交际的培养目标是培育具有多元文化观的人，能够将自己的智力和情感投入发展人类共同的利益，能够承认、接受和欣赏人与人之间的差异。跨文化交际能力的核心素养由文化观念、世界观和开放多元的跨文化交际经验决定。江西语言景观呈现江西地理环境特点、江西的人文价值观念、江西历史发展脉络。语言景观作为文化资源用于教学，有助于学习者考察江西地域文化特色和历史变化，不断进行自我协商，在跨越文化沟壑的基础上，培养多元视角和批判性思维，动态建构不同文化间的文化认同和文化超越，并通过学习整合学习者的认知系统，提升跨文化交际能力。

第五章

多模态语言景观与江西文旅发展

第一节　语言景观的多模态表达

一　对多模态的界定

从认知心理学视角分析，人类对周围世界的感知是通过一定的感知器官完成的，人通常具有视觉、听觉、嗅觉、味觉、触觉等不同的感知能力，这些感知能力分别导致不同的交际模态的产生。顾曰国（2007）认为，模态是指人类通过感官（如视觉、听觉等）跟外部环境（如人、机器、物件、动物等）之间的互动方式。用单个感官进行互动的叫作单模态，如视觉模态、听觉模态、触觉模态、嗅觉模态和味觉模态；用两个或者以上感官进行互动的，就叫作多模态，如视听模态等。从语言符号学视角看，模态是指同步实现话语和交际类别的符号资源。模态可以通过一种以上的媒介来实现，媒介是指用于符号和事件中的物质资源，包括使用某种工具和某种特定物质。

学界对多模态的界定各不相同，Kress & van Leeuwen（2001）认为，多模态就是运用几种符号模态，或综合使用若干符号模态来强化同种意义的表达，或行使补充功能，或进行有层次的排序。张德禄（2009）认为，多模态是指通过听觉、视觉、触觉、嗅觉等多种感觉，借助语言、图像、声音、动作等多种手段和符号资源进行交际。真实的社会生活中，信息的传递与交流并非单一模态的功能，而是多模态共同作用而达成的结果。

语言景观中常见多模态组合在一起共同传递信息，语言景观中由语言符号组合而成的文本视觉模态在标牌中数量最多，最为常见，是最传统的语言景观模态；其次是文字加图画组合而成的语言景观；在此基础上结合多种媒体手段构成的文字、图画与多媒体组合的语言景观也常见，这些都是相对传统的、静态的语言景观。

随着现代数字技术的飞速发展，还有将文字、图片等视觉模态与声音的听觉模态相结合的语言景观，以及将文字、图片等视觉模态与肢体活动的触觉模态相结合以增加互动感和参与感的动态语言景观。多模态语言景观不只包含静态的文字和图画，声音和现场互动体验也成为语言景观构建可利用的新模态，也是构建语言景观的新亮点。

二　多模态语言景观的类别

（一）视觉模态语言景观

视觉模态是语言景观最常见、最传统的一种类型。在真实社区语言景观中占比最高。视觉模态语言景观中静态的语言符号与图片配合，共同传递信息。视觉模态语言景观构建是为了满足进入该公共空间的接受者的信息搜索目标和需求，主要提供丰富的、内容与该公共空间功能相匹配的阅读材料。

为了达到理想的接受效果，帮助接受者获取所需要的信息，营造与该公共空间功能相符合的氛围，视觉模态语言景观以颜色和图片形式呈现为主要手段。不同的色彩对视觉形成不同的感觉冲击，而与文本配套的图片既可静态展现，也可动图呈现。无论何种形式，其模态组合都是为了吸引接受者的注意力，提升其阅读语言景观的兴趣。

课题组通过访谈了解语言景观接受者对视觉模态语言景观的接受体验，我们在四个景点随机访谈了共计 80 位游客，其中 92% 的被访问者表示，图文并茂的语言景观与纯文字语言景观相比，前者对接受者注意力的吸引力明显高于后者。课题组与正在阅读图文模式和单纯文字符号模式语言景观的游客互动，从互动交流效果和信息反馈情况看，图文模式要好于使用单纯文字阅读的效果。由此可见，视觉模态景观起到了明显的辅助信息交流的作用。语言景观的模态构成信息沟通语境的有机组成部分，潜在地影响交际风格和效果。多模态手段营造活跃的、多维度的、多元性的信息传递，对语言景观的构建具有重要意义。

语言景观中对视觉模态的使用频率最高，除去信息传递的主要手段语言符号外，图片是视觉模态中使用范围最广泛、使用率也最高的模式，既可突破时空局限，又可满足接受者对特定公共空间根据其功能特点而营造环境氛围的心理需求。

从语言景观视觉模态的运用范围来看，图片模式常用于讲解、设置情境、启发思维。图片模式简单又准确，避免了复杂冗长的讲解弱点，达到直观解释的目的。运用图片模式设置情境，可以达到营造生动语境的效果。图片视觉模态为输入信息提供了形象而简单的线索，有利于吸引接受者的注意力从而引发思考。

（二）具身模态语言景观

具身模态语言景观，指的是能让接受者置身其中、产生具身体验的一种语言景观。具身模态语言景观不同于一般语言景观之处在于其允许游客在真实情景中进行语言和文化交际活动。这类语言景观注重帮助接受者与特定公共空间的情境产生直接而真实的接触，重视接受者在特定语境中与语言景观之间的互动性和具身体验。

课题组在南昌市滕王阁景区调查发现，对能背诵《滕王阁序》的游客实行免门票的活动，游客参与的热情度很高。滕王阁因《滕王阁序》而蜚声海内外，《滕王阁序》就是该历史景区最好的语言景观。游客作为该语言景观的接受者，对通过背诵《滕王阁序》而参与景区建构的具身模态语言景观活动设计满意度很高，许多游客还建议多开展类似具身模态景观参与活动。

南昌市安义古村也开展过面向穿汉服的游客免门票的活动，其广告词是："着一袭汉服，挽一支发簪，或行于古村罗田古街，或走在明清建筑之中，不用特效随手一拍就是大片。"安义古村通过游客穿汉服的具身模态让游客成为移动的风景，具身模态景观活动接受者参与度和互动程度很高，甚至吸引了对中华传统文化感兴趣的海外游客。究其原因，一方面具身模态语言景观活动是在户外开展，真实又自然的情境更容易吸引参与者对身处其中的语言景观的兴趣；另一方面与游客身份特点相关，游客希望利用闲暇时间通过旅游探究新事物，放松身心。具身模态语言景观活动注重在真实情境中的体验与互动，让游客在轻松体验中感悟中国传统文化。

　　具身模态语言景观与传统景点的导游讲解相比，后者因为无法将古代生活方式与游客身处时代的实际生活情况相结合，很难引发游客的关注和兴趣。而具身模态的语言景观既解决了传统导游词对文化的生硬灌输，又满足了游客对传统文化好奇的兴趣，通过在特定公共空间的具身模态活动，搭建起融汇古今文化和当地生活习俗的桥梁。游客通过具身模态融入该地域的语言文化场景，感悟该地域的风土人情，在感受和体验中获得文化认同。

第二节　多模态语言景观话语分析与认知机制

　　多模态话语指运用听觉、视觉、触觉等多种感觉，通过语言、图像、声音、动作等多种手段和符号资源进行交际的现象。[①] 多模态语言景观话语分析是对话语意义的作用以及模态之间通过互动使语篇获得意义机制的研究。同时使用两种或两种以上模态的语言景观叫作双模态话语或多模态话语；从信息传递所使用的符号系统看，有些话语虽只涉及一种模态，但包含两个或两个以上的符号系统，如视觉模态有文字又有图像，也可视为多模态话语。[②]

　　语言景观中图像视觉符号不仅反映客观世界，还表现语言景观建构者与接受者之间的人际关系。根据韩礼德提出的语言功能假说，我们可以分别从概念功能、人际功能和语篇功能三个不同层面分析图像等视觉符号的语义关系。Norris（2004；2019）多模态分析框架主要包括中介的活动（mediated action），即社会人使用各种中介手段或文化工具来行动或互动。在语言平面景观中大部分中介手段表现为凝固的建筑和空间结构，以及分

---

① 张德禄：《多模态话语分析综合理论框架探索》，《中国外语》2009 年第 1 期。
② 朱永生：《多模态话语分析的理论基础与研究方法》，《外语学刊》2007 年第 5 期。

布其中的语言标牌等。层级结构是指在信息交换中活动者注意力的分配和对交流对象的关注状况，一般可以分为前景、中景和背景，这是在语言景观建构中应该考虑的。模态结构配置（modal configurations）是指不同模态在一个高级活动中的配合和使用情况，而模态密度（modal density）则是指某个模态的使用频率和对于信息传递的重要性。这些理论对多模态语言景观的话语分析具有启示作用。

一　多模态语言景观的话语分析

随着科技进步带来的新的交际方式和信息传播渠道的发展，语言景观的涵盖范围不断扩大，语言景观呈现多模态特点，形成多模态语言景观。多模态语言景观中的话语分析成为学界关注的问题。多模态话语是指运用听觉、视觉、触觉等多种感知手段，通过语言、图像、声音和动作等多种信息传递手段和符号资源，以语言符号组合的话语为主要手段进行交际的现象。

多模态话语促使话语分析理论不断发展，学界开始关注对与语言相关的其他符号资源共同传递信息过程的分析，多模态话语分析成为话语研究的发展趋势，对交际中非语言手段的分析成为话语分析研究中不可忽视的重要内容。

多模态话语分析将语言和与其相关的信息传递及意义表达资源整合在一起进行综合考察分析。这种分析方法不仅能够凸显语言系统在意义交互活动中的作用，而且重视配套的图像、音乐、颜色等其他符号的交际效果，从而使对话语意义的解读更加全面准确，这有助于我们综合使用多种模态以达到交际目的。因此，对江西文化语言景观从多模态话语分析视角展开研究，不仅有利于推动应用语言学研究，加深对语言符号在语言景观构建中作用的认识，同时也启发我们从跟语言景观构建相关的美学、文学、修辞学、传播学视角进行考察，使研究更加贴近多模态语言景观现实。

（一）多模态话语分析模式

最初多模态话语分析运用语言学理论框架，将视觉交际描述为"图像语言"，将音乐交际描述为"音乐语言"等。Barthes（1977）提出多模态交际遵循潜在的一般性原则，设计出一个能应用于所有符号模式的分析框架，并归纳了多模态语篇中的图文关系，但是保持了对"语言信息"和"视觉信息"的分离。Kress 和 van Leeuwen 合著的《阅读图像：视觉设计的语法》(*Reading Images：The Grammar of Visual Design*，1996）一书，被学界视为多模态话语分析的奠基之作。20 世纪许多语言学流派从不同视角对多模态话语进行研究，布拉格学派将语言学研究延伸至视觉艺术和戏剧中的非语言方面；巴黎学派的符号学将结构主义语言学（structuralist linguistics）的概念和方法运用于流行文化和大众传媒的研究；美国语言学家重视对口语和非言语交流的研究；社会符号学派首次使用"多模态"这一术语，社会符号学、互动社会语言学和认知语言学是多模态话语分析领域最活跃的流派。

Halliday 认为语言只是符号资源的一种，系统功能语法旨在解释所有符号的意义生成和传播。符号学思想和系统功能语言学理论为多模态话语分析提供了直接的理论来源，学者们将系统功能语言学的三大元功能思想延伸运用到各类多模态话语分析中，并将此研究路径称为"系统功能语言学多模态话语分析"。该研究路径最早被用于展览艺术的多模态话语分析，之后其他学者将该理论用来研究数学教科书中的语言、图像和数学符号。该理论注重描述不同符号资源的意义系统以及符号之间互动所产生的意义。

虽然 Saussure 和 Halliday 均重视语言符号的社会性，认为这是阐释符号意义的必要条件，但主要研究局限于语言系统本身。因此，Kress 和 van Leeuwen 把系统功能语法、Saussure 和 Halliday 的符号学思想与批评话语分析理论结合，提出以视觉语法为基础的社会符号学（Social Semiotics），把语言符号外的其他配套符号纳入研究视野。社会符号学探寻各种符号模态组合的普遍规律，并将多模态话语分析置于社会文化语境中，以揭示交际中的权力意识，提出符号使用者的意图、兴趣决定对符号资源的选择，意义是选择的结果。Jewitt（2006）指出，社会符号学研究关注语篇设计者的符号选择，关注设计者在布局、用色、材质、设计方面的选择，显示对跨模态符号规则研究的重视。

受社会符号学启发，以 Forceville 为代表的认知语言学者把社会符号学、隐喻理论、转喻理论和关联理论相结合，发现隐喻不仅表现在语言符号上，也表现在其他符号模态上，提出"多模态隐喻"，即源域和目标域分别由两种不同符号模式呈现的隐喻。多模态隐喻分析关注多模态语篇中隐喻和转喻的建构、解读和互动。

多模态互动分析 [multimodal (inter) action analysis] 基于互动社会语言学和中介话语 (mediated discourse)，同时吸收社会符号学观点中认为语言即社会行为的观点，关注互动者如何使用多种符号模态进行社会活动并凸显身份。

会话分析 (conversation analysis) 通过观察、审视、描述社会互动的具体事例研究社会互动，将社会学理论用于具体场景的实证研究 (empirical observation)。由于会话行为可由语言实现，也可用手势或眼神来实现，因此会话分析关注如何开始和结束会话、话轮转换、会话结构逻辑和互动中的身体、眼神、手势等。该研究为人类学和教育学提供借鉴，使互动眼神、身体姿势被重视。

（二）多模态语言景观话语分析特点

语言景观表达意义的主要手段是由语言符号组成的话语，而多模态语境景观的本质是多模态话语。因此，对多模态语言景观的意义表达可利用多模态话语分析进行。多模态话语分析的核心是围绕意义的话语组合规律。

"意义" (meaning) 是语言学核心概念。无论是利奇 (Leech) 研究的语义学，还是奥斯汀 (Austin) 和塞尔 (Searle) 对言语行为意义的语用学研究，语言符号本身的意义都引发研究者的极大关注，这促进了语义学和语用学的发展。利奇 (1981) 围绕语言中的意义与交际的关系这一核心问题展开对语言社会功能的研究，奠定了语义学的基础。奥斯汀 (1962) 和塞尔 (1979) 通过揭示言语行为中的言内行为、言外行为和言后行为意义，开启了语用学研究的新视角。韩礼德 (Halliday, 1985) 从语域变体 (registervariables) 研究语言意义潜势而开创系统功能语言学。这些意义研究局限于语言表意形式，并未关注语言之外，如图像、影像和音乐等多模态表意形式的意义。考察语言景观的过程中，我们发现语言符号是意义表达的主要模态，但该模态单独使用无法满足现代交际方式多元化的需求。

早在 20 世纪初期，现代语言学奠基人 Saussure 就指出，语言只是意义的一种符号系统。在韩礼德系统功能语言学启发下，Kress & van Leeuwen (1996) 提出了一套解读图像意义的理论，为解读图表、影像等多种模态

(mode) 意义提供分析方法，奠定了"多模态话语分析"的基础，将研究对象由语言形式扩展到其他表意模态，从而围绕"意义"拓展了研究视野，提出的解读图像意义手段丰富了意义研究方法。这种多模态话语分析方法可以解读图像的意义，但对图像意义如何被用来实现交际意图没有做深入研究。

多模态语言景观研究不仅在于描写多模态话语意义的建构和解读，更加重视通过多模态语言景观的建构来实现语言景观构建者的交际意图，考察的重点从语言景观表达"这是什么"转移到语言景观"如何表达这是什么"。早期多模态话语分析范式无法回答这个问题，但马秦（Machin，2013；2016）和哈特（Hart，2016）的批评话语分析为解决这个问题提供了参考思路，将多模态话语分析对象从"意义"扩展到社会活动者，考察交际者如何通过运用多模态话语实现"意图"（intention），形成"多模态话语分析"向"多模态批评话语分析"转变，这一从"意义"到"意图"的转变，反映了多模态话语分析新的关注点。

多模态话语分析的理论基础是 Halliday 提出的语言三大元功能，即概念功能、人际功能和语篇功能，不仅适用于语言系统，也适用于对由图像、声音、颜色、版式等符号构成的多模态表达的分析，认为图像可体现再现意义（representational meaning）、互动意义（interactive meaning）和构图意义（compositional meaning）。其中，图像再现意义与语言学中的概念功能对应，表征图像中人物、地点和事件之间的交际关系或概念关系（Kress & van Leeuwen，1996）。例如在海昏侯国遗址公园，因为覆盖面积大、景区内的景点之间距离较远，常通过位置图以直观的方式提示游客目前所在位置，并将整个景区的格局展现出来，帮助游客根据所处公共空间的特点决定下一步的参观游览行动。

依据图像是否有向量的标准，还可以将再现意义分为叙事性再现意义和概念性再现意义。叙事图像具有向量，概念图像中没有。例如在海昏侯国遗址公园的博物馆内，展品多而且展馆大，通过引导性的箭头和引导语的叙事图像，指示游客参观的路径，叙述图像引导语言景观接受者行动过程的功能直接有效。第一层楼的参观通过箭头和引导语，提供给游客的顺序是"1 楼序言厅→金色海昏厅（基本陈列）→2 楼金色海昏厅（王侯威仪→儒风南阜）→遇见海昏厅（汉文化体验互动）→书香海昏厅（简牍展）→丹漆海昏厅（漆器展）→1 楼出口"。叙述图像也包括反应过程、言语过程和心理过程等。

图像的互动意义体现图像的观看者与图像中的成分之间的特定关系，主要通过接触（contact）、距离（distance）和视角（perspective）共同作用，构建语言景观接受者与语言景观再现内容之间的关系与态度。例如在遇见海昏厅，设置了一些如投壶游戏等文化体验活动，体验西汉时期常见的娱乐活动。通过具身体验，将现代人与海昏侯所生活的西汉时期的历史距离拉近，从而实现心理距离的亲近感并体验趣味性。又如，利用现代数字技术设置的文物修复互动，通过点击屏幕上海昏侯墓出土文物，参观者可与文物接触，尽管只是通过屏幕的虚拟接触，语言景观构建者希望借此与语言景观接受者建立起更加亲密的社会关系。传统景观中出土文物都是展馆中的展品，被严格地保护起来，只是客观地提供给观看，参观者无法接触。

利用数字技术拉近"距离"，是指语言景观构建者拉近语言景观与接受者之间的关系。例如，通过数字技术进行汉代礼仪讲解。传统的讲课方式并不能吸引游客反而会产生说教的距离。现在只要游客站在图标指示范围，模仿屏幕中的汉代人物完成鞠躬作揖等礼仪，通过摄像并合成，在屏幕显示的图像中就能看见表征参与者的脸和头，正是游客穿着汉代服饰在完成这个汉代礼仪动作，通过智能体感捕捉的高科技，让接受者通过近距离构建与语言景观形成一种亲密关系。

语言景观接受者和图像中成分的关系还可通过"视角"构建。对景观拍摄视角的选择暗示着语言景观构建者对图像表征的态度，影响接受者对表征参与的态度。根据人的双眼接触图像表征的视角，正面水平角度的图像建构出接受者属于图像世界一部分的景观；倾斜水平角度则令接受者产生不属于图像世界的感受；垂直角度上的仰视令接受者对表征参与者肃然起敬。正如海昏侯国遗址公园的博物馆门口，博物馆主入口广场进深长 168 米，象征海昏侯国 168 年的历史（公元前 63 年至公元 104 年）；三段台阶将广场分为四级，表明第一代海昏侯刘贺历经王、帝、平民、侯四种身份的风云变幻；台阶共 33 级，象征第一代海昏侯刘贺 33 年的传奇人生。游客在步入博物馆的过程中，视角由局外人仰视的肃然起敬到平视的近距离感受。通过沉浸式裸眼观影剧场，体验少年天子的日常生活，高科技使游客置身当年少年天子的立体生活空间。

多模态语言景观中图像的概念意义与语言的概念功能相对应，图像的互动意义与语言的人际功能相对应，而图像的构图意义与语言的语篇功能也是对应的。任何博物馆的展品和介绍性文字的置放都遵从"已知信息→新信息"的结构规则；重要的代表性展品及其介绍文字都被安排在展厅中央。这种从中心到边缘的分布体现了"重要→次要"的信息结构，镇馆之宝通常也是游客必会参观之物，因而具有"显著性"，除了摆放的位置之外，还可通过特定背景、色调对比、鲜明度等方式的运用更为凸显，吸引游客的注意力。

分析图像"意义潜势"（meaning potential）对多模态语言景观构建者如何传递其意图具有很强的解释力。如果说系统功能语言学对语言意义的解释聚焦在"词汇-语法"层面建构，图像分析的重点则放在了图像建构本身，聚焦不同"模态"作为信息传递符号资源的合理利用成为语言景观构建者实现某种特定意图的手段，将隐含在文本中的意识形态明朗化，揭示语言景观构建者按意愿控制的话语策略。

（三）利用符号资源实现意图

多模态语言景观的话语分析既要考察语言符号的意义也要分析图像符号的意义，基于图文结合而扩展到更多的表意符号，包括声音、视频、图标及电子显示屏的排版格式。这些模态都围绕一个意义而组合，而且语言景观的接受者要能够解读多模态语言景观的意义。多模态在理论上有无限可能性，既有漫画、广告、电影海报、网页等静止展示的模态，也有如影视作品、电视访谈、舞台演讲、课堂教学等动态展示的模态。语言景观构建者关注的重点是将意义依据具体语境利用不同模态传递出来。

马秦（Machin，2013）提出的多模态批评话语分析对象是"符号资源"（semiotic resources），韩礼德系统功能语言学认为"符号资源"是"构成文化现实的意义系统"，是随具体情景而不同的"具体意义"（situated meaning）。[①]"符号资源"的具体意义可以被利用来实现"意图"，多模态语言景观构建

---

① O'Halloran, K. L. & Tan, S. 2013. "Above All: The Myth of 'Dreams' as Advertising Tool". In P. S. Barry & M. S. R. María (eds.). *The Multimodal Analysis of Television Commercials*. Valencia: Publi-cacions de la Universitat de València, 121.

者利用这些符号资源实现自身的利益和意图。在某一特定的公共空间中，模态可发挥的功能并不相同，因而也并非所有的模态具有相同的价值。例如，景德镇陶瓷文化语言景观使每个游客在进入景德镇时就感受到那里是瓷都。以陶瓷材质和图像等模态展现的瓷都印象，比文字符号模态更容易也能更好地发挥传播作用，因此更具有被利用的价值。课题组调研结果证实了在特定公共空间中具体模态及其被利用所实现的意图，即马秦（Machin，2016）提出的"供给驱动"（affordance-driven）的多模态话语分析方法的有效性。

符号资源在多模态语言景观中通过构建者和接受者的认知来体现其作用和价值，符号资源同语言景观构建者和接受者的关系是"间接的""由中介体连接的"。[①]根据范代克的（van Dijk，1993）"语境模式"（context model），语言景观接受者依据自身知识和经历，通过实时对所处语境的主观判断来认识语言景观构建者的交际意图，语言景观所体现的意义和意图具有动态性和建构性。例如在海昏侯国遗址博物馆，海昏侯墓出土的系在马头部的饰品——当卢——的图案，通过数字化手段的展示，帮助景观接受者了解其历史意义与文化内涵。在展品旁边设计了动态交互界面，游客通过移动鼠标，选择感兴趣的当卢图案，画面即可显示鼠标停留处当卢具体图像的文字介绍，宛如一位私人定制的专职导游，可以不厌其烦地展示和讲解游客感兴趣的点，从而最大限度地满足了语言景观不同接受者不同的兴趣需求。年轻的接受者还可利用古老而传统的当卢图像与现代艺术理念加以融合与创新，将当卢的部分纹饰进行现代创新而衍生出年轻人喜闻乐见的文创产品，这些文创产品在表达当卢图案所蕴含的文化内涵的同时还可突破传统艺术审美的约束，因而广受欢迎。

（四）关注认知与隐喻传达

多模态语言景观的话语分析焦点是语言景观构建者如何借助符号资源实现其意图，以及在特定公共空间语言景观接受者如何通过多模态符号资

---

① Fairclough, N. & Wodak, R. 1997. "Critical Discourse Analysis". In T. A. van Dijk (ed.). *Discourse Studies: A Multidisciplinary Introduction*. London: Sage, 258–284.

源解读语言景观的意义，认知在符号资源的使用中起着不可忽视的重要作用。因此，认知语言学方法和批评话语分析方法可以对多模态语言景观的话语分析提供很好的借鉴。

多模态语言景观话语分析重视对隐喻和转喻认知现象的阐释。潘艳艳（2016）、潘艳艳和郑志恒（2017）提出"认知-功能"分析方法，探讨隐喻与转喻的互动关系，揭示语篇意识形态。多模态隐喻分析需要辨别语类，因为语类形成并引导隐喻的理解。在对多模态文化语言景观的隐喻进行分析时，分析语类特点有助于对其独特的语篇风格、规约（convention）、交际目的及语境形成整体认识，进而有助于我们更精确地解读多模态语言景观。

墙壁画是图像和语言文字两种符号相结合的多模态话语，通常由图像和语言符号共同构建意义。在江西绿色文化语言景观中，为突出鄱阳湖是中国第一大淡水湖的特点，制作了很多墙壁画，这是一个新语类，语类（genre）是语篇、认知、语境结合的产物。语类呈现在特定公共空间是人们用图像和语言来交际互动的方式，是社会文化的产物。建构和理解语言景观的认知过程会受到同类语类的语篇影响和记忆中相关情景模式的影响。对某一语类的知识决定并制约了对语言景观的解读。墙壁画呈现社会、文化或政治生活的某个方面，有其独特的风格、规约和交际目的。

从形式上看，墙壁画一般为单幅，以图像为主，文字为辅。文字说明图像，引导接受者对壁画做出构建者所期望的解读，从而引起某一种情感或立场的共鸣。江西省将乡村振兴理念与绿色生态文化语言景观建构相结合，将许多村民家外墙壁都绘制成了的一幅幅巨大的壁画，这些壁画不仅形式精美，内容也充满正能量，形成一道道美丽的风景线，同时具备绿化及房屋美化功能，吸引了人们的眼光，成为新农村一道靓丽的风景。例如，利用具有江南韵味的外墙，描绘了小桥流水、荷花绽放、民居错落有致的江南美景，在空白处常会有一个大大的、红色的"廉"字，右侧则用更小的字体写着"乡村美，生活美"，巧妙利用了中华传统文化中出淤泥而不染的寓意，表示清廉作风会使乡村生活更加美好。

从风格上来看，乡村壁画通过醒目的、原创的淳朴方式来浓缩现实，并将其呈现为自然、淳朴的美好场景，试图描绘富有时代气息、令人向往的理想生活。乡村壁画的规约是呈现人或事的正面形象，其中所表征的人物或事件源自乡村日常现实生活，虽然不是具体的真实人物和事件，却是对真实人物和事件的重新建构。通过与该公共空间的绿色植物、雕塑、红灯笼等多模态信息传递手段共同建构，其交际目的是引导民众价值观念的形成、描绘美好乡村图景，壁画中与图画配套的简短文字有画龙点睛的作用，如"文明乡风、良好家风、淳朴民风"，反映并影响着公众思维的基本方向。语言景观接受者需要借助亲身经历、知识背景、对时代精神的了解以及对乡村生活的熟悉度和所处的社会、文化、时代背景对乡村壁画进行解读。乡村壁画这一语类，通过多模态隐喻手段，实现图像对社会现实和心理现实的复制和重新建构。Lakoff & Johnson（1980）指出，隐喻是人类基本的认知方式，是人类组织经验的工具，隐喻提供认识事物的新视角。隐喻的实质是借助某一具体事物来理解和体验另一抽象事物。如中华传统文化中莲花形象，因为周敦颐的《爱莲说》而凸显其清廉的高洁品质。乡村壁画通过将抽象的反腐倡廉的观念与现实生活中常见的莲花并置，隐喻二者之间存在着日常生活经验中未被激活的相似性。从社会心理学视角分析，隐喻除了观念的传递，也是情感表达的有力手段，因为情感影响价值判断。反腐倡廉会带来乡村生活之美的未来，这也通过画面中古朴的小桥、清澈的流水、宁静的村舍加以具象化表达，配上壁画周边栽种的绿色花草树木，令人置身空气清新、环境优美的乡村之中。

按照源域与目标域呈现方式，可把图像隐喻分为单域图像呈现式、双域图像呈现式和文字图像互补式。江西文化语言景观中的壁画结合特定空间的特点，灵活运用这三种不同的呈现方式。单域图像呈现。如有些农户将自己家的牛圈外墙画出一个牛圈，一头牛从里边走出来，旁边是稻草垛，牛圈后是成片的翠绿的竹林和树木，没有文字，但显示了功能，而且美化了环境。双域图像呈现。如乡村外边围墙上的十二生肖图，画出了十二生肖的动物，由于中华传统文化的深入人心，并不需要文字加以特别的说明，而且人们自然会去关注和寻找自己属相的动物。乡村壁画中数量最多、最普遍的是文字-图像互补式多模态隐喻，以图像为主、文字为辅，画面中文字简明扼要，但辅助解读出图画隐喻，从而达到语言景观构建者的交际目的和意图。如某个乡村公共厕所的外墙，画上了青蛙骑着自行车在绿色树叶中穿行的漫画，在树叶中标注了"WC"，这标识了这个建筑的功能；又如二十四节气图，在画出每个节气的物候后，用文字标明该节气的名称，这就将画面的隐喻和象征聚焦，便于中华传统文化的传承和传播。有的将梅兰竹菊等花中四君子描绘出来，而且引用歌咏的诗歌，揭示花的品质特征，这也是隐喻的表现。

江西绿色文化语言景观与乡村振兴紧密结合，一幅幅活灵活现、温馨自然的艺术墙绘呈现在村舍墙壁上，形态逼真、色调浓郁、形象生动，使原本冰冷单调的灰色水泥墙有了温度和亮丽的色彩，通过图画与文字的结合展示乡村的价值观念，从而有了"灵魂"。这些美丽而又传达构建者意图的文化墙是深入推进乡村振兴的一种文化表达。

隐喻意义的理解是将喻体的显著语义特征转移到本体身上（束定芳，2000），喻体具有多义性。文化语言景观中隐喻含义的确认不仅根据构建者的意图，还必须考虑语境所提供的信息。除了江西绿色生态文化建设的大语境，乡村墙绘视觉隐喻的解读还与所处社会时代语境紧密相关。对时事和国家政策的了解是准确理解隐喻所必需的关键知识。当然，也有"松鹤延年，福寿安康"这种体现中华传统文化价值观的成语壁画，画面是松树下老叟和孩童在共话美好生活。

课题组在江西奉新调研中看到的"天工开物"系列图是将绿色文化与传统文化融合的典型。《天工开物》是世界上第一部关于农业和手工业生产的综合性著作，将这部科学巨著的相关内容彩绘于房墙上，成为宋埠镇仰山乡大源村一张亮丽的名片，因为这里是《天工开物》的作者宋应星的故乡。《天工开物》中的内容图文并茂地"跃"上墙壁，形象生动、通俗易懂。村民们散步时喜欢在墙绘前驻足，欣赏讨论墙绘上的精美图文，对宋应星有了更深入的了解，并为之感到自豪，从而形成文化自信。

（五）对文化意义的重构

图像、声音和语言符号不仅通过隐喻来表达和呈现社会现实和时代心理，而且具有极强的重构作用。图像比文字更直观，从接受者视角看更容易被接受，影响面更广，因而图像模态被广泛用于宣传和身份构建；语言隐喻和多模态隐喻均属认知现象，通过解码传递源域和目标域信息，接受者以推理来解读隐喻表达者的交际意图。这二者的主要区别是不同的推理

157

过程和解码方式。人脑对图像的处理具有整体性,画面义、隐含义、语境义整合解码同时进行;文字处理的本质特点则是线性的,字组合成词再到句子,而且语言符号组合之后的字面义不等于隐喻义。从接受者的解码角度看,图像比文字符号更具影响力和说服力。

在多模态文化语言景观的建构中,图像隐喻有两种情形:一种是对语言隐喻的视觉化或多模态呈现,如莲花出淤泥而不染的高洁品质,是出自文学作品的表达;另一种占绝大部分,即图像隐喻具有原创性,通过选择出人意料的源域,或者反常规视觉布局,创造性呈现并解释喻体与本体之间新的相似性,从而提供看待某一特定对象的崭新视角,构建或重新构建社会身份。例如,在某个乡村小院里出墙而来的是生长蓬勃的三角梅,在该小院外墙上绘制一张俏皮的年轻人脸,而那丛三角梅茂盛的花儿和叶儿自然构成了年轻人一头茂密的头发,让自然的生长力与人生的青春活力完美结合,而且将平面图像与立体绿植融合一体,这种身份的重构令人耳目一新,叹为观止!还有一个乡村小屋旁边,有一根电线杆,后边墙绘了一个手捧寿桃的孙悟空,而电线杆被油漆上了金箍棒的红黄亮色,齐天大圣孙悟空献上寿桃,这是中华传统文化中喜闻乐见的人物和故事,老少咸宜。这根本来并不美观的电线杆变身金箍棒,从而与特定公共空间浑然一体,令人不禁莞尔。以上两幅图中的隐喻超越了传统体验观,巧用源域文化内涵。这些构思新颖的隐喻并非建立在具身经验基础上,而是建立在文化认知的基础上。文化内涵通过隐喻与源域建立关联并展现。正如 Lakoff & Johnson(1980)认为隐喻创造的相似性最重要,创造相似性的隐喻通过发现本无联系的事物之间的相似性,为接受者解读多模态语言景观提供了新视角,从而构建新的社会文化身份。

在文化语言景观建构与接受过程中,多模态话语分析可将语言和其他符号资源通过意义表达进行整合,不仅体现语言符号系统在意义传达过程中的核心作用,而且图像、音乐、颜色等其他信息符号也在这个过程中和谐地发挥作用,从而使对景观意义的解读全面、准确而生动,综合使用多模态话语达到社会交际的目的。① 隐喻是一种认知现象,不仅存在于语言表达中,在图像和其他模态中也存在。有些图像隐喻无法用文字表述,多模

---

① 朱永生:《多模态话语分析的理论基础与研究方法》,《外语学刊》2007 年第 5 期。

态隐喻对于文化语言景观的构建和接受有着独特的价值。语言景观构建者在创造意义或实现意图时，不仅依靠语言符号来构建意义，更多利用多模态来实现意图。

语言景观中"可视化"多模态话语表达效果更好，这启发语言景观的构建者重视可视化形式，这不仅是交际需要，而且为语言景观的"再情景化"（recontextualization）提供了理据。所谓"再情景化"是指文本被从某个情景中移出并被植入另一情景之中。[①] 再情景化表明任何事件本身都不会完整无缺地再现，需要通过符号资源利用来实现某种意图，这个过程中选择某个符号资源的本质就是把该符号资源再情景化。例如，井冈山红色文化语言景观之一的"井冈红旗"雕塑，从多模态话语分析看，具有深刻的历史文化意蕴。首先从该语言景观置放的地理位置看，其位于泰井高速公路连接厦坪线入口处，这预示着游客即将进入一个新的时空。雕塑的高度为 19.27 米，跨度是 27 米，寓意井冈山革命根据地创建于 1927 年，整体外形是迎风飘扬的红色旗帜，红旗中间镶嵌了镰刀锤头和五角星，镰刀锤头是中国共产党的标志，而五角星代表人民军队。从远处看，这个巨型雕塑既是一块儿屹立不倒的红色巨石，象征中华人民共和国在井冈山奠基；又像一团熊熊燃烧的火焰，加上毛泽东写下的名著《星星之火，可以燎原》，象征中国革命的星星之火从井冈山开始燎原；它更是一面高高飘扬的旗帜，昭示着中国革命从井冈山走向胜利！可见，作为战争年代的纪念碑，在符号资源的选择上，纪念碑的构建者并不凸显暴力、痛苦与牺牲，而是选用了在中华文化中象征不朽和坚固的石材，采用了表现艰苦卓绝革命斗争的红色火焰和高高飘扬的胜利旗帜的表象。通过符号资源的多模态组合，成功地实现了构建者意图。景观的接受者从不同距离、不同视角与该雕塑接触，所产生的"构图意义"和"人际意义"都非常醒目，仰视的角度符合接受者对革命先烈的敬仰之情。

数字网络新技术进入日常生活使多模态话语分析体现出后现代主义特征，不局限于为解读意义提供行之有效的方法，而且将对多模态意义研究

---

① Bernstein, B. 1990. *Class, Codes and Control: Vol. 4. The Structuring of Pedagogic Discourse.* New York: Routledge; van Leeuwen, T. 2008. *Discourse and Practice: New Tools for Critical Discourse Analysis.* Oxford: Oxford University Press.

从静态图像拓展到动态的视频①，认为多模态意义具有不确定的动态变化性。文化语言景观所传达的意义在某种程度上是其构建者赋予并通过间接认知的建构。田海龙和张迈曾（2007）认为意义是认知主体主动建构的结果，而不是依靠内部系统关系实现的实体或意义。文化语言景观的构建者使用符号资源具有特定的动机、目的和意图，符号资源的意义并非存在于符号本身，而是由构建者为实现其交际目的而赋予的，对语言景观意义的解读取决于接受者的认知。

二 多模态语言景观的隐喻和转喻

以认知语言学为基础的多模态话语分析则是以 Forcevillle（1996；2006）等为代表，认为隐喻不仅是一种修辞方法，还是一种思维方式。隐喻不仅可用语言符号，还可用其他符号模式表达，包括绘画、音乐、雕塑和建筑等。信息传递过程中使用的线条、形状、式样等均可表达说话人的思想和感情，赋予信仰、希望和理想以实体形式（束定芳，2000）。在认知隐喻理论、概念整合理论和关联理论的基础上，Forcevillle（2006）提出图像隐喻，也称为"视觉隐喻"（visualmetaphor）。在单模态的图像隐喻中源域和目标域都以图像的形式（即视觉模态）呈现。在多模态隐喻中，源域和目标域分别由不同符号模式呈现。在多模态的语境下，通过两种或多种模态或符号的协同作用，相互补充，构成概念隐喻。如漫画、海报、广告、电影、演讲稿等语篇，通过图像、文字、声音、音乐、动作等符号和模态组合，构成多模态隐喻。

以系统功能语言学理论为基础的多模态话语分析注重从功能层面分析话语的社会性；以认知语言学理论为基础的多模态话语分析注重从认知层面对隐喻转认知现象的阐释。多模态语言景观的实质是语篇，可从语言、认知和社会等不同视角进行分析。从认知视角出发，结合语篇文本意义及其在特定社会文化语境中的认知隐喻和转喻分析，有助于解读多模态语言

---

① O'Halloran, K. & Fei, V. 2014. "Systemic Functional Multimodal Discourse Analysis". In S. Norris & C. Maier (Ed.), *Interactions, Images and Texts: A Reader in Multimodality*. Berlin, München, Boston: De Gruyter Mouton, 137–154.

景观所传递的信息。语言和画面是多模态语言景观中最重要的信息载体，也是隐喻和转喻呈现的主要手段，因此对多模态语言景观认知机制的分析，主要以语言和画面为语料，其本质是图文关系。van Leeuen（2005）认为图文组合语篇的主要功能是详细阐述（Elaboration）、具体化（specification）和解释（explanation）。图像使文字更具象（illustration），文字使图像更固定（anchorage），可见文字与图像互为解释，二者关系可能的类型包括延伸（extension）、相似（similarity）、对比（contrast）和补充（complement）。从语篇内容上看，可能出现的类型有：文字内容与图像内容相似，文字内容和图像内容形成对比，图像内容进一步补充文字信息，或文字内容进一步补充图像信息等。

多模态语篇也可利用其他符号手段，包括语音、音乐和颜色等，这对语篇整体表达效果具有辅助功能。对同一语篇中隐喻和转喻的理解或阐释，来自不同母语背景和不同社会文化语境的接受者可能会不同。多模态语言景观中隐喻和转喻基于多模态语篇符号特征、图文关系基础，也不可忽视社会文化语境基础。

词语是识别语言模态隐喻的基本认知语言单位。语言景观的接受者理解每个词在上下文中的含义，并判断该词在特定时空语境中所要传达的意义。若该词在一般语境中的意义更基本，与所在语境的意义不一致甚至形成对比，接受者解读该词义时就会涉及两个不同认知域，形成跨域映现，那么语言景观中的这个词就是隐喻用法。多模态隐喻的接受解读基于画面内部元素的排列、组合方式及图文关系，图像元素之间的空间关系构成隐喻，图像隐喻依赖语言符号提供多模态隐喻解读线索，从而引导接受者对多模态隐喻的解读。

多模态隐喻一定程度上依赖其转喻基础。语言景观所要表达的文化内涵与源域之间是转喻关系，文化内涵被映现到目标域的过程中，由于接受者文化背景的不同而感受有别。转喻的源域可通过视觉、听觉或其他模态凸显，接受者所处的特定时空语境、其具有的背景知识都在潜移默化地起作用。认知转喻通俗地说就是象征，画面不是简单的物理图像，而是通过在接受者大脑中唤起某种与图像结构同形的样式而达到感受无形的普遍性意义的解读目标。

（一）语言景观中的多模态隐喻

语言景观中的多模态隐喻在 2023 年登录央视的江西旅游形象宣传片《江西风景独好》中得到典型呈现。[①] 画面右上角有两个 LOGO，一个是"江西风景独好"，这来自伟人毛泽东在江西时所作诗句"踏遍青山人未老，风景这边独好"；另一个是"嘉游赣"（加油干）。第一帧画面是左下角汉字标注"江西·武功山"，画面是武功山的雪景，右下角标注文字"南国冬韵在江西"。第二帧画面是井冈山黄洋界的雪景，同样是在左下角标注"江西·井冈山"，然后在右下角标注"冬游江西正当时"，最后一句话是"江西风景独好"，并且将江西的两个旅游标识拉到了画面的正中心。转引的修辞手段来自毛泽东对江西山水的赞叹，而"嘉游赣"隐喻为"加油干"，给人昂扬向上的正能量。

江西旅游生态宣传片还着重推广了"绿韵江西，森林之旅"："在中国的版图上，有一颗绿色明珠，镶嵌在长江南岸，这就是江西。她拥有着地球上最美的森林景观。是中国最绿的省份之一。"[②] 习近平总书记对江西生态建设寄予厚望。他强调指出，绿色生态是江西最大的财富、最大的优势、最大的品牌，一定要保护好，做好"治山理水，显山露水"的文章，走出一条经济发展和生态文明水平提高相辅相成、相得益彰的路子，打造美丽中国江西样板。江西省委省政府提出，要让国内外游客在江西尽情享受山水休闲之旅、返璞初心之旅、诗意乡愁之旅。时任江西省省长指出："青山如黛，绿水长流，底蕴深厚的江西必须当仁不让，也必定大有作为。"江西森林旅游 LOGO 画面的右下角是绿色的树木湿地、透明的湖泊和江河，整体构成一轮红日，给人以朝气与希望的感受。"森林湿地和草原是美丽江西最耀眼的底色。一年四季，赣都大地在绿色和彩色中展示诗意美丽。""游江西，爱在山水。人与山水在生命长河中组成了生命共同体。来江西，选择森林旅游，也就选择了山水相遇、文化相融、人文相知。这里有迷人的山水风光，古老的历史传说，厚重的文化底蕴，淳朴的民风民俗。""游江西，

---

① 《江西风景独好（2023）》，https://www.bilibili.com/video/BV1yj411376u。
② 《2020 江西森林旅游宣传片"绿韵江西，森林之旅"》，https://v.ifeng.com/c/7zd5PmdMPej。

乐在健康。走进森林，乐享健康，江西森林旅游一枝独秀。""'绿水青山就是金山银山'，美丽生态变成美丽经济。"2019年，江西成功举办首届鄱阳湖国际观鸟周，标语口号是"湿地滋润赣鄱，候鸟联通世界"，并强调："人不负青山，青山定不负人。4600万赣鄱儿女，趁着时代的东风，着力打造森林旅游品牌，共同唱响江西风景独好。让绿水青山与金山银山和谐交响，同频共振。"

（二）语言景观中的多模态转喻

语言景观中转喻的主要功能是表征（representation）和语篇功能（连贯和衔接）。在解读语言景观中的多模态转喻时，对中国和特定地域历史文化背景知识的了解非常重要，特别是在解读闪现而过的动态图像时。因为动态画面呈现的接受效果远超文字符号，引导接受者从思维到感情、从直觉到感觉的转移。[①] 正如江西旅游宣传片《江西风景独好》所示，片中几乎每一个画面都有其所指，而这些所指都建立在认知转喻推理上，宣传片中闪现的画面均具有典型性，伴随的是民歌《江西是个好地方》："江西是个好地方，山清水秀好风光。"画面左下角的文字标注"龙虎山——道教祖庭，景德镇——千年瓷都，庐山——奇秀甲天下，井冈山——革命摇篮，三清山——峰林奇观，鄱阳湖——候鸟天堂"。最后是浑厚的男中音旁白："江西风景独好！"片中依次出现的风景都有一个共同点，那就是自然风光的独特性，从背景中欢快淳朴的女声民歌到点题的男声合唱中，能清楚地辨听出"江西——风景独好"。由此，闪现的画面、转喻属于以空间或物质的邻近性为核心而拓展的转喻模式，包括单个实体代表总体，画面中的人通过矢量（目光）和诚挚的面部表情，连接了画面中的人和观众，形成与观众的直接交流，从而与观众建立了同盟关系。

（三）语言景观中隐喻和转喻的互动

为了达到语言景观的交际目的，构建者创造性运用多模态符号传递信息，其创造性主要体现在图文组合中巧妙地构建隐喻和转喻，而且为了达到交际

---

① 熊学亮：《从语言转隐喻角度管窥视喻》，《天津外国语学院学报》2010年第5期。

效果，在多模态手段中实现隐喻和转喻互动。语言景观所要表达的论点、多模态符号手段及符号的衔接组合，都建立在隐喻和转喻认知基础之上。巧妙利用人脑的认知机制，通过对具体事物形象的呈现，表达抽象概念，同时通过图文的配合推进语篇衔接。通过隐喻达到论证、说明、劝说、概括语篇主题的目的。转喻这一推理机制是语篇叙述的组织线索。这两个基本认知机制相互作用并形成概念系统，以实现明确的交际目的——呈现一个美丽的、绿色的、多彩的生态江西和有着厚重文化地域特色的江西。

转喻在一定程度上可以丰富隐喻义。例如，在江西省森林旅游的宣传片中，"游江西，乐在健康"隐喻绿色生态是人们提升健康水平的重要环境因素，镜头中反复出现蔚蓝的天空、绿色的森林，以及在其中或坐着，或在做瑜伽或闲适地行动着的时尚而健康和充满活力的人。绿色在中国文化中寓意"平和""清新"，进而识别出转喻健康宁静，结合这一转喻的象征意义，该隐喻可以进一步解读为"江西建设绿色生态强省"的定位。

同样，在隐喻森林是人类绿色的健康家园后，镜头中出现了森林旅游的各种形式，通过湿地滋润赣鄱大地这一转喻，以候鸟联通世界。旁白介绍了一系列关于江西举办国际观鸟节和国际森林旅游节，以及很多主题旅游节，如武功山帐篷节、梅岭纳凉篝火音乐节的画面，展示江西在选择绿色生态发展道路后所取得的成就。

这些多模态语言景观以隐喻和转喻为认知框架，运用语言、图像、声音、音乐等多种符号模态，塑造了江西绿色生态强省的形象，使形象的塑造和信息的传递更加开放、通俗，具有亲和力和时尚引领效果。

第三节　多模态语言景观与文化旅游资源

一　语言景观与文化资本

布尔迪厄（Bourdieu）在《资本的形式》（*The Forms of Capital*，1997）中首次提出"文化资本"概念，认为文化资本的本质是人类劳动成果的一种记录，以人的能力、行为方式、语言风格、教育素质、品位与生活方式等形式表现。文化能力、文化习性、文化产品、文化制度等构成文化资源的总和。文化语言景观既是景观构建者文化能力的体现，也是在特定公共空间呈现的文化产品，折射出背后的文化制度和文化习性等。从文化资本的角度探究多模态语言景观作为文化旅游资源的价值，将多模态语言景观建构和接受效果与文化旅游开发有机融合是一个新的研究视角。

文化资本通常被分为三类：主体精神和身体持久"性情"的具体状态，文化商品形式的客观状态，客观化形式的体制状态。语言景观是重要的社会符号系统，在社会文化生活中潜移默化地起着重要作用，不仅展现地域文化，也折射时代文化精神，呈现某地域或特定时空独有的文化风貌。为推进社会的可持续发展，需要在凸显语言景观可视性文化符号认知和情感价值的同时，将其转化为文化资本，通过文化的吸引再将文化资本转化为经济资本。

（一）语言景观具体化文化资本

布尔迪厄（1997）指出，具体形态的文化资本是个体或群体的文化能力，通过家庭环境或教育获得，并成为精神和身体的一部分，包括知识、教养、技能、趣味和情绪等综合文化因素。具体形态文化资本应以"文化能力"为核心，通过个体或群体揭示其价值，并发挥其影响力。语言景观注重从景观中的主体即人的维度揭示并呈现该公共空间的文化价值。

课题组调研发现，江西南昌安义古村的定位是赣文化和赣商文化结合，其文化语言景观构建充分考虑在该历史街区内的主体，包括旅游服务人员、店铺经营者和街区管理者，不仅他们的服饰应突出古朴风格，而且他们的服务也应体现出这一文化的综合素养。历史街区当地居民是文化资本具体化表现之一，当地居民对旅游者或顾客的态度，是古朴民风民俗的外在表现，更是对当地文化鲜活的阐释。安义古村保留了大量明清建筑，除了古代江南建筑，还有建筑中的楹联书法、篆刻以及村民的民间习俗，这些都成为具体形态的文化资本。

为了形成旅游者与语言景观之间的和谐互动，应在古村这一特定场域营造相匹配的特色文化氛围，如安义古村设计了吸引游客穿唐装汉服免费游古村的活动。游客们穿着具有历史特色的服饰，进入古朴的村庄，通过参与丰富多彩的历史文化活动，实现历史穿越的体验。

安义古村不断开拓历史文化发展空间，创新文旅载体的历史文化场景，将古村深厚的文化内涵转化为文化旅游资本，打造了古村文化馆、小卖铺、文创产品馆、古风茶馆、汉服馆、手工体验馆和米酒馆等各具特色的文化旅游场景，通过具体场景呈现明清时代的生活风俗，吸引进入景点的游客参与传统而古朴的文化活动，满足不同的研学需求。同时也把安义古村群打造成为赣派文化特色基地，设置了赣派建筑探究、感知农耕文化、国学古礼、宗族里甲文化、非遗文化等五类研学课程，涵盖建筑文化、赣商文化、民俗文化、农耕文化、戏曲文化等适合在特定历史文化公共空间研学的课程。游客通过亲身参与古村研学，完成深层次的赣文化认知和体验，这一具体化了的文化资本有力地促进了历史古村的文旅发展，是将历史遗址转化为文化资本的范例，在具体化文化资本的过程中，多模态语言景观通过揭示明清历史建筑和传统生活习俗等，使文化资本转化为赋能经济发展的新动力。

（二）语言景观客观化文化资本

客观形态文化资本是借助"物"的形式实现文化从"实有"到"实存"。① 多模态语言景观是将抽象文化转化为文化资本的重要手段。语言景观可发挥语言作为文化载体的特性，多模态语言景观有利于展示该公共空间的文化创造力，并有助于传播地域文化。多模态语言景观不仅是以语言为核心的多种信息传递符号，也是一种文化符号，通过语言文字构成的文本及与之配套的图片、声音、影像甚至气味等，可以让语言景观接受者在特定公共空间获得全方位沉浸式的文化体验。

2023 年，"滕阁秋风"与南昌八一起义纪念馆、海昏侯国遗址博物馆的文创产品入选文化和旅游部"赓续中华文脉，创意来自典藏"精选文创产品联展。其中南昌八一起义纪念馆的"小军军"卡通兵娃娃深受儿童游客的喜爱。设计者通过发掘文化元素，运用艺术手法，把南昌起义战士的标识提炼并显示出来，塑造了形态各异的卡通兵娃娃造型，有军旗娃娃兵、

---

① Bourdieu, Pierre. 1997. "The Forms of Capital". In A. H. Halsey （Ed.）, *Education: Culture, Economy and society*. Oxford: Oxford University Press, 241-258.

持枪娃娃兵和女娃娃兵等。娃娃兵身着南昌起义时的军服、军帽，还有红领带，他们有的吹着军号，有的跪地射击，有的端庄敬礼，表情生动可爱，将红色情怀与萌萌的童趣结合在一起，将对于儿童游客来说比较遥远的红色历史、抽象的红色革命文化巧妙地设计成文旅产品。许多游客在孩子的要求下购买这些文创产品并带回家，让红色文化走进孩子们的日常生活，朝夕相伴。

海昏侯国遗址博物馆近年来先后开发"再现海昏"系列180余款包括黄铜艺术书签、木质冰箱贴、恭喜发财红包、马踏青云摆件、艺术钥匙扣等在内的文创产品，汲取南昌西汉海昏侯墓葬出土珍品之文化内涵，秉持时尚人文的设计理念，将历史文化内涵与时尚审美融合，将历史传统艺术与生活趣味融为一体。如荣获南昌市2021"南昌有礼"文化旅游创意产品"十佳礼品"的海昏系列/春风得意·马蹄金摆件。这是一个代表海昏侯金色文化的金灿灿的马蹄金摆件，大红的礼盒上有"马踏青云"四个篆体金字，迎合了中国传统文化中对青云直上的追求，点出了产品的美好寓意，制作精良、雅俗共赏的文创产品让海昏侯墓出土文物马蹄金一洗千年尘埃，掀开古老而神秘的面纱，在日常生活和审美纪念意义之间搭建起一座文化的桥梁。这是通过文创产品的语言景观实现文化资本客观化的成功案例。

（三）语言景观制度化文化资本

制度形态资本是一种文化资质。[①] 江西景德镇作为热门旅游目的地，该特定公共空间城市建设展示的形象特质体现出千年瓷都的文化资质。从文化资本视角考察，景德镇特定历史街区的语言景观建构成为具有经济价值的制度化资本。御窑厂是明、清两代专门制造御用瓷器的场所，代表了明、清时期中国陶瓷技术和艺术的最高水平。景德镇御窑厂在历史上曾专门生产皇家所需的陶瓷产品，是瓷都景德镇最重要的制度象征，御窑厂不仅是一个陶瓷生产机构，更是一个皇家管理的机构，有着森严的制度。从语言景观构建看，包括官署、陶务作、柴房和水井，厂内还有陶瓷烧制行业信

---

① Bourdieu, Pierre. 1997. "The Forms of Capital". In A. H. Halsey (Ed.), *Education：Culture, Economy and Society*. Oxford：Oxford University Press，241-258.

仰的庙宇。御窑厂的布局不仅反映了其作为皇家瓷厂的独特的生产工艺流程，更折射出皇家官方管理制度。现存遗址及其背景环境是研究御窑厂历史沿革、管理制度、烧造工艺的重要依据，也是研究历史文化名城景德镇城市发展脉络的重要基础，具有不可替代的历史、科学和艺术价值。

受到社会广泛认可和官方认定的景德镇非遗传承人认定制度，也是语言景观制度化文化资本的手段。通过官方认定的方式有利于传承人将其习得的陶瓷制作技能转化为文化资本，使传统的民间"非正式制度"成为"正式制度"，将传统艺术融入现代生活，促进陶瓷文化可持续发展。2008年景德镇市人民政府印发关于《景德镇市传统制瓷技艺代表性传承人认定与管理暂行办法》，文件指出，"景德镇手工制瓷技艺"已被列入首批国家级非物质文化遗产保护名录，"传统制瓷技艺代表性传承人"是指经景德镇市人民政府认定的，承担国家级、省级、市级非物质文化遗产名录项目传承保护责任，具有公认的代表性、权威性与影响力的传统制瓷技艺传承人。这些举措将非遗传承人的文化资本制度化。

二　语言景观与文旅资源

语言景观是一种重要的文化语言资源，文化语言资源与一般自然资源不同，不是越用越容易耗尽的资源，而是具有用进废退的特点。语言景观的构建者应重视对文化语言资源的选择与应用，文化语言资源不仅需要被保护，更应该被合理利用和开发，以适应文化旅游市场的需求。

（一）语言景观与市场经济

如前文所述，语言景观构建必须遵从某个特定区域的语言政策和语言规划，以规范和引导人们的语言行为。对语言景观接受者而言，语言景观中的语言选择是语言态度和语言地位的体现，对接受者而言也具有激励作用。如在中国境内的文化语言景观，一般凸显现代汉语普通话和规范汉字的使用，这对于接受者的汉语规范化是一种激励。而外语的语种中，英语作为国际通用交际语言，在语言景观中出现的频率高，接受者无论其母语是否为英语，其英语习得也被激励。

语言资源要保持活力的一个重要途径在于使用。语言景观中语言符号的有效性，不仅在于其起到指示功能和引导定位功能，而且通过表达问候、欢迎和送别等构成交际互动氛围，更重要的是其解释并呈现某个特定时空中的文化内涵和特色，这些交际不仅是工具性的，而且要在语言景观的构建者和接受者之间形成某种心理沟通。

在市场经济的推动下，人们的生活水平得到很大提高，在走出去看世界的旅游中，语言景观在文化旅游中起着越来越重要的作用。[①] 一些少数民族语言和文化因为开放而受到冲击，国家非常重视民族语言的保护和传承，制定了不少语言保护政策，并开展保护性的研究工作。在文化旅游开发过程中，通过语言景观构建可以有效地保护少数民族语言。

保护少数民族语言是保护民族文化多样性的根本，因此必须激励少数民族多使用自己的民族语言。在文化旅游语言景观的制作中应充分体现本地民族语言的地位。目前文化旅游市场的激励是多使用汉语，因此对使用少数民族语言的激励也应充分利用市场力量。比如，在民族地区，除了语言标牌上的双语呈现，在动态的语言景观，如导游词中，可以结合当地民族语言深入介绍。海拉尔是内蒙古自治区呼伦贝尔市的政治、交通和文化中心，导游应该能用蒙语读出"海拉尔"的发音，并介绍其名称的来历和意义，即城市因北部的海拉尔河而得名。海拉尔是由蒙语"哈利亚尔"音译而来，意为"野韭菜"，因过去海拉尔河两岸长满野韭菜而得名。这应该是一条贯穿草原之旅全程的主线。在呼伦贝尔大草原上，随处可见美丽的紫色野韭菜花在绿色的海洋中摇曳开放，而且还可以品尝到清香的野韭菜花。通过语言的力量，能给游客留下深刻的印象，并且记住听起来拗口的地名，同时因懂得了这些符号的意义而获得文化体验。

语言景观的构建者应考虑运用民族语言的文旅市场，建立具有民族语言文化特色的语言环境，在多模态语言景观构建中重视和凸显少数民族的语言应受到激励，这不仅有利于保护当地的少数民族语言，甚至可以进一步推动多语多文政策的可持续发展。如到内蒙古旅游的游客到大草原领略自然生态美的同时也对蒙古族的游牧文化怀有强烈的好奇，因此在语言景

---

① 徐大明：《有关语言经济的七个问题》，《云南师范大学学报》（哲学社会科学版）2010 年第 5 期。

观建构中应该充分利用蒙语开发旅游市场，为探索少数民族语言文字的经济价值做出有益的尝试。在呼伦贝尔草原深处的巴尔虎旗，建有蒙古包群，游客倘徉在白色蒙古包之间的小路上时会看见每条小路旁都立着古拙的木牌，上面镌刻着成吉思汗的名言，如："没有铁的纪律，战车就开不远。""风雨总会过去，阳光一定会来。长生天始终站在我们这一边。""不要想有人保护你，不要祈求有人替你主持公道。必须学会靠自己的力量活下来。"这些格言警句折射出蒙古族游牧动荡的生活以及他们自强不息的信仰和精神，折射出游牧民族生活中的智慧。在这里短暂体验蒙古包住宿的人们，感受到了游牧民族的精神，并分享了他们的智慧。让旅行收获的不仅仅是美丽的草原风光，还有蒙古族人的文化，以及自然生态与文化生态的和谐统一。

课题组调研发现，景德镇陶溪川的直播基地不仅是电商创业的乐土，而且是崭新的动态语言景观，上万家陶瓷商从线下转到线上销售，这里的直播带货不仅具有陶瓷商品交易功能，更可通过直播间主播的动态语言，普及介绍景德镇陶瓷之美及其文化特色，帮助消费者提升对景德镇艺术瓷的鉴赏力，激发年轻人重新认识景德镇陶瓷文化内涵。直播带货形式通过直播间，形象生动地向海内外传播中国景德镇陶瓷文化，为打造世界知名陶瓷文化旅游目的地起到了积极的推动作用，促使景德镇形成"吃住行、游购娱、商学研"文旅融合发展的趋势。

（二）语言景观与语言服务

在文化旅游的发展中，语言景观与语言服务密切相关，尤其是在全球化日益发展的今天，不少文化旅游景点都需要提供当地官方语言之外的外语服务。如文旅行业中的公共交通和出租车服务就包括语言服务。北京申办奥运会期间，掀起全民学英语的高潮。在我国由于普通话推广的成效，出租车司机通常掌握普通话和当地方言。除了语种的选择，还有不少出租车公司开设工作语言表达培训，出租车司机的语言服务质量显著上升。无论是公共交通还是餐饮业、酒店业的语言服务，都是该地域移动的语言景观，提升文旅服务中的语言服务质量，最重要的动力来自市场竞争，文明礼貌、得体温暖的语言服务来自文旅市场无形之手的推动。

　　课题组在调研景德镇陶瓷文化语言景观过程中发现，语言服务有些是静态的，多模态语言景观体现了陶瓷文化的创新。在景德镇御窑博物院，一些展品通过电子屏幕被立体地展现出来，参观者在阅读展品信息的同时，拖动屏幕就可全方位多角度地观察展品的细节，满足接受者不同视角的观察需求。在古窑景德镇陶瓷民俗博物馆，参观者通过扫描二维码的方式进入虚拟旅游界面，不仅可以看到博物馆的空中全景，还可以选择通过 VR 方式浏览玉华堂、华七公大宅、大夫第等 23 个不同的代表性景点。在不同的景点内，游客可以拖动头像到固定位置来发表自己的观感评论，同时还能看到其他游览者已发表过的想法，通过这样的方式实现语言表达和与其他游客之间的线上互动。参观者还可以点击喜欢的图片实现近距离观看。这些语言服务都让文物和优秀文化资源借助数字技术"活"了起来，并针对游客的欣赏特点进行创新，深化了游客对陶瓷文化内涵的理解。利用现代化技术让更多的陶瓷文化资源"活"起来、"智"起来，为游客提供既有文化内涵深度同时又有趣味性的语言服务，通过语言景观构建更好地提升文旅业语言服务水平尚有待更多的创新。

（三）语言景观与文旅宣传

　　在文化旅游业的发展中，语言景观建构除了静态的语言标牌制作及动态的语言服务外，还有一个非常重要的载体形式，就是文旅宣传册以及宣传活页的设计与制作。文旅宣传册的设计制作近年来得到快速发展，通过提供这种相对固定的并可以及时更新的纸质宣传册，可以为游客提供更多便携式的信息，激发并指导游客参观访问的热情，从而创造更多经济价值。

　　课题组考察了江西文化旅游景区的宣传册，发现其主要功能是介绍历史沿革、展出物品、景点布局、文化内容与意义等。从语言景观建构看，宣传册的必要性为中等。课题组调查发现，有超过 68% 的游客喜欢在入门处取一份印刷精美的宣传册，一方面是作为自己选取参观点的参考；另一方面是将其作为此次参观旅游的纪念品，也有不少人会把宣传册推荐给身边的亲朋好友。宣传册所采用的符号形式一般是文字和图片的配合，作为可移动的语言景观被置放在博物馆或景区入口处。开放时间内，进入展馆的游客可以根据自己的需要免费拿取。从文本的内容来看，主要是该景点的历史介绍、布展路线和参观建议等。

2019年深圳博物馆举办"大汉海昏侯——刘贺与他的时代"展览，为了增加展览的吸引力和宣传力度，发起了赠送纪念版宣传册的活动。纪念版宣传册在外观上以红色为主，搭配海昏侯墓出土的马车当卢同款金色纹饰，色彩对比鲜明，整体风格显得庄严大气。在宣传册首页的正中，竖体排列黑色的海昏侯墓出土木牍上的同款字体，凸显西汉典雅风格。值得注意的是，这份纪念版的宣传册具有较高的收藏价值，因此设计了半圆状的蝴蝶钉，方便将其放进活页夹收藏。在封一的页面右上角设计了展览纪念章的盖章处，可在此处盖上专属展览纪念章。在同一页的左下角，设计了竖行的时间填写和游客签名处，饶有趣味的是，在签名处下面写着"在这里与刘贺相遇"。在尾页列有相关资料的索引，方便游客拓展关于海昏侯的相关知识。看完展览后，游客如果想要更深入地了解刘贺生活中的小故事和相关展品，包括具有典型性的马蹄金、铜钮钟、铜错金神兽纹当卢、博山炉等，在纪念版宣传册上都可找到图文并茂的有关介绍。

这份纪念版宣传册的发放方式是，在规定时间内游客可以在深圳博物馆历史民俗馆一楼服务台免费领取，但是采用限量发放的方式，先到先得，发完即止，每人限领一本。在深圳博物馆（历史民俗馆）一楼服务台还设有专属展览纪念章盖章处，游客在领取纪念版宣传册后，即可在纪念宣传册设计的盖章处自助盖章。

在数字时代，以"大汉海昏侯——刘贺与他的时代"展览纪念版宣传册为主体，博物馆还利用与游客线上交流互动的方式，开展"我与刘贺在博物馆相遇的故事"留言征集活动，激励游客在宣传册首页写下观展后的感受、最喜爱的展品、想对刘贺说的话或对展览的建议，拍照上传至深圳博物馆微信公众号。博物馆对后台征集的留言进行筛选，精选出优秀留言，在微信推文中公布并进行投票活动。投票结束后在推文中公布结果，得票最高者可获得江西省博物馆编《惊世大发现——南昌汉代海昏侯国考古成果展》一册。

在这个案例中，宣传册与平台共同构建了活跃的线上线下互动。游客线下领取宣传册、盖章、写观感留言和签名，既可以保留设计精美的宣传册，也可通过拍照的方式上传到微信公众号平台，通过线上的评比活动，与其他对海昏侯专题展览感兴趣的游客形成良性互动。围绕同一主题的交流互动跨越了时空的局限，同时通过评选再次互动，而获奖者获赠相关主题的书籍，再次将线上互动的结果反馈到线下。这种宣传册的设计与时俱进，充分利用数字平台，同时也迎合了年轻人的交流模式，是成功将宣传册与数字资源互动交流的多模态语言景观的典范。

一般旅游景点宣传册的设计会选取有代表性的页面，聚焦配图的颜色和图像形式，除了配图色彩的精心选用，宣传册传递信息的主要手段还有语言文字符号，因此宣传册的编者要分析修辞结构和图文元素的贡献和相互作用，对不同种类修辞关系进行详细讨论。宣传册的正文部分通常是围绕重点问题进行条理性的表达，宣传册的编写者要从游客的视角思考，提出问题，包括如何看展览，镇馆之宝有哪些，其独特的历史文化价值是什么，具体观展时应重点看什么，然后通过文字的表述内容与氛围相呼应，突出该景点的文化特色。在色彩的选用和字体的选用上，应尽量展示并唤起读者对现实世界中展品的感受，但又必须通过抽象设计使其与现实之间存在明显的差距感，这就是艺术源于生活而又高于生活的体现。低自然度和高艺术度的宣传册设计有助于帮助游客将自己的现实经历和认知经验投射进去，从而提高宣传手册的普适性。

旅游宣传手册的修辞图文应该尽量结构化，字样和配图是对修辞核心的重述，设计时应该注意在文本、字样和配图三方面重复叙述，文本叙述的内容包括与展品相关的人、物和事件等。页面分布排列应注意叙述的排比，或通过列表的形式呈现。

在宣传手册的文本设计中，要注意前言和结语之间的呼应，应形成一个逻辑自洽的闭环。语言符号构建的文本叙述应协助游客完成观展，更重要的是深化游客完成观展后的感悟，引申出其文化内涵，并且与时代相结合，起到引导游客鉴古思今的作用。如位于江西省于都县的中央红军长征出发地纪念园的结束语，引用习近平总书记关于长征精神的论述："每一代人有每一代人的长征，每一代人都要走好自己的长征路。""现在是新的长征，我们要重新再出发！"在参观者离开该景点时，结语文字的力量提示他们：这一代的长征就是要实现"两个一百年"奋斗目标、实现中华民族伟大复兴的中国梦。

在文旅宣传册的设计中，除了文本、色彩和图画的修辞结构，还应善于利用边框和序号，这两个模态的因素能够起到很好组织修辞结构的作用，有效体现宣传册所要表达的内容，从而凸显文化旅游景点的风格特点，配合文本的文字力量，作为营造情绪功能的背景，与文字表述共同构成文化氛围。边框和序号作为常用手段，对宣传册的内容进行明确的归类和划分，有助于聚焦页面布局安排的篇章功能，从而凸显该宣传册的框架修辞关系。

旅游景点宣传册是语言景观的重要构成，宣传册应力求排版美观，色调与该景点的文化内涵特色相吻合，带给人或舒适愉悦或古朴厚重或绿色健康或激励鼓舞等感受。宣传册应尽量多图少文，简洁而便于阅读。在动态参观游览过程中，游客作为语言景观的接受者。其注意力主要投入观看实物展品，感受实地的场景氛围，纸质的宣传册起辅助性作用，引导参观路径，选择重点目标，帮助理解，并在展览结束后供游客带走留念。对于感兴趣的游客，其还可以提供更多的查阅功能。旅游宣传册整体风格应该是轻松愉悦的，在审美中揭示文化内涵，通过框架页面设计，引导语言景观的接受者观察体悟，即给游客一个工具、一个思路、一个框架，帮助游客看懂并欣赏景区。文旅宣传手册应具有内容条理性强、实用性和信息性突出、结构化程度高等特点。此外，整个宣传册的色彩应与场馆和展览的色彩保持色调平衡，通过色调的使用传达共情能力。

文化旅游宣传册是一个重要语类，其编辑、传播和使用具有重构文旅活动的功能，值得景区语言景观构建者和管理者关注。不仅要注意文旅宣传册的设计和编撰，更应该持续关注其推广和使用，收集接受者的意见和建议，根据反馈意见定期修订和完善。通过宣传册提升游客文化旅游的素养，提升文化旅游水平。实现语言景观服务文化旅游，促进文化了解、文化自信、文化传承和文化传播。

除了宣传册，其他多模态的语言景观也是重要的文旅资源。在多模态语言景观建构过程中会有新旧惯习的冲突，通过语言景观的建构可以最大限度地实现新旧惯习之间的协商。这时对于游客的预设非常重要。比如在江西鄱阳湖候鸟保护区观鸟点，设定来此观看的游客并不一定了解鸟儿的生活习性和保护措施，根据《江西省候鸟保护条例》，五星农场被誉为世界上离候鸟白鹤最近的地方。观鸟长廊的建成，为民众近距离观看候鸟提供了条件。但要培养民众由"近观"到"静观"的科学规范观鸟行为习惯则要下一番功夫。如应身穿暗色调的衣物，因为鲜艳的颜色会惊吓候鸟；应悄声移动、秩序井然以防惊扰候鸟。候鸟保护区没有选择居高临下的说教范式，如"禁止高声喧哗！""不准穿鲜艳的衣服进入！"等命令式、禁止式的语句，而是在木质围栏的提示牌上写着："观鹤誓言：我承诺不穿鲜艳衣服，说话小声，垃圾不乱丢，保护栖息地。"这种不使用权威机构或者权威人士的命令式口吻，而是从语言景观接受者的第一人称视角叙述，变被动遵守为主动承诺，让语言景观的接受者转变为保护区的主人，不仅感受到承诺的庄严性，而且通过具身体验，获得了候鸟保护的意识，自觉规范自己在景区的言语行为。这个案例中，对于游客的预设保持不变，改变的是话语表达的视角和方式，以温暖表达的教育范式取代了冰冷可畏的说教范式。

在誓言之后，依据游客进入观鸟长廊的路线，沿途的木牌以图文并茂的方式介绍了白鹤和其他候鸟的迁徙之路和生活方式，当游客了解到这群美丽的候鸟是飞越了6000多公里的千山万水而来，自然会产生一种敬佩和责任感，觉得应该保护好候鸟。用情景交融的生动风格对抗死板沉闷的说教，取得了润物细无声的教育功能。南昌五星农场白鹤保护区的负责人介绍，曾经有过向鸟类投掷石子、大声惊扰等行为，但现在整体的观鸟行为已经文明有序多了，巡护员执法也有了法律的依据。游客在文明有序的环境中不仅了解鸟类的生活习性，并且培养了保护候鸟的责任感。优美的生态环境、良好的保护措施吸引越来越多的候鸟飞到这里来过冬，在鄱阳湖候鸟保护区监测到的鸟类种群和数量都创历史新高。

观鸟点有关候鸟生活习性及其季节性迁徙介绍的语言标牌，文本结构清晰简洁，并采用大量重述和阐发的方式，使逻辑关系清晰而便于理解。

第四节　语言景观与研学游的发展

目前我国研学游发展迅速，研学游中应重视语言景观的引导和教育作用。文化语言景观不仅是语言资源，更是文化资源，研学游的引导者应利用语言景观，充分发挥其文化和科学揭示的功能。研学旅行有着悠久的历史，不同国家的国情不同，社会经济文化各异，研学旅行各有特点。欧洲教育史上研学旅行的主要形式是以游学为目的而进行的旅行活动。日本和韩国将研学旅行纳入教育体系，开展"修学旅行"是一些大学教育必备的环节。在美国经常组织夏令营和春令营开展研学旅行。

中国历史上不少文人雅士也有游学、访学和修学的故事。《论语》云"多见而识之"，多观察有助于开阔眼界，从而获得对事物本质的认识。唐代诗人李白青年时代为了寻求理想，离开四川老家，顺着长江一路游学，经峨眉山时创作了《峨眉山月歌》；经渝州重庆出三峡来到湖北，过荆门时创作了《渡荆门送别》；来到江西九江，登上庐山，写下了著名的《望庐山瀑布》；李白再度出发，顺着长江来到安徽芜湖，江上远眺天门山创作了《望天门山》。明代董其昌在《画旨》中提出："读万卷书，行万里路，胸中脱去尘浊，自然丘壑内营。"其中的"读万卷书，行万里路"成为中国人教育成长的箴言。

我国 2010 年发布《国家中长期教育改革和发展规划纲要（2010—2020年）》，该纲要明确指出，"丰富社会实践"和"学会生存生活"是学生能力培养中不可或缺的组成部分。[①] 随着相关政策的发布，以中小学生为主体、以提升学生素质为目的，通过集体旅游利用社会资源进行体验式教育和研究性学习的教育旅游活动受到学生和家长的欢迎，其被称为研学游。研学旅行是一种沉浸体验式教育方式，即通过集体组织学生进入某个具有特定文化内涵的公共空间进行研究性学习。根据研学的主题和领域开发出丰富多样的研学类型，包括艺术研学、军事研学、科技研学、文化研学、乡野研学、红色教育研学等。在研学游的过程中教师或者场馆的导游讲解发挥着至关重要的引领和激发作用。

2013 年国务院办公厅首次提出"研学游"，研学游自此进入素质教育视野。2014 年教育部将研学游列入中小学日常教育范畴。2016 年教育部和原国家旅游局再次强调开展研学旅行的重要性，此后陆续出台系列规范及促进和推动研学旅行的指导性政策。《研学旅行服务规范》对导游讲解内容和

---

① 中华人民共和国教育部《国家中长期教育改革和发展规划纲要（2010—2020 年）》，http：//www. moe. gov. cn/srcsite/A01/s7048/201007/t20100729_171904. html.

讲解方法提出要求，其中将安全知识和文明礼仪纳入导游讲解服务，在动态的研学过程中通过语言服务引导学生安全行动和文明举止。该规范要求研学结合教育服务要求，提供有针对性、互动性、趣味性、启发性和引导性的讲解服务。基于不同的文化旅游资源内涵，融合生动讲解内容和趣味互动讲解方法，提供有针对性的讲解服务。根据学生的认知特点和研学目标，提升讲解质量和解说效果，激发中小学生求知探索的兴趣。

一　语言景观与江西文化研学游

（一）江西红色文化研学游

江西这块红色的土地是一座没有围墙的红色博物馆。很多红色文化景区都是中小学研学实践教育基地，在探寻红色印记、传承红色基因中起着重要作用。

小平小道陈列馆位于南昌新建区，全馆共分为"文化大革命"初期、"疏散"到江西、工厂劳动、"小平小道"、"情系新建"和"永远的怀念"六个部分，从不同阶段、不同角度反映了邓小平同志在江西工作生活三年零五个月的情况。作为江西省中小学生研学实践教育基地，在这里，学生们可以通过讲解员的讲解追忆一代伟人邓小平在江西劳动的岁月。除小平小道陈列馆外，还有南昌八一起义纪念馆、南昌新四军军部旧址陈列馆、八一广场等红色研学游也深受中小学生喜爱。语言景观在研学过程中发挥了重要的作用。研学游最常见的方式是组织中小学生到红色革命故地进行沉浸式主题教学，在革命故地通过环境布置，营造当年革命斗争时期的情境。课题组 2023 年 11 月在调研时，观察了一次某中学在革命摇篮井冈山举办的研学，学生们换上红军样式的粗布军装，头戴五角星的军帽，腰扎皮带，腿上打着绑带，这立刻令学生们感受到一种革命战士的精气神。

最核心的部分不只是形式而在于红色文化的内核。江西红色研学游将专题教学、访谈教学、现场教学、场景教学、体验教学和拓展教学融为一体，充分利用红色文化资源，在红色革命遗址环境中，设计并建构起符合中小学生认知心理发展的教学手段和教学形式。

例如，针对中学生的认知心理特点设计研学游活动形式。中学生具有一定的独立思考能力和从事体力劳动的能力，而且有一定的自我管理能力，对于外在世界的探索方式是知行合一的。如在点将台请革命前辈讲述"三湾改编"的故事之后，将学生们分成不同的"军团"，并推选出"政委""团长"，授予"军旗"。学生们戴上臂章意味着一份沉甸甸的责任，接过军旗就是接过了革命的重担，庄重感和身份认同得以实现，革命的使命感不仅充盈胸中，而且在此刻通过仪式得以凸显并凝聚。对三湾改编故事的叙述，采用井冈山斗争时期革命军队的编制形成组织，学生们集思广益地给自己的军团命名。这些都是语言符号在身份认同中所起的重要作用。学生们借此完成了在研学游中的身份转换和特殊时空中的身份认同。

毛泽东在长征即将结束、胜利在望之时写下了诗词《七律·长征》，其中诗句"金沙水拍云崖暖，大渡桥横铁索寒"生动描写了革命历程中的千难万险，学生们在这里可以模拟体验"飞夺泸定桥""强渡大渡河""突破封锁线"等惊险刺激的场景，重温战争年代的革命精神，更在挑战自我中学会团结拼搏，迎难而上。这种由对文学作品中语言符号的欣赏到模拟体验中具身的体验和感悟，调动了学生们多模态的感官接受，更加深刻地激发了学生们的革命斗志。

除了模拟战斗体验，学生还可参与建筑干打垒的墙体、弹棉花、打铁、踩水车和编草鞋等多种井冈山地区特色的劳动生产项目，这不仅让学生充分地接触大自然，体验劳动的辛苦和乐趣，也让他们体会到当年红军战士在井冈山革命根据地斗争时的艰辛不易。中午学生们享用井冈山特色的菜肴"红米饭，南瓜汤，挖野菜也当粮"。让歌曲中的当地特色菜变成餐桌上的美食，使学生们进一步深刻体会到当年红军战士革命的乐观主义精神和高昂的斗志。

研学活动中学生们还重走了一段险峻的红军挑粮小路，体验斗争岁月红军突破敌人重围、解决军民粮食问题的经历，具身体验课文《朱德的扁担》中那种官兵平等、坚强乐观的精神，更加珍惜现在的幸福生活。在黄洋界哨口，听完黄洋界保卫战的历史故事，更能体会毛泽东诗词《西江月·井冈山》中"黄洋界上炮声隆，报道敌军宵遁"所表达的以弱胜强、以少胜多的豪迈气概。在井冈山革命历史博物馆，通过参观丰富的展品和利用数码技术的声光电手段，深入了解和体会井冈山革命斗争历史。

在井冈山红色研学游的过程中，注意针对学生的特点，将他们已知晓的井冈山斗争故事、诗词和民歌等语言符号和音乐符号转化为现场教学、具身体悟，通过真实场景和数字技术手段重现战火连天的斗争场景，让学生们切实感受那段革命先烈流血牺牲的岁月，感恩中国共产党为人民谋幸福，感恩这个伟大的时代，明了曾经视为理所当然的幸福生活的来之不易。

红色研学游结束后学生和教师撰写研学游记，发表在报刊媒体或者数字媒体上。在红色研学过程中，无论利用动态语言景观的授课和讲解，还是研学游后的感悟和体会发表，都深化了研学者对红色文化的认识，扩大了江西红色文化的影响力，实现了红色基因传承的功能。

（二）江西蓝色陶瓷文化研学游

江西景德镇是陶瓷文化传承与创新之地。陶瓷文化是江西省景德镇市文旅产业的优势资源。按照建设国家陶瓷文化传承创新试验区要求，充分挖掘其文化特色和城市特点，推动研学游高质量发展，景德镇也有不少成功的案例。

景德镇许多陶瓷工作室都是大中小学的研学基地。陶瓷工作室根据研学需求设计研学活动，聘请景德镇陶瓷大学教授讲授陶瓷的历史和相关知识，陶瓷专业技师指导实践活动，实现从宏观抽象的陶瓷知识体系到拉坯画坯实践活动的悉心指导。不少孩子通过陶艺体验活动领悟了什么是审美，参与制作激发了学生们对陶瓷艺术的热爱。他们努力做好手头的陶瓷品，以此表达自己内心的感悟和爱。很多学生在去景德镇研学之前，对陶瓷完全不了解。通过短时间的研学，不仅了解了陶瓷的历史和 china 这个词的来历，还体验了陶瓷的生产工艺，学习了陶瓷制作，亲身体验，尝试拉坯、画坯和调色，感悟到陶瓷艺人的辛苦与不易，也见证了古人的智慧，用一把高岭土，就可以创造出盛物的器皿、各式的小玩意儿；着色也是如此高明，提取矿物质中的颜料，着色在陶瓷玉器上，使其或光彩夺目，或古朴质雅，不仅如此，这些颜色在墓地中存放千年却能依然如故。学生们在学习制作陶瓷的过程中也懂得了做事要认真，遇到困难要动脑动手去尝试解决，并从手工制瓷推演到做任何事情都要有持之以恒的精神。

很有意思的是，研学活动中专业技师在指点中小学生时，不仅深入浅出，而且常会夸奖他们。学生们在此学会的一句口头禅是："你好优秀哦!"肯定和赞扬对于学生的成长非常重要。在这样的文化环境中，他们会成长为一个温润如玉的人，一个既能传承又能创新的人。

（三）江西绿色生态文化研学游

江西绿色生态游的典型特色是森林生态游，"森林"带给人的联想不仅是森林氧吧，还有健康活力的概念。绿色生态环境适合亲子研学游。

南昌市郊区的梅岭果立方是市级示范田园综合体，是许多中小学的校外实践基地，是梅岭建设"研学小镇"的主要构成部分。茶艺研学和基于明清古民居博览园的非遗文化研学颇受学生和家长欢迎。在绿色生态研学过程中，语言景观在文化内涵揭示上起着至关重要的作用。在明清古民居博览园内设立了传统文化体验中心，研学者可根据自己的兴趣，选择尝试活字印刷、刺绣、听评书、手绘画等非物质文化遗产项目的亲身参与。梅岭明清古民居博览园将特定时空中的建筑与文字介绍完美融合，园内古宅分别迁自江西不同地区，均为当地极具代表性的明清时代的木结构古建筑，是赣鄱民俗文化形象而生动的代表。这些古宅曾经属当地殷实显赫之家，或官宦，或巨贾，或豪绅，或文士，这些从古宅的命名便可见一斑，如"大夫第""翰林府"；有些古宅的命名体现了宅子主人的良好愿望，如"荣华第""富贵第"；有的则显示了主人的哲学思考，如"远和堂""天问府"；也有依据其功能而命名的，如"梅岭书院""国学堂"等。从这些古宅的命名中可以窥见江西的人文精神，这些明清古建筑群是在江西这块土地上生息的人们的精神家园。

绿色生态文化的自然与闲适，与明清古民居群所体现的传统文化和谐共处，语言景观让研学者对于传统文化与自然生态的和谐共生有了更深刻的体悟。

通常人们认为工业发展会对绿色生态造成破坏，似乎保护绿色生态环境与发展工业、提升经济水平之间存在矛盾。通过工业旅游感受绿色生态中的新型高科技工业发展，可以帮助研学者在更深的层次上理解这一对矛盾在当代的处理状态。方大特钢是一家集采矿、炼焦、烧结、炼铁、炼钢、轧材生产工艺于一体的钢铁联合企业，在国家 4A 级旅游景区内的方大特钢工厂中，研学者可以目睹并了解"钢铁是怎样炼成的"，感受现代钢铁企业如何在发展生产力的同时保持绿色生态之美。该研学基地的语言景观介绍了钢铁冶炼制造工艺，凸显该企业所秉持的绿色发展理念，推行清洁生产、推进超低排放，将工厂打造成为国内一流的观光、休闲、研学工业旅游基地，企业实现绿色高质量发展。为让研学者近距离感受钢铁文化魅力，在表现工业发展与绿色生态和谐共处中，以"钢铁是怎样炼成的"为主题，将现代艺术与工业复古完美结合，赋予工业旅游和钢铁文化新内涵，包括企业文化展馆、游客中心、智慧管控中心、工匠园、樱花园、钢铁文化园、焦铁钢材生产工艺、文化展示区、观光旅游区、休闲娱乐区、实地体验区等不同主题的研学区，是江西省工业旅游与绿色生态旅游融合的示范基地。

该基地的语言景观设计凸显钢铁工业的环保特色，焦化湿地景观有一只漆黑发亮、高大雄壮的"霸王龙"，能发出雷鸣般的咆哮。它有着闪闪发光的红眼睛、长长的红舌头和锋利的牙齿。其实这是用400多个废旧轮胎经过切割、上漆等工艺打造而成，希望用这样的创意作品呼吁研学者关注环保，积极动手动脑，创造性利用废物。"霸王龙"霸气十足，瞬间就能把研学者带入侏罗纪公园似的环境中，孩子们尤其对它情有独钟，激发了他们强烈的环保和创新意识。

除了"霸王龙"之外，"美猴王"也是深受研学者喜爱的作品。在钢铁文化园入口处，高达7米的巨大的钢铁"美猴王"手持金箍棒活泼迎客。这是由多达上千个废旧零部件改造组合而成的作品。目前，景区内的钢铁侠作品为孩子们营造了一个梦幻世界，无论是高大威猛还是小巧可爱的形象，都由有丰富制作经验的炼钢厂员工经过创意设计、切割打磨等多道工艺制作而成，栩栩如生，让原本无用的废料，经过创意加工而焕发出新的生机，在碧草蓝天下，吸引着研学者，并通过语言景观介绍激发了创新利用废旧物品的无限创造力和保护环境的激情及责任感。

（四）江西古色文化研学游

江西具有深厚的历史文化底蕴，为了让中小学生感受赣文化魅力，江西省教育厅下发《关于在全省中小学开展红色文化、绿色文化和古色文化教育活动的通知》，不少中小学充分利用江西丰富的古色文化资源，开展古色文化研学活动。

安义千年古村群位于江西省南昌市安义县，是赣商文化村落的典型，获"中国历史文化名村"称号。古村以规模宏大、保存完整、雕饰精美的古建民居为基础，经常举办当地传统民俗活动。游客穿行古村，既可近距离欣赏赣派明清建筑，体验当地古朴的民俗，还可亲身感受赣商文化的底蕴。

针对中小学生认知心理特点而设计的古村古风研学游，重视引导学生探究古村的建筑遗迹和基础设施，了解赣派建筑的风格和艺术。学生们一边认真听着讲解介绍，一边轻抚着祠堂和士大夫第等古建筑的一砖一瓦时，会被凝固的穿越时光的建筑艺术深深感染。导游将学生们领到一处景点，先让学生们参观排水系统模型，再结合后街石板道、水塘的布局，介绍古村从宋元时期建造至今保存完好且依然在发挥功效的排水系统，同时说明了古人取水灌溉农田的系统性规划。从模型到具体实景，学生们理解了古人在村庄整体规划和建造上的智慧。

导游通过提问激励学生将身边熟悉的现代建筑与身处其中的古村建筑加以对比，思考古人"天人合一"思想在建筑上的体现。在参观古代留存至今的碾米坊时，导游用学生们听得懂的语言介绍古代制米的方法和过程，启发学生们结合现代技术探讨改进和提高生产效率的可行性办法。学生们通过访问古村非遗传承人感受民俗文化，体味风土人情。现场非遗小吃的制作观摩和品尝，可增进学生们对非物质文化遗产的了解和保护意识。

古色研学活动中，语言景观是安义古村古朴、深厚的历史人文景观中重要的组成部分。尤其是通过研学游的导游解说，这些物质的古色传统、非遗文化才能更好地激发中小学生对中国传统文化的理解和认同，在心中筑起对中华文化的自信心，从而实现中华民族优秀文化基因的代际传递。

江西的古色历史文化资源非常丰富，不仅江西本地学子可以利用丰富的古色资源开展研学活动，而且不少其他省市的学生们也慕名而来，开展丰富多彩的文化研学。2024年，根据文化和旅游部"欢欢喜喜过大年"春节主题文化和旅游活动部署，文化和旅游部科教司联合江西等省文化和旅游厅共同组织了"多彩研学游华夏·跟着诗词游江西"研学旅游主题日活动，极大地丰富了广大青少年春节及寒假期间的精神文化生活，促进江西文化、教育、旅游深度融合。以诗词导引旅行，中小学生在实地感受江西风景独好的同时，通过历代文人墨客歌咏江西山水的佳作，更加深刻地感悟江西灿烂的历史文化，在欣赏美丽风景时，体验学习中华传统文化的激情与快乐。

"跟着诗词游江西"活动结束后，通过征文比赛发表的感悟，可以看到将江西秀美的自然风光与古代诗词完美结合会使研学旅游者的领悟更加深刻。有的学生感叹说，游历庐山时，经由导游词的激发，第一次深刻领悟了北宋苏轼《题西林壁》的哲学意蕴。这首诗写于苏轼被贬谪的路上游览庐山之时，"横看成岭侧成峰，远近高低各不同"是从远近高低不同角度观看庐山时得到的不同观感，概括而形象地写出了移步换形、千姿万态的庐山风景；"不识庐山真面目，只缘身在此山中"是即景说理，因为身在山中，视野为峰峦所限，看到的只是局部因而必然带有片面性。

有的学生直接采用视频形式，将在江西古色文化研学游中的记录发布在社交媒体上，如青岛九中学生在滕王阁朗诵《滕王阁序》的研学游视频就引发了许多人的关注与点赞。从青岛海滨城市不远千里来到江西南昌研学，登上江南名阁滕王阁，学生们望着宽阔的江面，诗兴大发，情不自禁吟诵起王勃在这里写下的千古名篇《滕王阁序》，切身体悟"落霞与孤鹜齐飞，秋水共长天一色"的辽阔。而在文天祥老家吉安庐陵老街的状元楼前，因为仰慕这位英雄，学生们齐声朗诵《过零丁洋》，其中"人生自古谁无死，留取丹心照汗青"回肠荡气。这些经典诗句，都是学生们在课堂上学习背诵过的，当时或许并没有特别的感受。但当身处作者创作的场景中，来到诗人生活成长的故土时，年轻学子的心灵仿佛乘着诗词的翅膀，在这特定的场景下穿越千年时光，与古时诗人的心灵发生了同频共振，会特别激动，熟悉的诗文脱口而出，感受那份豪迈而大气的胸怀，这就是中华传统文化的魅力所在。古代文化研学游激发了学生作为炎黄子孙和中华儿女的自豪，增强了文化自信。

二 语言服务在研学游中的作用

研学游要取得寓教于乐的效果，需要学校教师、研学导师、讲解员、文化传承人、同学同伴等多方互动，相互激发，形成有机的教学整体，实现立德树人的目标。在这个过程中语言景观的作用不可忽视。传道授业解惑最主要的交际工具和手段是语言，语言表达与身处其中的多模态景观相结合，避免语言符号传递信息的抽象性，同时也可以发挥语言符号高度概括和超越时空限制的功能，在点明主题的基础上，激发想象与思考。

例如课题组 2023 年 12 月观察了江西省南昌市某小学在鄱阳湖候鸟景区开展的一次研学活动。老师从节气切入，介绍气候变化对鸟类迁徙的影响，指导学生一边观察记录鸟类的名称和外形，一边通过观测点语言标牌上的简洁图文，了解眼前候鸟的迁徙路径和特点。孩子们看到景区提示"不要高声喧哗"后压低了彼此交谈的声音，唯恐惊扰了这美丽的远方来客。看到提示不能身穿鲜艳的衣服后，悄悄脱下了自己鲜艳的外衣。他们认真比对语言标牌上的图文介绍，努力分辨出眼前候鸟的种属关系。在研学活动结束后的日记中惊叹于眼前的翩翩白鹤居然是飞越了千山万水而来。他们的保护意识被激发，回家后还会告知自己的父母和家庭成员，要保护候鸟，为这群美丽的生灵提供一个生活的乐园。在研学过程中，老师对科学知识的介绍、观鸟点的观鸟提示以及语言标牌上图文并茂、简洁易懂的介绍，共同帮助研学者建立起候鸟保护、守护美丽家园的意识和观念。

寓教于乐，语言景观则让研学者不仅沉浸在特定的时空景观中，而且引导研学者有更多的沉淀，激发研学者将亲身感受引入更加开阔和深层次的思考。研学游一般都充分利用学校周边的自然文化资源，以一日游或半日游为主。课题组调研发现，有些学生家长认为某些研学游体验缺乏深度，孩子玩得挺开心，但没有太多的收获。家长希望研学游的内容更扎实丰富些，让孩子们可以拥有更多沉淀和思考的空间，而非流于形式。语言景观对于丰富研学游的内容、激发孩子们更多的思考有画龙点睛的作用。忽略语言景观的作用，研学游可能就无法取得理想的效果。应该尽量在多模态语言景观中凸显语言景观功能，形成研学游体系。

首先，确定研学游的主题及其研学路线。学校组织研学游可根据不同主题选择研学基地，并精心设计研学游任务，学生们通过研读研学游的相关资料提出问题，带着问题去观察和体验。其次，研学旅行应形成学校教师、研学导师、讲解员、文化传承人、同学同伴等多方融合的团队，通过优势互补形成有机教学整体，用体验认知的教育方法开展真实的生活教育，提升学生综合素质，实现立德树人。无论是教师、研学导师、讲解员还是文化传承人应将动态讲述分享与特定景区的静态语言景观相呼应，调动研学者的具身感受，激发思考。

　　研学旅行是对学校教育和家庭教育的有益补充，旨在帮助学生在与自然天地、历史文化的对话中激活感悟，激发思考，获得成长，从而培养出适应国家、时代和市场需求的人才。课题组调研发现，在研学旅行中语言起着关键作用。研学游中的语言表达除了课堂语言所要求的专业性和准确性外，还要重视知识的趣味化表述，激发研学者在特定情境中亲身体验的强烈愿望，带着问题主动去探究发现。这是对研学导师能力的新要求，也是新的挑战。

（一）研学游中语言服务的特色

　　不同年龄段学生的认知水平和理解能力存在差异，研学游导师应具有评估不同年龄段学生认知水平的能力，在语言表达中做到因材施教，充分调动研学者在具身感受的基础上去思考去创造。课题组调研发现，在研学游讲解服务方面尚存提升空间。

　　1. 语言表达风格与角色定位

　　不少导游习惯面对成年游客讲解，未能针对研学主体的认知心理特点做相应调整，导致讲解语言表达刻板单一。面对中小学生应该采用去书面化的语言讲述，遣词造句要有趣味性而且生动活泼，适应中小学生认知心理。小学生离开熟悉的课堂进入一个陌生而新鲜的环境，注意力很容易被各种外在因素吸引。为了吸引其注意力，讲解语言在轻松自然语调的基础上，语音、语调也要有起伏变化，有节奏，切忌平缓低沉无变化。

　　例如导游在自我介绍时，如果习惯性使用"我是今天的导游，我的名字叫×××"这样的语言表述会让学生混淆研学和旅游的内涵，如用"我是今天活动的老师，大家可以叫我×老师"，这就显得亲切自然，通过社会称谓的选择定位这场研学活动中交际双方的关系，提醒学生调整自己的身份，快速建立起交际角色秩序，有利于研学游过程的顺利进行。

　　2. 讲解内容与文化意义揭示

　　研学游时常出现有"游"无"学"更不见"研"的现象，其背后的原因一定与研学过程中的语言讲解相关。研学游的导游词撰写者对研学游的本质特点要有清晰准确的把握，尤其是讲解内容注重观光游览需求，不重视对特定景观文化意义的揭示，缺乏针对接受者认知心理的特定解说，缺乏通过提出问题、引导发现问题、启发观察与思考的语言表达，就无法实现研学游组织学生围绕某个主题走出教室，到特定景观中去观察、体验和感悟文化底蕴的教育目的。

研学游应有明确的教育主题和目标，在准备讲解内容时应该紧扣教育主题。传统导游词一般突出的是该景观的历史沿革和文化内涵，而研学游的导游词在此基础上，应利用特定景观的体验，增加补充实用知识和实践内容。导游讲解时，应根据研学者的接受能力，结合课堂和阅读获得的背景知识，对讲解内容有所侧重。比如在红色文化景观研学中，对于低年级学生适合以讲故事的方式或者让学生力所能及具身参与的拓展方式，了解并感受革命战争年代先烈艰苦奋斗的革命热情。对于中学生，则可以结合他们在课本上学习过的著名文学篇章，通过实景实地感悟，启发他们思考红色基因的内在本质以及在新长征中自己肩上的责任，深化他们对家国情怀的感悟。

研学导游的讲解风格应改变以说教为主的传统知识灌输方式，这样的讲解只会使研学过程沉闷无趣，应该通过问题引导，鼓励研学者主动参与体验，充分调动他们的积极性和创造性，培养学生发现和解决问题的能力。研学导游不能仅停留在讲解的层面，而要通过多元化的讲解方法，调动学生的学习兴趣和热情，避免出现被动接受知识的学习活动，变"说教"为"互动"讲解，多使用提问式或启发式讲解技巧，激发学生观察发现问题的兴趣和亲身参与体验的热情。如到海昏侯国遗址公园研学时，用简单、口语化的语句，以讲故事的形式叙述海昏侯其人及其短暂而跌宕起伏的一生。讲述过程中可以通过制造悬念让学生猜测人物和故事的结局；也可以通过现场的观察体验，让学生们主动提出问题，并且用相互问答的方式激起学生的好奇心，培养他们的观察力及创造性思维。当然，任何文化景点中围绕一个主题而组织的研学游，除帮助中小学生在参观、游览过程中获得知识外，更重要的是通过讲解和互动问答，揭示该景观的文化价值，从而让他们深刻领悟文物和现象背后的文化内涵。因此，研学导游应根据所要体验和揭示的文化内涵计划游览时间，引导观赏，多加提问，培养学生创造性思维。

3. 教学语言与科普语言的语体差异

课堂上常采用的教学语言要求能准确而系统地表述作为教学对象的自然、社会或思维现象，而且通过逻辑推演严密论证这些现象具有的规律性。研学游中不适合采用课堂教学语言，而常会采用科普语言，适用于向非专业人员深入浅出地说明科学问题，其主要功能是在普及科学知识的基础上，激发学生学习和探究问题的兴趣。研学游中的科普语言表述与教学语言在交际角色定位、交际语境、交际目的和交际话题的切入视角等方面均有显著的差异。

研学游与课堂教学之间最大的差别是语境，即语言运用相关的情境因素构成的交际环境，不同情境中的语言表达风格不同。Biber & Susan（2009）提出了可应用于语体分析的情境特征框架，包括参与者及其关系、信息传递渠道、交际环境、交际目的和话题等影响语体风格的因素。

无论是课堂教学语言还是研学游的科普语言均具有书面表达所要求的规范性。从参与者之间的关系看，课堂教学语言参与者是教师与学生，研学游中科普导游的社会属性相对复杂，可能是从业人员、专家学者，也可能是事件的亲历者或展品的创作者；接受者是对研学游主题感兴趣的学生。交际主体对研学游主题的知识共享程度不高，研学者定位为初学者或无相关知识与经验。这促使科普介绍文本要通俗化，多采用比喻、拟人等修辞手段追求趣味性和深入浅出的效果。研学游的介绍文本通常采用文学表述来呈现研学主题内容，通过设定故事情节搭配人物、动物或自然景象图片与展品，其主要交际目的是激发研学者对主题的兴趣。与课堂教学语言要求专业、严谨和客观不同，研学游的介绍文本可采用多种表现手法，不排斥主观性评价，如采用比喻、拟人、疑问、祈使和感叹等修辞手段和带有情感性的句式达到激发兴趣的交际目的。总之，课堂教学语言要求专业而具有新信息，表述风格客观、严谨而简明；研学介绍语言凸显普适性、趣味性，追求语言表达的多样性和去专业性。

（二）对研学游中语言服务的建议

研学旅行将体验式教育与旅游深度融合，在经济发展的背景下成为教育旅游市场新的增长点，助力我国素质教育多样化发展，走出课堂与充分占有文化资源的旅游业融合发展。发挥研学游的教育和旅游双重功能对语言服务提出了更高要求。提升研学团导游讲解水平不但要注重语言表达形式的生动活泼性，增强讲解的故事性，而且要重视讲解内容的针对性，通过语言组织突出研学主题的教育意义；研学讲解还应充分利用景观多维文化资源，丰富讲解和互动方法，使其多元化，从而有效提升研学的趣味性，通过积极有效的互动活动，激发研学者的学习和创新热情，培养文化自信，增强学习动机。

随着研学者出游次数增加，旅游体验不断丰富，简单的山水人文介绍已不能满足对语言服务的需求，学生们对科学和文化的求知探索对景区管理人员、导游和讲解员的知识体系和专业素养提出了更高要求。研学导游提供的语言服务应该与时俱进，树立科学观念，围绕研学游主题，满足研学者对特定景观科学、社会、文化和历史的多维度求知探索欲望。

1. 设置文化研学游课程

文化研学游的语言服务模式是校内课程走出校园，在特定文化主题景观中的延伸与拓展。设置相关文化课程，与特定文化主题景观旅游相结合，将有效促进课本知识与研学旅游的多模态景观融合。

学校顺应社会与时代发展新形势增设地域文化课程，围绕研学游主题，帮助学生和家长了解文化研学游的目标和任务，激发学生参与文化主题研学游的热情。采用任务型教学法，通过学习和研究任务设计，先提出问题引导学生收集与研学游主题相关的资料，提出对语言服务的期待，即重点介绍那些有意义的和他们感兴趣的内容。任务实施过程中应利用研学游的特定时空环境氛围，激励学生基于之前的调研对该景点的文化主题相关故事和内涵进行讲解，通过语言服务者和被服务者的互动交流深化对所讲解内容的认识。之后研学游带队教师及导游应对学生讲解的内容进行评价与补充修正，通过小组讨论形成最终的认识和理解。

任务型文化研学游课程能够有效激发和提高学生自主学习的能力。通过任务型教学法建立文化研学游模式，让学生体会"读万卷书，行万里路"在增长知识和提升能力方面相辅相成的作用。通过提供语言服务，将学习的文化知识转化为服务能力，学以致用，不仅有获得感和成就感，而且通过语言服务发现自己知识架构和能力上的不足，从而激发深入研究的兴趣，变被动学习为主动学习。

2. 优化研学游中的语言服务

旅游的本质是一种以审美为目标的休闲活动，是综合性的审美实践活动。获得旅游审美信息需要一定的指引和介绍等语言服务，游客可以通过特定景区的语言标牌和多模态语言景观获取信息，其中导游的引导和介绍是旅游景观所要传递信息与旅游者获取信息的主要中介。导游应对特定景区的信息有准确和全面的掌握，并通过语言服务将信息传递给游客，为旅游者提供该景观所蕴含的历史文化信息，语言服务的最高目标是帮助旅游者感受旅游景观的美学价值。

在研学游中所要求的语言服务不完全等同于导游所提供的解说。研学游对文化知识讲解的语言风格，更接近于教师语言，需要掌握更多的教育方法和语言表达互动的方法。与传授知识的课堂教学语言相比，研学游中的语言服务应该采用更加自然、生动和轻松的语调。在教学资源利用上不局限于课本、教具，而是要充分利用研学游基地或者景观中的实物、图片、展品及其营造的文化氛围来进行讲解，充分调动学生的多维认知能力，从而有效增强学生的具身体验感，激发学生学习和研究的兴趣。

组织研学游的教育单位应建立与研学游基地之间的深度合作，拓展研学游语言服务形式。充分重视不同人员在主题文化资源利用上的特点，根据不同教育目的研究制订研学游计划。如井冈山红色文化研学游，既可以通过学校教师讲解红色文化，引导学生在特定环境中诵读红色经典，将课堂所学与眼前的特定景观相结合，加深对红色经典的印象；也可以邀请老红军讲述当年井冈山斗争故事；晚上还可以举办篝火晚会唱红歌等。研学游中不同的语言服务角色帮助学生更加了解研学游景点的文化内涵，传承红色基因，弘扬井冈山精神。

3. 完善研学游语言服务评价体系

研学游中的语言服务质量的提升需要通过完善研学游的语言服务评价体系来推动。

完善研学游语言服务评价体系应重视两点：一是重视研学游过程中语言服务的提供者和接受者的互动；二是通过语言服务帮助研学者观察并领

悟景观深刻的文化内涵，不仅是对历史的回望，而且是与当下文化建设的有机融合，从而达到在研学游与课堂互补并且与时代和社会融合中提升认知，激发研究学习兴趣，增强能力。

研学游语言服务评价标准还应考虑语言服务者的教姿教态，应精神饱满，举止得当，语音语调富有亲和力。在语言介绍和解释讲解内容方面应该文案结构完整、语言表达准确、重点突出，关键是巧妙结合景观特点揭示其深厚文化内涵。语言服务的语言技巧应尽量多样，坚持问题引导原则，激发研学者调动感官来观察与思考，对学生给出的答案和完成的探索多加以肯定，并采用赞赏性语言做出评价。

研学游语言服务评价标准需要通过语言服务活动中接受服务的主体，主要是参与研学游活动的学生的评价和反馈不断完善。学生家长通过观察孩子参加研学游后学习和生活上的变化，也可进行评价；教师根据孩子参加活动后在学校的变化也可进行评价。通过问卷和访谈形式，对研学游中语言服务的过程、细节、接受效果等数据进行统计分析，基于客观数据构建研学游的语言服务评价系统。

第五节　数字语言服务与文旅发展

智慧旅游或智能旅游是指利用云计算、物联网技术，通过移动互联网，借助便携终端上网设备，收集与旅游相关的资源、经济活动、活动设计、旅游主体等信息，并通过网络及时发布，帮助感兴趣者查询信息，便于安排和调整自己旅游计划的过程。对于旅游者来说，智慧旅游有助于对各类旅游信息的动态智能感知和适应性利用。智慧旅游系统的构建主要包括旅游管理、旅游服务和旅游营销等不同系统，该系统的研发和推广使用给传统旅游业带来挑战，同时也带来了新的发展机遇。

一　江西文化景区的数字化现状

智慧旅游景区的建设主要有通信网络、景区综合管理、电子门票与电子门禁、门户网站与电子商务、数字虚拟景区与虚拟旅游、游客服务与互动体验、旅游故事及游戏软件开发等，智慧景区建设复杂而自成系统，其中包括与语言景观密切相关的门户网站和微信公众号的建设与维护。

江西红色文化景区小平小道陈列馆开通了陈列馆的微信公众号，也建设了官方网站，均提供中英文服务。课题组调查发现，陈列馆官方网站中文界面内容丰富，最新资讯均可通过页面浏览而获取。切换至英文界面时网页提供的信息则较少，除简单的标题外无其他用英语表述的内容，实时更新资讯只以中文汉字呈现。官网的中文和英文界面呈现的内容不对应。例如陈列馆简介只有中文表述。这折射出陈列馆官方网站对其读者的预期是汉语者母语。数码资源是该景区文化资源在虚拟空间的呈现，其影响面更大，受众母语情况更加复杂。由于没有地域的限制，对该文化主题感兴趣的人可通过浏览网站内容形成首轮印象，浏览者就会成为潜在的旅游者。

在景区虚拟网络空间仅提供汉语为唯一语种的语言服务，将因为语言限制而减少该景区文化主题的国际传播，缩小景区官方网站的受众覆盖面，影响其国际影响力。

除了导游语言服务，景点官网应该为参观者提供预约服务，这是方便潜在旅游者规划观展的服务项目。通过该服务不仅能掌握并控制游客的人数和规模，有序引导游客参观游览，提供与游客数量适宜的配套服务，而且方便游客规划自己的旅游行程。管理者可以通过不同语种的点击使用数量监测该景区的国际传播效果，包括传播的国家地区等，从而为外国游客提供细致贴心的服务。

课题组调研了江西景德镇陶瓷文化具有代表性的三个官方网站，分别是景德镇中国陶瓷博物馆官方网站、景德镇古窑民俗博览区官方网站和陶溪川文创街区官方网站。其中，古窑民俗博览区官网提供中、英、日、韩四种语言的语言服务，中文界面的部分模块采用中英双语呈现标题等主要信息；英、日、韩三种语言的网站界面信息与中文界面不完全对应；网站设置的咨询模块的信息停更日期是 2012 年，不像中文版那样实时更新。中国陶瓷博物馆官网有用中英双语简单介绍的内容，但没有提供其他语种的信息。陶溪川官网中提供中英文界面选项，中英文版本界面提供的信息基本对应。可见，在智慧旅游系统建设中，景区网站网页与微信公众号等的设计应该更加系统和规范，综合考虑尽可能以多语种开展导赏、预约服务以及互动交流等功能，以拓展景区的社会影响力，并针对需求不断完善系统。

课题组调查海昏侯国遗址公园时，发现这里数字语言景观的比例很高，显示了数字技术带来的数字语言服务最新最高水平，给游客提供了比传统方式更加便捷的信息获取渠道。数字语言服务通过在特定的展品和景点设置二维码和平板电脑的相关界面点击进入获取信息的方式实现，这充分考虑了不同游客对不同展品的关注度差异，感兴趣的游客可通过以上两种方式获取更多相关信息，实现了语言服务的针对性和个性化。海昏侯国遗址公园博物馆内共有可获取更多信息的二维码扫描点 56 个，一般出现在展品旁边，而且配合语言文字介绍。游客利用智能手机扫描二维码，可以调出中英文语音版或文字版对该展品的详细介绍，即可对感兴趣的展品进行深入了解。海昏侯国遗址公园内还设置了平板电脑，主要分布在游客中心、博物馆与游客互动区，平板电脑的界面显示以中文为主。游客可根据个人观展兴趣，点击进入相关内容。除了展现景区风采的单向输出信息服务，还可通过点击相关功能按钮，参与智能换衣体验西汉礼仪、通过移动拼图块来修复海昏侯墓出土文物等互动游戏，近距离细致深刻地感受出土文化的风采。

海昏侯国遗址公园景区的官方网站主要包括景区简介、旅游介绍、路线推荐等内容，有中、英、日、韩四种语言。中文网页呈现的内容比英语、日语和韩语更多、更完整，也更加丰富和有时效性。

二　手机短信系统

（一）导游语言服务

建设本区内著名旅游景点的手机端智慧旅游。江西省各个市县区基本做到了旅游短信全覆盖，凡是使用智能手机的游客，当进入某县市的区域后，手机立刻会收到一条欢迎短信，这条短信不仅有旅游宣传口号，而且有景点推荐。游客可根据短信提供的网址下载智慧游客助手平台，及时查询与在该区域旅游相关的几乎所有重要资讯，包括旅游线路、景区特色、导航服务、休闲活动、餐饮推荐、特产购买、公共交通和酒店住宿等，旅游信息全面而且实时动态更新，游客可以根据需要在线查询和享受预订服务。

（二）导航语音服务

自由行的旅游者在旅游过程中对手机导航的需求不可忽视。不少景区将相关信息上传到导航地图并实时更新。将景区的景点介绍内容做成数字信息，在每个景点或重要展品旁边设置二维码。游客按照指引步骤，用手机扫码之后，即可听语音介绍，在跟随引导参观欣赏的过程中，随着游客的移步换景，做到人到声起，真正实现了针对每一位游客的个体化语言服务。这既避免了导游声音太大而互相干扰，无法安静欣赏；也解决了有些游客参观游览的节奏与导游不同步，满足了这些游客对感兴趣的展品或者景区深入了解的愿望。智慧语言服务深入系统地介绍了该景点的人文历史或传说故事，感兴趣的游客可以循着智慧语言服务的引导慢慢欣赏。

随着数字技术的发展，不少景区提供电子地图离线语言服务，游客可先下载好景点数据，在动态游览过程中只需打开 GPS 定位系统，手机客户端不需开启数据流量，即可享受自助语音导游服务，不仅帮助游客实现了零流量服务，而且还能为手机省电。

三　智慧语言服务

课题组对江西文化代表性景区的智慧解说系统使用情况进行了调查，结果显示所有有代表性的景区都建设了智慧解说系统。

（一）导赏解说

不少景点提供有偿或者免费的智慧解说，即导赏语言服务。在博物馆或者陈列馆展品旁边的电子显示屏上，游客点击或触摸感兴趣的显示项即可获得解说介绍，旅游者可据此自主决定在这件展品上投入的观赏时间，根据自己的兴趣爱好决定是否需要更加深入细致的了解，合理安排自己的观展时间。

智慧导赏提供了相当于一个导游的语言服务。不少世界热门旅游景点游客众多，为了保证安静的游览环境，避免嘈杂干扰，规定导游员讲解的音量上限，导游往往戴着话筒，而接受导赏讲解服务的游客戴着同频接收的耳机。

　　不少景点提供的智慧导赏耳机里存储了对该景区主要景点的解释，游客可根据兴趣和需要，有偿租借这种数字导览设备，就像是聘请了一位导游员，不仅与你的观展进度同步，而且有更多的信息来源，包括文字、图片、视频和 3D 虚拟现实等。先进的智慧导览系统能为游客量身定制旅行计划，游客只要在导赏系统中输入起点和终点位置，导赏系统经过短时计算，即可为游客提供最佳旅游路线建议。

　　课题组调研发现，年轻旅游者对于智慧导赏语言服务的认可度最高，即便是有偿服务也愿意租借，因为这能够根据自己的喜好和游览时间选定游览路线，并决定观看的速度。老年人和孩子则倾向于跟从导游，一则他们操作电子设备的能力有限，不熟悉这些新的电子设备；二则他们享受真人导游会有种亲切感，在不懂的时候或者感兴趣的问题上，可与导游形成互动。这种虚拟与现实之间的选择差异，与一般数字技术选用发展的倾向性和人群特征相一致。

　　课题组调研中发现，江西文化旅游景区导游提供的语言解说服务质量参差不齐。有的导游只能背诵导游词，不能解答游客在听解过程中提出的相关问题。而且解说时导游普通话的标准程度和对语速节奏的把握上尚有提升的空间。智慧导赏系统提供的语言服务绝大部分都经过了精心研制，不仅语音标准清晰，而且讲解的内容较为全面细致，节奏舒缓而不受外界干扰，可以重复听讲，租赁价格也比较便宜。智慧导赏语言服务系统对传统导游服务形成冲击，其影响不可忽视。但是智慧导赏语言解说缺少传统导游的个性化讲解和人性化服务，无法根据游客提问形成互动，也无法根据游客兴趣对导赏的内容进行针对性调整。传统导游依然有市场需求。在导游培训和服务中，应注意发挥传统导游员的优势，为游客提供有温度的导赏服务。如果沿用模式化、无差别和无针对性的刻板导赏词，导游没有跟游客互动的知识储备、交际能力和职业热情，没有个性化讲解和人性化服务，没有结合研学游和景区的特点主动引导游客发现美，智慧导赏语言服务替代传统导游的趋势将无法避免。

　　智慧导赏语言服务能提供多语种语言服务。在不少著名的景区和景点可提供租借导赏的耳机通常有两种。一种是提供单语导赏服务，租借者可以根据自己的语言偏好选择不同语种的耳机租借。欧洲不少景点能提供中文耳机导赏。另一种是更先进的智能耳机，可提供多语种导赏服务，租借者可以根据自己的语言偏好，操作按钮在不同语种之间自由切换。智慧导赏语言服务很好地解决了多语种导游人才不足的问题。

江西古窑民俗博览区的景德镇陶瓷民俗博物馆提供 VR 虚拟旅游二维码，游客通过扫描二维码进入虚拟旅游界面后，点击屏幕上的中国、英国、日本和韩国的国旗按钮，即可获取中、英、日、韩四种语言的导赏解说服务。中国陶瓷博物馆、陶溪川和御窑厂景区通过扫描二维码，网页界面直接显示中英文的书面介绍信息，语音形式仅限提供汉语普通话解说服务，尚有完善和丰富语种的空间。根据《景德镇市陶瓷文化传承创新条例》，政府重视智慧陶瓷博物馆建设和博物馆馆藏文物数字化应用，推动陶瓷博物馆数字建设发展升级。[①] 景德镇中国陶瓷博物馆计划在馆内打造沉浸式 AR 体验区，推动藏品数字化，通过运用大数据、云计算、人工智能等技术让藏品"活"起来、"智"起来。[②] 御窑厂、陶溪川、古窑、民窑遗址博物馆在遗址保护基础上，也可利用数字技术营造穿越时空的沉浸式体验。2022年 3 月景德镇市委市政府出台《关于深入推进数字经济做优做强"一号发展工程"的实施方案》，明确了"建设具有景德镇特色的数字经济新高地"发展定位。[③] 古窑民俗博览区也与中国工商银行签订了建设智慧景区战略合作协议，开启了数字发展的新征程。[④]

（二）旅游官网语言服务

课题组选择江西绿色生态文化景观官方网站及相关宣传平台，考察语言服务折射的文化旅游观念，并与国外绿色生态自然景区的宣传官网进行对比分析，发现了一些有趣而引人深思的现象。

课题组考察井冈山、庐山、庐山西海、三清山、龙虎山、明月山、鄱阳湖和仙女湖景区的官网。用来比较考察的景区是美国大提顿国家公园

---

①　景德镇市人民代表大会常务委员会：《景德镇市陶瓷文化传承创新条例》，2022 年 2 月 28 日。

②　https：//www.thepaper.cn/newsDetail_forward_17615142.

③　https：//www.thepaper.cn/newsDetail_forward_17615142.

④　https：//new.qq.com/omn/20220302/20220302A08IP600.html.

（Grand Teton）。考察上述景区宣传官网提供的语言服务，以及基于官方提供的图片材料和视频材料。

1. 语码选择

将江西绿色生态文化景区官网与美国 Grand Teton 官网（下文简称"GT"）系统进行比较，我们发现二者在语码选择、语用功能和接受者预设等三方面存在明显不同。

江西绿色生态文化景区官网呈现的语码语言种类较少，中文与英文内容不严格对应，不同语种的编辑格式不对应、中译英等外语译文语言比较生硬，给理解带来困难，翻译中存在错误和重要信息未被准确译出等问题。中文版面与其他语种版面语言服务所传递的信息不完全对等。根据官网中文版本和其他语言版本进行对比和统计分析，江西90%的绿色生态文化景区的官方网站提供中文与英语或其他语言的双语或多语版本的页面供浏览；10%的网站仅提供中文版页面。江西绿色生态文化景区官方网站的语码最显赫的是中文，主要原因有二：其一，该景点属于中国，来此最多的是中国游客，其母语是中文；其二，景区的语言服务和语言景观建构必须遵守中国政府关于语言文字规范应用的相关法律法规。官网的语言服务和呈现的语言景观以中文为主，其他语种依据其在江西绿色生态文化景区官网的出现频率，依次是：英语>韩语>日语>俄语>法语。

江西绿色生态文化景区官网多语种的选择体现了景区管理者具有国际交流的意识，多种语码选择有助于来自不同母语背景的游客获取该景区旅游的相关信息，可突破跨文化交际过程中由交际语码不同而造成的交际障碍。在全球化背景下，日新月异的数字技术让信息跨越了空间阻隔，文化旅游景区的信息通过互联网跨国界共享成为可能。从语言服务提供者到接受者之间信息传递的两端，即表达与接受之间需要借助翻译才能达到信息传达的效果。因此，对于语言服务的提供者来说，文化旅游景区官方网页的接受者预测就是对交际对象的预设。不仅要准确判定将中文信息翻译为哪几种语码，而且还得根据目的语语种的社会文化背景和接受美学注重翻译质量，在忠实于原作的基础上，尽量采用符合接受者解读习惯和有助于文化理解的表达形式。

还有一个值得深思的问题，就是在江西绿色生态文化景区官方网站的语种选择上，除了中文，外语语种中英文的出现率最高，几乎达到100%。出于历史和地理的原因，英语目前是世界性语言，不同母语国家的信息交流，若无法直接采用交际双方中的某一种语言，则一般选择英语作为交际媒介语。英语独大现象的出现不可简单归因于语码选择与语言权势的关系，更多是其作为交际工具的便利性。作为文化旅游资源提供国，在国际语境的文化传播中，凸显并保障本国官方语言的规范使用是基础。江西文化旅游景区的外语语码选择与呈现顺序，与景区历年来统计的前来参观的国际游客的国别比例直接关联。在英语之后，依次是韩语、日语、俄语和法语。韩国和日本是我国的近邻，由于地缘优势前来旅游比较便利；俄罗斯也是我国的相邻国家，而且历史上与我国有良好关系；法语则是联合国工作语言中比较重要的语言，覆盖的国家和地区也较广泛。旅游景区官网上的语码选择，不仅体现了国家的语言规划政策，也体现了语言服务的对象友好原则，是历史、文化、政治和经济等诸多因素综合作用的结果。

2. 语用功能

文化旅游景区官方网站提供的语言服务中，最基本的是信息功能。应为接受者提供其所需要获取的信息，包括接受者在陌生的特定时空中需要的定位和指示下一步行动决策的信息。考察江西文化旅游景区官网语言，在时间、地点的指示方式上与美国GT方式一致。在时间指示上采用阿拉伯数字和时、分、秒标示方法，如"开放时间10：00-18：00"。这样的国际通用时间指示有助于跨文化交际中来自不同母语背景的接受者解读。在地点和距离的指示上，如"右转，前行500米"，距离单位采用"米""公里"等国际计量单位，为不同文化背景的接受者提供了理解便利。

语言景观是传递者和接受者之间信息传递的手段和桥梁。因此，作为景区的管理者，通过语言景观的构建提示游客开始或结束一个特定时空的交际，给游客宾至如归之感至关重要。如"欢迎访问"提示游客来到了一个特定的时空，而"感谢惠顾，期盼再见"则提示你将离开这个特定的交际时空。无论采用何种语码，这类交际用语符合人类通用的交际模式。网页常采用特定的空间线索引导游览，在每个环节凸显游览看点及其背后的文化蕴含，帮助接受者通过官网的浏览而获得对该景区的基本认知。

3. 接受者预设

语言景观是设计者与接受者之间交际的信息载体，语言景观构建者在交际过程中是信息表达主体，是语言服务的提供者；游客或者网页的浏览者是信息的接受者，是语言服务的接受者，或被服务的对象。交际角色定位使言语表达形式带有表达主体的情感和态度等风格差异。

文化旅游景区的语言景观表达折射出交际角色定位，或解读出居高临下的管理者和惩戒者形象，或感受到平等友好并随时准备提供服务的主人翁态度。措辞是热情体贴还是冷漠高傲是以言行事的语用风格体现。美国GT官网设置了一个特别板块，详细介绍该景区内不同区域的气候特点和生态特点，描述了在该特定时空可能发生的各类突发情况，及其常用救生材料获取的方式，并公布了救援电话信息。这样的语言服务者具有客观准确的对游客的假设，即出于观赏美景的兴趣而在特定时间进入该景区的游客，进入一个陌生的环境，对于该景区并没有整体认识，对该景区内可能遇到的突发情况缺少心理和物质上的准备，提供获取救生材料的方式和救援电话，体现了该景区管理者的职业性思考；将天气等原因造成的不可控事件发生的可能性通过语言服务，采用专业和建议性表达告知游客，并尽量将预测的风险可能造成的伤害降到最低，这体现了语言服务的友好性。还有言语表达者与接受者换位思考的温馨提示，如以主人翁的姿态，提醒缺乏经验的接受者衣着、鞋子和雨具等细节，给接受者温暖、体贴、谨慎的感觉，从而产生安全感，通过语言服务最大限度降低接受者进入一个陌生时空而导致的失控感，提升旅游参观的良好体验。对突发情况的提醒是成熟旅游观念的体现，而提供救援电话和急救物资及药品获取渠道的提醒，是语言服务的重要内容。

江西文化旅游景区官方网站的内容较少提供关于气候和安全等方面的信息，在网页边框或底部呈现景区服务热线电话号码，但没有占据显著的位置，热线服务电话不容易被注意到，网页的制作者对读者的预设未能体现换位思考，使官网的语言服务很难从对景区环境和气候变化规律陌生的语言景观接受者的视角，提供专业的安全旅游建议。语言服务中交际主体的角色定位，有助于有针对性地提供信息和体贴细致、专业有效的语言表达，既可对充满好奇和激情的旅游者展示服务者的专业态度和职业技能，同时也能给接受者以安全感和信任感。

我们还发现 GT 设计了两个版本的官方网站，这两个网站的语言风格不同：一个体现出客观严谨的风格；另一个则显得亲切细致。这两种不同语言风格的网站所面对的接受者不同。前者的接受者是行政管理人员，因为该网站是景区行政管理的信息平台；后者则是旅游景点的宣传网站，面向对该景区感兴趣的普通社会人士。这也是由官方网站语言景观构建者对交际角色定位不同而形成的。在景区的行政管理网站页面，管理机构的履行职能和处理公务的需要决定了公文语体风格的语言表达，信息内容主要包括传达该景区贯彻国家或地方政策、发布景区管理的相关法规和规章、报道工作动态等。与这些事务性的工作信息相匹配的是语言表达的公文事务语体风格，即以简要的记述报道为主，语言风格清通平实，简洁而有逻辑性，追求信息传递的准确性和时效性。

当文化旅游景区官方网站的预设接受者是普通旅游爱好者和潜在的景区游客时，交际双方角色定位改变带来语言风格的不同。旅游文本的语体本质上属于广告语范畴。其语言风格与旅游网站要达到对该景区的特点和文化内涵广而告之的交际效果直接相关，文本应具有接受者导向性、信息传递有效性和良好的互动性等语言特点。网站语言服务要充分考虑接受者的差异，依据旅游发展动态和市场需求对文本内容及时更新调整，如接受者导向性栏目设置，除了旅游特色资源介绍，还应提供该景区举办的会展和活动等信息，吸引接受者通过参与互动来提升对景区的参与度和深度体验感。

文化旅游景区的官方网站语言服务中，对交际双方角色定位还应考虑的重要因素是接受者的年龄和受教育程度。考察江西文化旅游景区官网，未见语言表述内容和方式有针对接受者年龄的特点，推测其预设接受者为成年人。通过考察美国 GT 官方网站，发现在导航栏处设有 "KIDS IN PARKS"（入园儿童），并在不同旅游资源介绍和注意事项提醒中针对成年和未成年游客有不同内容。针对不同年龄阶段的未成年旅游者提出了不同类型的游览项目建议，如针对研学游的在校学生，提供了适合通过旅游增长知识能力的研学项目，甚至有推荐利用该景区资源开展深入研究的奖学金项目申请等相关内容。GT 官网的构建者预设了不同年龄、不同教育背景的接受者，并将接受者划分为"在校学生""科研人员""景区相关产业投资人""普通游客"四类，不同交际目的决定了接受者对语言服务的不同需求，而官网提供了对该景区资源利用和学习研究的渠道。这种创新性的旅游、研学、研发和保护分类介绍体现了景区管理者的高格局和持续发展的长远眼光。

江西文化旅游景区的智慧语言服务与美国同类景区 GT 比较，在语言凸显度、信息呈现、文本互动关系、字体和外观设计方面均存在明显不足。江西的绿色生态文化景区智慧语言服务呈现总体表现出时效性弱、自上而下、信息的平面化表达等特点。更新不及时反映了提供语言服务的景区管理者对互动交际时效性的认识不足；而语言表述风格折射出自上而下的管理者和服从者的交际角色定位；数字科技发展提供的多模态语言智慧服务手段未被充分利用，较多采用语言文字符号表述配合图片插入等传统模态组合。

在智慧语言服务方面应提升跨文化交际意识，跟随时代发展步伐，提升智慧语言服务能力，将江西特色文化旅游景区的市场经济发展与创造性的开发保护相结合，通过景区的研学游和科学研究推动江西科教事业发展，提升接受者文化素养，为江西打造绚烂多彩的文化旅游名片。

第六章

生态场域视野下的语言景观

第一节 生态场域理论与语言景观

一 生态场域理论

(一)场域

"场域"概念起源于法国,以法国著名社会学家和哲学家皮埃尔·布迪厄的"场域"理论为代表,其核心理论包括"场域""惯习""资本"。"场域"指的是相对独立的社会空间,由不同的位置、位置之间存在的客观关系以及行动者构成的网络(network)或构型(configuration);"惯习"是社会空间中的个人或某个群体在特定场域中形成的行为习惯和思维模式;而"资本"则是场域中行动者所拥有的各种资源和权利。布迪厄对场域理论最重要的贡献,是将场域理论作为一种独立的社会科学方法,在理论阐述的基础上,将资本作为分析场域的切入点,为研究与场域相关的社会现象提供分析框架,使场域理论具有可操作性和很好的阐释力。①

布迪厄场域理论在对社会现象分析中遵循的基本原则与方法主要有以下几点。一是关系原则。该原则强调场域行动者之间的关系网络及其对理

---

① 〔法〕皮埃尔·布迪厄、〔美〕华康德:《实践与反思:反思社会学导引》,李猛、李康译,中央编译出版社,1998。

解场域的重要性。二是历史原则。重视场域的历史演变，并强调要考虑场域历史演变对当前状态的影响。三是策略原则。强调行动者在场域中的策略性行为，并关注策略性行动对场域的动态影响。在文化政策方面，场域理论注重分析文化政策制定和实施中的利益关系、话语权利和文化资源配置等问题；在社会学和社会心理学领域，场域理论对于探究群体心理和社会行为发生、发展变化以及社会心理对社会秩序和社会发展的影响也很有阐释力；在翻译社会学方面，该理论也提供了一种具有洞察力的视角，有助于理解翻译在社会文化实践中的角色和影响。

布迪厄场域理论认为，场域是一种由各种力量和行动者构成的复杂网络，行动者在该网络中相互竞争、对抗与合作，该场域同时受到历史、文化、政治和经济等多种因素的影响。作为一种重要的社会科学理论与方法，对于作为社会文化现象和政策现象的语言景观研究，该理论提供了独特的视角和工具，有助于深入探究和解决社会文化现象和相关问题。

（二）生态

生态指生物在一定自然环境中生存和发展的状态，这种状态也包括自然环境中生物的生理特性和生活习性。"生态"（Eco-）在古希腊语中是一个词头，意思是指家（house），拓展为我们生活的环境。生态指一切生物的生存状态，包括生物之间以及生物与环境之间的关系总和。随着社会和科学的发展，"生态"作为概念，其指涉范畴不断扩大。

在远古时代，自然界处于世界的中心地位，人们对自然现象和属性所知极其有限，对于自然力带来的后果无能为力，因而人类对自然顶礼膜拜，心存敬畏。这个语境中的生态指人类赖以生存的环境，即自然界。随着人类文明程度不断提升，人类对自然的认识不断丰富，生态内涵转变为人与自然的关系，在人与自然之间除了原始的依存关系，还增加了适度利用的关系。随着科学技术不断发展，人类自身能力不断强大，人与自然形成了有些对立的关系。19 世纪中晚期，人类过度开发利用自然资源的行为遭到自然界的报复，人类开始重新审视和反思自身与自然的关系，生态内涵包括了自然、人与自然、人与人三个不同层次。

生态系统理论由德国生态学家爱德华·布朗芬布伦纳于 1979 年提出。

他认为生物与环境之间存在一种动态的耦合关系，生物体受到环境的影响，环境也受到物种活动的影响，并强调通过生态保护维持生态系统的生物多样性和稳定性的重要意义，生态系统的生物多样性和稳定性之间存在着紧密的联系。

生态理论假定社会行为主体之间的关系在根本上是竞争的，而竞争产生了生态系统中的空间分配和结构性平衡。生态理论认为生态系统类似植物的生长状况，即不同物种各自生长，为空间和资源竞争，不像动物界那样会产生食物链或天敌。相反，场域理论认定人类社会是一个复杂的、等级森严的系统，其中的权力关系导致空间边界和权力分配，并由此形成社会层级系统。

（三）生态场域

场域理论由法国学者布迪厄引入社会学，用以探究社会问题。随着环境问题出现和社会矛盾深化，场域理论逐渐扩展、延伸，出现了"生态场域"的概念。场域理论与生态理论均将社会的本质视为关系性的，把社会关系视为结构化过程。生态场域理论基于"场域"和"生态"理论构建而成，强调结构同形性（structural isomorphism），认为随着生态互动的增加，复杂单元的结构多样性与环境的多样性趋于同形。在布迪厄的理论中，与同形性显著相似的概念是同构性（homology），强调不同场域之间形态的紧密相似，例如，话语场域与权势场域、资本空间与生活空间就高度相似。

生态场域是特定关系网络的集合，即以特定时空为集成要素，相互融合形成复杂交叠的关系网络，参与者以遵循秩序为基础，恪守本位，实现良性互动，从而实现对自身价值与社会价值的重新塑造。生态场域理论蕴含着秩序、本位、互动、超越四个层次的内涵，构建生态场域对社会良性发展具有意义。

生态场域引入"场域""生态"概念的本质是为了打破主客对立的思维模式。生态场域是指特定时空交会而生的群体在互动过程中呈现出良性态势的关系网络，该关系网络里的行动者在遵循秩序的基础上，挖掘、抽象、建构出特定资本，对自身、社会进行价值重塑并实现超越，呈现"人一我一物"互补共生的良性态势，并实现"主客交融"。生态场域系统具有动态性，行动者在行动过程中遵循心灵秩序的召唤，不断调整行动轨迹，以达成生态场域的和谐共生。

从构建生态场域视角分析江西文化语言景观的构建，有利于把人、自然及艺术三个要素放在一个共生场域中，形成一种和谐共处的生态关系。本章采用场域理论框架分析江西文化资源特点，并提出江西文化语言景观构建策略。

二　语言景观中的生态场域内涵

在生态场域视野下，语言景观作为一个社会文化信息传递系统，其中的行动者，即语言景观构建者与接受者，因拥有资源的属性不同在特定时空发挥的作用也不同，但双方的地位是对等的。在语言景观传递信息的过程中，只有坚持二者的地位对等，交际主体才能不仅站在各自的立场去考虑，而且能从对方视角寻求平衡点，从而通过语言景观达到良性互动，超越单边利益，达到双向交流。

以文化旅游景区的语言景观为例，游客拥有经济资本，景区拥有文化旅游资本，旅游开发的本质是游客和景区的资本交换。只有坚持对等原则，才能在语言景观构建中重视旅游资源的历史文化价值，在尊重当地文化传统的基础上，深入挖掘当地文化因素，把当地文化因子融入语言景观构建中。游客在参观、游玩过程中自觉尊重当地风俗人情、爱护环境，在观赏美景、领略景区文化魅力的同时，享受语言服务，娱乐身心，并受到启迪。在景区生态场域系统中，语言景观构建者和接受者担当好各自的角色，使参观旅游活动有序进行。

场域理论强调惯习与不同参与者之间的竞争，而生态理论凸显的是社会秩序中的和谐共生。语言景观的一个重要作用就是通过信息传递，改变惯习，参观者不再受制于传统束缚和浅尝辄止的刻板印象，止步于过去，而是要追求对未知的探索，培养新的文化观念，让社会在未来更加和谐共生。生态场域理论具有追求良性共生的价值导向。该理论不否认行动者之间的竞争，但在争取和保护各自利益的同时力求超越各自的狭隘利益，成就和谐共生系统。以语言景观构建为例，保护环境是语言景观构建者和接受者的共同目的，语言景观构建者应在交际角色定位上体现人格平等，在获取经济利益的同时给游客提供舒心的服务。例如，"不许打鸟，打鸟犯法"的语言警示是冷冰冰的居高临下的劝诫，而用"劝君莫打枝头鸟，子在巢中望母归"（白居易《鸟》）诗句作为警示语则是用同理心和爱心，激发人的类比思考，其劝诫真切感人。

生态场域中的行动者不应简单粗暴地把自己的观点强加给交际对象，也不能凭借拥有资源优势去强迫其他行动者接受自己的主张。语言景观构建者与接受者之间的互动不是单一的模式，而应结合不同生态场域特点，在凸显生态场域特色的目标下采用多元思维和多样性的表达手段来实现互动。

生态场域理论蕴含着秩序、本位、互动、超越等不同层次的内涵。语言景观具有构建生态场域的功能，对社会维持有序状态和社会的良性发展具有重要意义。因此，语言景观的构建目标是把交际主体的人、特定公共空间及景观文化信息的表达等要素置于共生场域中，形成一种和谐的共处关系。可从生态场域理论视角，对江西文化的独特内涵提出构建语言景观的基本原则。

（一）尊重秩序

生态场域视野下社会语言景观的秩序可分为外在秩序和内在秩序。外在秩序是在特定场域中，不同外力因素相互作用而形成的外部世界的社会建构。如在特定时空中显示的语言标牌，标注该空间的功能和开放时间，以及在该空间允许从事的活动和活动主体必须遵守的活动规则。又如南昌市红谷滩秋水广场喷泉是以"温馨提示"的语言标牌和语音广播形式构建秩序。相关语言标牌和语音广播内容是："一、请游客从南北门进入，观赏结束后有序从正大门离场。二、请游客观赏时保持安全距离，避免拥挤。三、如广场人数超过管控人数时会启动管控机制，请服从现场管理。"[①] 通过语言符号构建秩序的手段有：关于社会秩序构建的词语使用，包括游客入场和离场的方向规定；观赏时应保持的人际安全距离，以及应急预案中的管控机制和服从管理的要求。这些显然是语言景观构建者与接

[①]　https://hgt.nc.gov.cn/hgtqrmzf/ggwhfw/202309/724470706a5e34980b01003634bc45fa5.shtml.

受者之间秩序构建的必要手段和保证。作为语言景观接受者的游客，在秩序构建中必须准确定位自己的交际角色，在这里表现为进入秋水广场欣赏音乐喷泉时，自觉接受语言景观构建者的外力制约和束缚，从而共同构建起安全有序的外在秩序，即确定特定时空环境中人与人、人和物体之间应有的关系。

内在秩序是行为主体对内在情感的控制和组织，当一个人的内心建立秩序时，能最大限度地管理好自己的情绪、行为和思维，从而构建起内在的自由心灵。秩序若仅仅停留于外在秩序层面，社会虽不失序，但无法保证可持续发展。若遵守秩序仅因为外力，而不是与内在秩序相吻合而主动外化的行为，就有可能因外在秩序与内在秩序的对立而产生矛盾冲突。

内在秩序的构建是个体在思维结构中对其所交互对象主动进行逻辑关联，并根据内心的秩序原则从单一维度或多维度实施组织管理。当游客身处大自然中，一般仅能观赏到一些自然的细节，无法感知全局。若游客没有语言景观的引导，自然环境的本真状态有时在游客内在秩序系统引发的是混乱无序感。巍巍井冈山既有深邃的历史内涵，也有优美的自然风光，还有丰富的自然资源和日益繁荣的经济发展。当游客需要通过游览构建内在秩序时，语言景观的构建就起到了作用。如在黄洋界、八角楼等景区，游客通过身着红军服、重走红军路，追随先辈足迹，感悟井冈山红色文化魅力；在龙潭、百竹园等自然景区观赏雄伟的流泉飞瀑与杉木竹林，体验井冈山绿色生态文化意境；在茅坪镇神山村、柏露乡长富桥村等乡村旅游点，游客可以品味乡村特色菜肴，度过悠闲健康的假日时光，尽情享受乡村振兴的时代气息。语言景观帮助游客通过游览对井冈山红色革命文化、绿色生态文化和新时代振兴乡村感同身受，从而实现外在秩序与内在秩序的和谐共建。

人与物、人与人和谐关系的构建是人类存在秩序的根本保证，人通过处理好自我与他者的关系即合理建构我、物、人的关系而获得内在秩序。外在秩序与内在秩序和谐共建，人才能从由外力控制的强迫性秩序中得到解放，将服从遵守外在秩序转化为自觉行为，在理解的基础上遵守外在秩序，保护自然，善待万物，尊重他人，构建和谐的内在秩序。

秩序是生态场域理论的内涵，语言景观构建者应充分利用特定公共空间，遵循语言景观创作设计的规律，创作出既可展现外在秩序，又可传达内在秩序的作品。同时，语言景观构建需要符合时代和社会发展的秩序，源于生态场域理论的秩序性是语言景观构建者应该遵循的基本原则。

江西文化语言景观构建面临时代发展与历史传统和谐统一、共同构建秩序的问题。随着城镇化的推进，城市和农村都必须面对新旧秩序变革问题。引入生态场域理论对于重新定位城市公共空间的秩序、引导传统村落社会回归有序运行轨迹，有着不可忽视的重要作用。语言景观通过对公共空间的构建可以从整体上对社会秩序进行调整与引导。

语言景观是一种艺术形式，语言景观的构建有利于人与艺术之间形成一种交际关系，需要改变传统观念中艺术与日常生活泾渭分明的刻板印象，建立彼此间的紧密联系，这有助于人们把艺术修养转化为切实可感、平易从容的生活体验。在特定公共空间的生活体验能让文化艺术融入日常生活。通过熟悉可感的事物，建立一种让人切身感受的艺术作品，在城市和乡村的日常生活中共同构建秩序。

语言景观构建有助于传达秩序构建的同时代性特点。在数字时代的社会中，信息交流速度极快，现代人的审美诉求也在迅速变化，语言景观建构也应在保持对原场域特性尊重的前提下，与时俱进地进行创新。例如在城镇化浪潮下，传统村落在时代的发展中似乎被抛弃，青壮年为了追求更美好的生活离开了乡村，村里只剩下留守的老人和儿童，凸显了乡村生活与现代城市生活之间的时代差，在乡村空心化过程中村民的自尊也悄然失去。然而，无论时代如何变化，人的尊严始终是外在秩序与内在秩序的基础和核心，振兴乡村的语言景观可以重新唤起并激发村民对乡村的热爱，尽力以艺术手段拉平城乡之间的这种时代落差，从而达到同时代性要求。《国家通用语言文字普及提升工程和推普助力乡村振兴计划实施方案》要求："发挥语言文化在创新设计产品包装、宣传广告、景观文化等方面的独特作用，提升产业、产品附加值。"① 江西婺源被誉为最美乡村、梦里老家，在美丽乡村景观构建中，通过可视的节俗仪式固化民俗传统，形成稳定叙事象征，打造了当地民俗旅游仪式化的综合文化景观"篁岭晒秋"。将篁岭

---

① 　https：//www.gov.cn/zhengceku/2022-01/09/content 5667268.htm.

的晒秋习俗活化为习俗展演，通过与游客交流互动，使土味晒秋节具有了稳定的文化内涵和丰富的时代特征。用红色的辣椒、黄色的小米和白色的豆子等农作物组合成多彩的画卷，其中既有红色五星以表达对祖国的祝福，也有传统的"福"字祈求福气盈门，更有随着时代话题而多变的图案，如2021年水稻之父袁隆平的纪念画像。语言景观与乡村振兴的时代主题密切相关，相互作用。一方面，乡村传统文化与社会时代的文明进步促进语言景观呈现与之相适应的内容；另一方面，语言景观的构建与文化意蕴引导和助推了乡村振兴的发展。

（二）恪守本位

生态场域在维持良好外在秩序与内在秩序的前提下，场域中的本位确立是保持生态良性循环的主体因素。与秩序的内外区分对应，恪守本位一方面要善用物性，另一方面要与人性吻合。语言景观构建中，特定时空中物的价值呈中立态势，旅游生态场域中的构建者和接受者之间拥有价值共识，彼此之间信息流动，构成生态场域内部的共生系统，各自发挥本位功能。在尊重交际场域中交际主体不同特性的基础上恪守本位。本位原则体现在对特定公共空间和时间特色定位的准确性上，语言景观构建必须保持对原场地的尊重并进行与时俱进的创作。课题组在场域理论指导下，对江西省文化语言景观构建系统中的主体进行调查，从交际主体即语言景观构建者与接受者的本位功能视角，考察了以下几类主要人群。

1. 青年志愿者

课题组所在高校的部分青年志愿者被分派到江西文化的主要景区从事志愿讲解服务。语言景观的主要构建者愿意吸收并欢迎对该景区文化感兴趣的年轻人加入志愿讲解队伍，到具有代表性的文化景区去开展讲解活动，提供语言服务。

课题组所在高校志愿者通过参加语言服务培训、讲解观摩见习和义务讲解等，深化理解了江西地域文化特色。他们通过提供语言服务获得了与游客的交流经验，探索并理解了游客的心理需求，从而成为具有一定专业人文知识和素养的社会文化语言服务人才。这些青年志愿者有热情、活力，更有创造性和开拓性。例如在海昏侯国遗址公园的大学生志愿者，在对博物馆文化资源有了系统的认知和娴熟的语言讲解能力后，主动走出博物馆，走进南昌市中小学，组织"海昏侯文化进校园"系列活动，在博物馆讲解员的引导下，通过流动展览和讲解服务，使中小学生更深入地了解了海昏侯国遗址的发掘过程、墓主刘贺的传奇人生以及众多珍贵的文物，培养学生对家乡深厚历史文化的自豪感。

2. 国内外艺术家

景区和博物馆等公共空间拥有物化展品和景观，是举办相关文化艺术活动的理想场地。例如，江西"海昏侯文化进校园"系列活动中就开设了别具一格的主题文化课——"礼乐和鸣"。在博物馆的文化课上，博物馆讲解员以生活中的音乐为切入点，通过生动有趣的讲述方式，将国之瑰宝编钟音乐具有的"品类繁多、等级森严、装饰华丽"等艺术特色展现出来，并请艺术家演奏清脆悦耳、悠扬动听的编钟，引领学生们跨越千百年历史与传统文化对话。通过与艺术家互动，将特定地域与世界连接起来，使海昏侯国遗址从一个原本衰败而不被人所知的古墓变为西汉文化的代表。艺术家来此举办活动，构成动态语言景观，使江西古色文化广为人知。

在全球化和数字科技迅猛发展的今天，政府和各类组织越来越重视通过举办艺术文化活动来达到信息传递目标。艺术是人与人、人与外界环境产生互动的有效媒介，语言景观中艺术手段的采用，能有效吸引不同人群的关注与理解，从而提升传播效益。

3. 当地名人

在语言景观构建中，还有一个不可忽视的重要角色，那就是生活于原场地的居民。随着时代发展，完全复制某一特定公共空间的场景，维持一个脱离真实生活的舞台化景观并不能引发游客的共鸣。即使是在具有悠久历史的村落中生活的村民，也有着有自己当代的生活。因此，生态场域理论下语言景观的创作应与现代生活同步，尊重居民和他们日常生活的便利性，这才是恪守本位的重要体现。因此，以当地名人作为形象代言传播信息也是有效的艺术手段之一。

例如在江西绿色生态乡村旅游中，南昌市西湖李家村是一个旅游热点。这里土生土长的、曾任南昌市市长的李豆罗退休后，返乡务农，带领乡亲们建设和美化自己的家园，成为当地的名人。利用网络直播带货平台，李豆罗一边推荐当地的特色农产品，一边分享自己的人生感悟。在那条点赞高达 24.9 万的视频中，他一边吃饼，一边说："我有一张饼，分给你一半，这就叫作友情；咬一口，就都给你了，这就叫作爱情；我把饼全部都给你，这就是骨肉亲情；现在我全部藏起来，然后跟你说，我也没有吃的啊，我好饿啊，这就是你要远离的人，不值得交往的人。"李豆罗利用网络短视频直播带货，目的是使西湖李家村成为新农村建设的榜样。

李豆罗自己成为他所设计和描绘的新农村中一个恪守本位的主体，他所要展现的是古村神韵、田园稻香、塘中莲藕、山间鹭翔、农家饭菜、湖边泳场，目的是将集体经济做大做强，让中华文化继续弘扬。西湖李家村要为江西、为南昌、为进贤、为新农村建设做个榜样。什么榜样？农村要像一幅山水画、一首田园诗、一部文化交响曲、一张平安富贵图，这就是李豆罗梦想中的新农村。①

（三）良性互动

在语言景观的构建中，只有在尊重人本位基础的构建者与接受者之间的互动才能体现人的价值。狭义的语言景观互动是指语言景观与接受者之间交流，这不仅要求语言景观包含构建者所要传递的信息，而且要求重视参与者与艺术作品接触甚至进入特定公共空间活动的需求，包括参与者与当地居民互动、与自然生态互动。广义的语言景观互动是指语言景观构建者关注特定公共空间的社会生活，关注身边可借鉴和传达的一切，并与其形成互动，让语言景观与特定时空中的社会相互影响。语言景观构建者应在人与人、人与自然的互动关系中深入场地，感受当地的人文风情和自然风光并与当地居民充分沟通与协作后进行创作，而不是"闭门造车"。

随着乡村振兴政策的推行，我国乡村涌现出许多以艺术为手段构建语言景观的成功项目，游客通过参与艺术文化活动而体会到在场性，甚至自己也构成景观的有机组成部分。语言景观对于引导参观者体会场域氛围、

---

① https://www.163.com/dy/article/FQGCRNTF0512D3VJ.html.

关注真实生活有着指示行动和揭示文化内涵的作用。互动为游客提供了一种有别于观看的全新体验。游客通过互动从不同视角领悟生活中的传统文化和智慧。在江西绿色乡村生态游中，有些农家饭馆从餐馆到菜品的命名能唤起人们对传统农村生活的记忆，如"柴火大队"，"柴火"让人联想到传统的用柴火做出饭菜的特殊香味，而"大队"这个单位名称则带着那个时代农村组织的印记。安义古村对于穿汉服的游客实行免票活动，让身着汉服的游客成为古村中流动的风景，而身着汉服的游客也通过服饰更换而"穿越"到古时农村生活的场景。这种在场性的展演不同于传统教育，是一个自主参与并交流学习的过程，也是一种艺术互动形式，让人和场地之间发生互动，传统生活场景和人通过良性互动构建起自然的秩序。

（四）价值超越

语言景观构建可以实现价值超越，这包括两个不同的层次：一是超越自我，二是尊重差异。第一个层次超越自我，指的是通过语言景观构建者与接受者的换位思考，以及交际主体与作为语言景观载体的物的交融，构建者提醒、接受者审视并反思自己的言行举止，遵循自然规律，重塑自我价值。在江西鄱阳湖候鸟保护区的白鹤小镇，语言景观构建者的定位不仅是管理人员，而且是科普人员与照顾候鸟的主人，景观标牌上的语言深入浅出，简洁准确地描述了眼前这些候鸟的习性及来自何处，游客在观鸟过程中要注意的言行。游客不仅看到可爱的候鸟自由地嬉戏、欢快地鸣叫、在蓝天上翱翔，而且通过语言景观增长了候鸟保护的知识，并且根据语言标牌的引导，以第一人称表达自己文明观鸟的承诺。语言景观在引导游客超越自我方面起到了无声的、不可替代的重要作用。

通过语言景观构建实现价值超越的第二层次是尊重差异。不同国家和民族对于不同文化景观的价值判断不同。例如，江西红色革命文化产生于江西的特殊历史时期，对于中国的社会主义制度与中国共产党人的初心使命，国际友人的感受可能并不会像从小受到革命传统教育的中国人一样，但是人性总有共通性。课题组所在高校的留学生，在中国经历了新冠疫情之后，接受了由中国共产党党员组成的服务队为保障他们生命安全而提供的服务，对照自己所在国家的情况，由衷地表达了对中国共产党秉持的

"生命至上，人民至上"理念的深刻理解，并且对于共产党员的"逆行者"这个词有了深刻了解。在红色故都瑞金，来自巴基斯坦的留学生在红井旁听了红井的故事，深有感触地说："'吃水不忘挖井人，时刻想念毛主席'一方面体现了革命领袖毛泽东对人民疾苦的关心，另一方面表达了当地人民的感恩之情，这是一种非常和谐的执政党和群众的关系。"语言景观给不同文化背景的游客留下了解读的空间，并充分尊重不同文化和历史差异。

正是因为超越自我并充分尊重不同文化的差异，在语言景观构建与解读的交际过程中交际主体才能实现价值重塑和价值超越。社会不断发展，传统价值观念在新时代也不断进行调整和适应，新旧价值观念之间、本土价值观念与外来价值观念之间，必然会存在争斗与妥协。

第二节　语言景观与文脉传承

生态场域理论视野下，传统与现代构成一个生态场域，但又各自拥有自身的资本，二者既有竞争又有合作，既要摒弃传统文化中不利于社会进步的因素，又要保存传统文化中人与自然和谐相处的伦理规范。

"文脉"（context）一词的狭义解释是"一种文化的脉络"。文化是包括各种外显或内隐的行为模式，借符号来学习或传承，并构成人类群体的特色。文化的基本核心是价值观念。"文脉"是历史所形成的生存样式系统。南宋大臣家铉翁在《题中州诗集后》指出："壤地有南北，而人物无南北，道统文脉无南北。"该词成为中华民族内在生命的重要表征。文脉最重要的特点是不局限于某个特定的历史时期或者某个地域范围，表达出中华民族共通的价值理想。与一般的"文化"概念相比，文脉更加强调文化的内在生命力。某些语境下文脉也用以指一个地方、一个家族的文化传统、文化传承，甚至是文教科举，在这个意义上，其与文化传统所指相类似。

语言景观是特定公共空间传递信息的符号系统，其功能除了基本的指称功能外，还有非常重要的象征功能和文化功能，可被视为文脉传承的一个重要载体。文脉传承的主要内容是精神文化，因其内在性和不变性而展示出绵延不绝的生命力。文脉传承是文化发展、民族复兴的动力以及文化自信之根基。

文化随着社会发展而不断创新，文化创新的动力与文化传播的智慧根植于对自身文化的传承，在此基础上实现传播与创新。在数字时代，多模态的语言景观充分利用了信息传递的不同维度和技术手段，例如制作短视频或设计图文并茂的文旅宣传资料，然而要深入理解、掌握并传承文脉尚存不少困难。因为要掌握文脉的本质必须具有全球视野，毕竟不同民族文化的相同与差异是相对而言的，在传承本国和本地域文脉的同时，必须了解并借鉴其他文脉，才能让文脉传承与现代传播并进，激活文脉资源，完成传承与传播。

由于自然环境、经济科技和社会习俗不同，特有的地域文化形成。随着时代发展、科技进步和文化频繁交流，地域文化及其展现的地域形象易于趋同，文脉传承有助于展现地域文化的亮点，给客观环境注入独特的生命力，赋予建筑和公共空间以新的文化内涵。

一　语言景观与时代表征

语言景观是一种空间语言，在特定公共空间的语境中语言景观是主要的信息载体。借由语言景观，作为交际主体的语言景观制作者与接受者完成信息沟通的过程。理想的语言景观不仅能够帮助进入该公共空间的人感受其空间结构特点并了解其功能，而且能够展现并折射该地域的文化历史积淀，同时反映当下该地域的社会发展情况和生活观念，即完美呈现传统文化与时代发展的完美呈现。

蕴含生活方式、凸显主体观念的文本修辞结构和多模态手段，可表达地域文化的文脉特征和内涵，语言景观的变化同步反映社会发展的方向。语言景观的制作者将空间语境与接受者连接起来，激发其接受并理解该地域语言景观所表征的功能信息，并据此安排自己的活动。比如，2023年江西南昌举办第35届菊花展，其主题是"豫章故郡，发奋南昌"。该市用菊花拼写主题文字并将它们装饰在多重花门之上，采用分散布景模式，在全市18个区域布展。市民不仅能够通过菊花展感受菊花的清新与艳丽，还可通过设置的语言标牌，感悟中华民族传统菊文化与南昌的发展。设置在南昌市人民公园中心广场的菊花主造型呈现"乘风破浪，英雄江西"几个大字，象征着江西正乘风破浪、奋发前行。在千姿百态、清香艳丽的菊花丛中，环绕的影像胶带象征时光画卷，记录了平凡的南昌市民在日常工作中的默默奉献。赏菊者读懂了语言景观所传递的对在南昌每个角落坚守岗位、践行职责的工作者的敬意与感激。课题组随机采访参观菊花展的游客，不少人表示看到这个菊花展的语言景观很震撼，再仔细品鉴环绕菊花造型的影像胶带图画，结合菊展的主题，为身处新时代的江西发展感到自豪，为普通人为江西发展兢兢业业的工作能被看见而感动。

为了帮助游客在赏菊的同时了解并感悟江西地方特色文化，南昌市人民公园的菊展区还设置了游客参与的互动活动——"飞花令"，以"菊"字为引，吟咏诗词，重温中华传统诗文中有关菊的诗意和情感。身着古代汉服的工作人员手持小礼物与游客对诗互动，孩子们跃跃欲试，积极参与。不少游客认为，巧妙置放在菊花展中的语言标牌和咏菊的诗词对吟，让他们感悟到中华文化之美，真切地为生活在江西和南昌而自豪，并愿意为维护和建设更加美好的家园而贡献自己的力量。

菊花展中的语言景观有独立的空间语法，主要以词或短语为基本单位，展示与该空间功能及其活动相关的关键词，不追求句子的完整性。如南昌市新建区的语言标牌"新有梦，建有道"既暗藏了"新建"二字，也展示了该区的发展愿景与建设者情怀。菊花展中语言标牌的另一个特点是凸显名词性，布展者根据游客的观看兴趣和时间分布，省略语言篇章组织的虚词，利用空间情景传达意义，精练语言符号，如"阳春白雪"凸显菊花洁白与高雅的品位。语言表达凸显观赏者的重要性，课题组调研结果显示，在菊花展中最打动游客的语言景观是"一朵菊花一份爱，朵朵菊花为你开"，文字简洁、风格通俗，因为空间花文配置，游客瞬间被布展者的诚意感动，从而达到了身心愉悦的赏菊效果。

非语言符号是空间语法不可忽视的有机组成部分，多模态信息传递手段是空间语法的主要特点，语言、造型和色彩配合的多模态话语呈现可激发语言景观接受者对该地域发生事件重要性的认知，通过具身体验感知空间意义。

　　语言景观对社会发展变化的反映还体现在空间表征上的风格差异。一个时代有一个时代的风格，求新求异永远是为了吸引接受者的关注。尤其是以年轻人为主要接受对象的语言景观，时尚性是其永远的追求。在语言系统中，词汇对社会发展变化最敏感，忠实记录社会生活的变化和人们的价值观念。从时间发生的顺序看，新时尚从命名开始。"快乐柠檬茶"就把饮茶者的感受直接加入店铺名称，"快乐"的语义涉及售卖者和饮茶者，令人联想到饮用这款柠檬茶后将产生的快乐感受，该店铺名称以接受者的感觉情绪和认知为主导，使其成为身份认同的载体。语言景观是流动的社会性折射，随着社会进步和代际流动呈现不同的表征风格。

　　近年南昌多处出现"我在南昌很想你"的路牌，这些地方成为最新网红打卡地。在南昌大学正门，学生经常照相的地方也悄然立起一个蓝色的标牌"想你的风吹到了南昌大学"。课题组对在此照相的学生进行了访谈，他们表示看到这类语句时会有所触动，想以这个语言标牌为背景拍照，或者和朋友一起在这里合影，感觉很有意思。其实，从外形上看，这些蓝底白字的语言标牌从文字到配色，与传统路牌相似，但是一改传统路牌通常指示方向或者禁止行动的功能，其文字符号表征的是温柔的情感。在语言表达上，"我""你""想"等词语巧妙地调动接受者的情感导入，成为此时此地情绪表达的绝佳载体，而且点明了具体地点成为一种身份认同的表征，在这种路牌旁照相，不仅是到此一游的证明，而且能将思念与分享的功能发挥得恰到好处。

　　这类定制的网红路牌并非像传统路牌那样由具有对该公共空间管理权限的部门设置，许多是附近商家放置的，其目的就是利用年轻人的认知心理引发关注，吸引人流，年轻人在这种路牌下拍照并在网络上晒图，对周边商家起到隐性广告的功能。课题组调查发现，这类表征路牌迎合了年轻人表达情感的诉求，满足了接受者的情绪和认知。

　　地名是特定地域的社会公共信息，其设计必须依据国家相关管理标准和审批流程。2022年国务院新修订的《地名管理条例》规定，任何单位和个人不得擅自设立、拆除、移动、涂改、遮挡、损毁地名标志。课题组调研结果显示，人们对网红路牌的看法不一：有的认为这种时尚表征的网红路牌是很有意义的文创产品，让该地域空间具有了浪漫气息和温馨个性；有的认为设立这类时尚表征路牌是跟风行为，以假乱真设置路牌混淆了公共路牌的主要功能，是很不严肃的商业行为。当一夜之间各地都刮起一股"想你"的风，网红路牌便不再传递其自身情感而变成了一种固定模式，其时尚性很快减弱。这类时尚表征风格的语言景观在公共空间的放置应遵循相关管理规定，在表达情感的同时不可有误导的可能性，不应该摆放在交通繁忙的街道或人行道上，一般商家的路牌没有固定放置，随时可撤掉。

课题组就这类网红路牌问题调研了当地城管执法局，有关管理人员表示道路标志牌承担着指路定位的作用，其放置的位置、名称、汉语拼音、字体样式等都有严格的审批流程和国家标准，未经审批随意设置路牌属于违规。正规道路指示牌设置要上报有关部门批准。网红路牌有路牌之形而无路牌之功能，更像一个时尚表达道具，是商家或者学校用来吸引游人关注的工具。若这类路牌影响到市政公共设施、交通安全设施、交通标志等正规路牌的使用功能，管理者有权责令放置者无条件拆除。

在旅游区域，在合法合规前提下允许制作者发挥创意，时尚表征人文情怀与浪漫、迎合大众审美、引领时代风尚、营造地域文化氛围、带动旅游人气，成为"吸粉"利器。如在南昌万寿宫历史文化街区，其上空悬挂的"福气坨坨""差爹子""献世""恰噶"等南昌方言词语让游客一边大声念出来体会土味的亲切，一边令其会心一笑。该历史文化街区的景观设计以万寿宫文化为主题，融合南昌方言、美食、道教、江西民俗等多种元素，呈现瓷器、文具、日用品、出版物等数百款文创产品，满足游客消费需求，不仅成为网红打卡地，而且保留了南昌历史文化街区市井气息的文脉。

二　语言景观传承文脉的手段

网红路牌引发争议甚至冲上热搜，表明语言景观在传承文脉的同时顺应时代发展而创新，成为被广泛关注的热点问题。从语言符号学的观点看，该问题的实质体现了语言稳定性和变易性之间的矛盾。语言景观构建者的得失取决于其所掌握的"词汇"的丰富性和运用"空间语法"的熟练程度。语言景观构建者要想使语言景观被接受者理解，必须选择恰当的"语汇"

并遵守一定的"语法"规则，并且巧妙地运用新符号，有意识地改变多模态符号之间的常规组合，在文脉传承的基础上不断创新。

（一）撷取地域文化亮点

在全球化和城市化发展进程中，由于不同地域和民族的文化交融，语言景观的词汇和空间语法构架呈现出趋同的态势，这可能导致地域文化或者城市形象趋同。文脉传承视角有助于从传统性、地方性和民间性的稳定文化内容出发，以独特的展现形式凸显地域文化的特色和亮点。

由于自然条件、经济技术和社会生活习俗的不同，世代生活在不同地区的人们在长期的历史发展中形成了不同的文化，每种文化均有其特点，并且总会以某些特有的符号和空间组合方式呈现出来。这种文化印记正如地域的方言一样，长期生于斯、长于斯的人对此已浑然不觉，在跨越地域的交际中却能唤起人们内心最强烈的亲切感和认同感。语言景观构建者巧妙地采撷地域文化的亮点，注入类似方言的"乡音"元素，即可强化该地域的历史文化感和本土气息的元素，增强该地语言景观的吸引力和感染力。

江西文化历史悠久、名人辈出，在历史上留下了深刻印记，文化内涵极为丰富且特色鲜明。历史上江西一直是书院文化发展的中心地区，拥有独特的历史地位。在语言景观构建中，高安桂岩书院和德安东佳书院凸显最早的书院特色；庐山的白鹿洞书院凸显其成为后世书院标准的书院学规；上饶鹅湖书院语言景观展示其首开学术自由辩论之风的鹅湖之会形象；吉安的白鹭洲书院语言景观展示的是其绵延 800 年不断的琅琅书声。

南昌市万寿宫历史文化街区位于南昌市中山路商圈，地处中山路和船山路交会处。该街区经历了不同朝代的历史发展，始于唐朝，至宋朝达到鼎盛，发展到清朝成为江南三大贸易中心。南昌万寿宫与上海城隍庙、南京夫子庙并称江南三大著名宫观。南宋经济重心南移，江西成为经济文化发达地区，赣商走上历史舞台，被称为"江右商帮"，南昌市中心的万寿宫历史文化街区成为"江右商帮"的地域文化符号。

万寿宫是该历史文化街区的标志性建筑。历史上"万寿宫"这一命名曾有过三种不同的含义：北魏时，"万寿宫"是皇室祭祀场所；北宋时，"万寿宫"成为道教场所；明清时，"万寿宫"是江西会馆代名词。万寿宫不仅是道士修真之地，更是江西商帮联络处，发挥着为江西商帮提供融通资金、交流信息和调解纷争等功能。从符号学视角看，万寿宫是江西行商坐贾的文化标识。万寿宫供奉的是江西地域独有的福主许逊。许逊创立道教净明派，以"忠孝廉谨，宽裕容忍"为准则。受其影响，江西商帮重信守诺，被公认具有义贾之风。相传农历八月十五许逊全家连同院里的鸡和狗一同拔宅飞升成仙，这就是"一人得道，鸡犬升天"的来历。

南昌市政府秉承"挖掘、传承、融汇、展示"的理念，通过语言景观构建实现"历史街区、城市记忆"的文化和经济功能，达到"文、商、旅"有机融合的效果。街区不仅依照历史文献重建，展现江右民系的建筑风貌和传统文化，而且针对当代消费观念和审美情趣，实现万寿宫历史文化街区对南昌地域文化的复兴，唤醒南昌居民对万寿宫历史文化街区的城市记忆，展现浓郁的江西历史文化特征。为了实现该地域景观现代化商业和文化旅游功能，政府对历史建筑升级改造，历史人文和现代时尚通过传统风貌建筑和其中的语言景观实现有效融合。

南昌市万寿宫历史文化街区语言景观的构建者首先遵循历史记忆再现原则，对该地域历史上曾有的重要建筑，如宝庆银楼、广润门、茶肆、钱庄、会馆等建筑进行复原，使建筑成为文化的载体；其次撷取该地域的文化亮点并挖掘其中的文化价值，如为南昌市民所重视的铁柱万寿宫遗址以及穆斯林社区的醋巷清真寺的文化价值，这对于呈现并保护南昌市地域文化传统具有不可忽视的重要性；最后凸显该街区独特的历史价值。万寿宫历史文化街区是在南昌旧城墙范围内仅存的历史文化街区。

从文脉传承上看，南昌市万寿宫历史文化街区是颇具江西地方特色的许逊信俗的发源地。南昌历史上就是中国南北大通道上的重要城市，具有交通与商业重镇的地位，而该历史文化街区是南昌作为商业重镇的珍贵而生动的历史遗存。

（二）移植地域文化符号

随着时代的发展，特定地域的文化必然有与时俱进的创新需求，传统观念要"立新"必先"破旧"。但是，从文脉传承的角度看，确立新的文化特点并不一定要破除旧的历史习俗。语言景观构建的关键在于，要采用恰当符号手段表现历史文化和当代文化融合的语义，以传统而时尚的空间语法结构加上现代艺术设计呈现并表达出来，要创造充满地域特性和人文性的语言景观。

南昌市梅岭景区"江西明清古建筑博览园"成功地完成了江西赣鄱大地上的重要文化符号——明代和清代的江西古民居建筑——的移植。江西通过古建筑异地保护，移建了全省 11 个地级市具有研究、观赏和珍藏价值的明清时代的古建筑，如永丰县腾田右镇古宅、乐平林港下石村某富户大宅、婺源县紫阳镇某富户大宅等。江西通过建筑符号重组，生动形象地展示了江西各地明清时期的天井院式民居，其中赣派民居的木雕承载了深厚的文化内容，其工艺精致、惟妙惟肖，是赣鄱传统文化中的杰出代表。

该博览园在构建语言景观时围绕江西本土赣鄱文化民居主题，保留了民居周边的生态格局，精心修复了各栋民居建筑的外观立面、细部和弄堂小巷空间，最大限度地忠实于建筑内部的分区功能，整体结构和谐精巧，民居环境绿荫萦绕，木雕木刻淡雅朴实。这些国宝级古建筑群经过异地保护和修缮，再现了明清时期的建筑风貌，体现了明清时期的风土人情，展现了明清时期工匠的高超技艺。

该园区不仅提供了静态的明清建筑和语言景观，以此介绍各栋民居的风格，而且充分利用公共空间，创造性地开设了中国传统文化研学项目，设计了游客可以动手参与的文创项目"时光印记-活字印刷"，还有赣绣可供欣赏与体验。该园区通过动态的课程讲解和手工体验，复活了明清时期这些民居中的生活形态；通过沉浸式语言服务，帮助研学者更好地了解并体会先人的生活智慧。

在移植基础上完善并拓展该特定公共空间的功能，不仅生动体现了赣鄱大地明清时期的民俗文化和生活艺术，而且通过文旅和研学活动，寓教于乐，更好地传承了赣鄱大地的文脉。

（三）改造空间文化氛围

对于相似的文化符号或出现频率高的文化符号，人们会随着时间的推移而习以为常，这些文化符号难以引起接受者足够的注意或兴趣。语言景观传承文脉的一种构建手段就是将一些常见的符号加以变形或分裂，或者改变信息符号的组合顺序，以使语言景观符合人们审美活动中求新求异的偏好，达到引人注目并且发人深省的效果。

提升语言景观的信息传递效果可采用多模态符号的手段，同文字语言一样，其既要遵循特定的语法规则，也应与不断发展变化的社会生活建立联系，从而实现特定地域文脉的历史连续性、文化稳定性，并展现时代新变化的时效性。由老工厂改造而成的樟树林文化生活公园就是改造特定空间文化氛围的成功案例。

位于南昌市东湖区佘山路的樟树林文化生活公园是由江西化纤厂改造而成的创意文化产业园。江西化纤厂曾经是大中型国有企业，历经50多年风雨，陪伴南昌成长，见证了南昌的发展。随着城市经济发展和转型，江西化纤厂这样的老工厂被淘汰，在从旧厂区到文化生活公园的质变过程中，语言景观构建者保留了厂区内的许多老厂房、水塔和烟囱等建筑，因为它们承载了历史，是时间的见证。语言景观构建者根据公共区域的特点——一片茂密的樟树林，命名和规划功能区，围绕樟树林设计构建创意文化产业园，从而避免了老厂房被遗忘的命运。园区内很多语言景观巧妙地融合了樟树的特征被构建和改造，最后创新性的语言景观不仅艺术地保留了作为南昌城市记忆的老工厂的发展历史，而且充分满足了作为文化产业园的新功能要求。樟树林文化生活公园包括三层商业圈，"江西非物质文化遗产展示馆"是核心，根据空间功能，划分为非遗展示、体验、表演、非遗商品销售等区域，同时辐射餐厅、宾馆等其他产业。园区内的环境和建筑很美，在公共假期语言景观构建者还可利用园区场地举办符合年轻人喜好的各类活动，如畅享青年艺术节等，年轻人在园区内逛市集、看球赛、听音乐会，享受时尚动感的文化氛围。语言景观构建者将老工厂改造成为有温度和有文化气息的载体，在原有空间和新的文化氛围中完成对它的保护、更新和再使用。通过改造，樟树林文化生活公园让特定地域曾经发生的历史不被遗忘，用与时俱进的、年轻人喜爱的方式巧妙地实现了城市精神和工业文明的重生，南昌这个城市的文脉就由化纤厂曾经的热火朝天、机器轰鸣的生产场景转换为老少咸宜、对外开放的创意文化休闲娱乐空间，城市的记忆在发展中延续，地域的文脉也得以稳定传承。

文脉的传承对于语言景观构建者极富挑战性，它意味着，语言景观的构建不仅应展现该地域历史文化稳定性的特点，而且要在此基础上适应时代的发展和接受者审美观念的变化，在语言景观的表达中注入新的生命活力。历史遗留的旧建筑的价值在于其在历史长河中沉淀下来的文化特性。语言景观的文脉传承的功能是不可忽视的。

语言景观构建者应重视对符号意义和功能的重新思考。符号是文脉传承的重要载体。通常人们利用符号传递信息，但是特定空间和特定时空中的符号也对该场域中的交际行为主体产生影响。语言景观构建者应利用多模态文化符号系统而非局限于语言符号，对该场域的新认知和新功能进行组合，发挥新的交际功能。在对符号意义和功能的创新组合中，符号本身也在悄然发生变化，而符号所承载的文化也因在特定场域中的高频使用而得以继承和革新，文脉传承正是在高频创新的符号变异组合之中得以完成。

当然，语言景观不同于普通的语言符号，通常是在特定场域之中与特定建筑相得益彰的文化信息传递工具。文化语言景观构建者必须对建筑语言有深刻的认识。建筑语言是基于建筑设计、建筑材料及建筑手段的空间语言。建筑艺术传递信息的载体不是语言符号，而是建筑形体空间。历史建筑是鲜活历史事件发生的场域空间，承载着历史文化记忆，有助于人们重新寻求特定空间中古今不同因素之间的对话，呈现古老建筑悠久的历史和地域文化，以此为出发点传承并拓展文脉和蕴含其中的共同理念。

人类生命的传承需要相同的血脉得以延续，文脉的传承也需要独有的文化内涵得以延续。社会发展带来的变革必然导致某些历史文化被冲击甚至被摒弃。如今我们正身处世界百年未有之大变局，不能让其导致历史断层。这就要求在传承文脉的同时，通过语言景观构建给文脉注入新时代和新社会的生命力。

第三节　公益广告与文化传播

生态场域理论视野下，构建文化氛围的手段之一是公益广告。广告产业在服务国家创新发展、推动社会主义精神文明建设中的作用不可忽视。美国历史学家波特指出："广告在社会中的影响力之大，可以与学校和教会等传统制度相匹敌。广告具有支配媒体、创造流行的巨大力量。在这一意义上，广告是能调控社会的少数形式之一。"① 广告分为一般广告和公益广告。"公益"顾名思义指"公共利益"。公益广告最早出现在20世纪40年代初的美国，亦称公共服务广告、公德广告，是为公众服务的非营利性广告。1986年贵阳电视台摄制的《节约用水》被视为中国电视媒体最早播出的公益广告。1987中央电视台《广而告之》栏目使公益广告区别于商业广告，以极强的亲和力倡导健康的社会风尚。公共利益是公益广告的核心，这类广告不同于商业广告追逐利润的特点，是以维护公共利益为广告目的、以公益诉求为广告内容，关注对象以人为中心，传达信息的目标是实现人与人、人与社会、人与自然的和谐共处与持续发展。

公益广告覆盖面广、影响力大。全媒体环境下公益广告面临信息表达主体和接受主体的泛化挑战，人们对公益广告公益性质的理解存在歧义。习近平总书记提出"广告宣传也要讲导向"，从文脉传承的视角看，公益广告作为语言景观的一种，必须践行"讲导向"。首先要考虑的自然是文化传承的功能，蒋旭峰（2009）认为，现代广告不仅是信息和意见的自由和均衡流动，而且要通过长期稳定而深层的思维方式从意识深处影响受众。公益广告在新时代社会主义文化建设、文化传承和生态文明建设中的作用值得系统和深入地探究。

一 公益广告与文化认同

（一）民族身份认同

语言景观研究中语码选择是一个重要问题，语码或者不同语种在语言标牌上是否出现及其占据的位置，体现了以该种语言为母语者的语言权势和语言地位。特定地域的公益广告一般采用该地域通用语言和标准文字，江西的公益广告遵守国家和地方的相关语言文字政策，使用普通话，并且

---

① 转引自〔日〕清水公一《广告理论与战略》，胡晓云、朱磊、张姮译，北京大学出版社，2005。

使用规范字，凸显了汉语言文字的官方地位。在江西文化语言景观中，基本不出现少数民族语言，这与江西省内居住的少数民族成员少，江西不是以民族自治或者民族杂居为主要特点的现状有关。

值得注意的是，有些公益广告因为在特定地域空间可能引发误解甚至导致公关危机。日本东京一则与中国有关的广告引发了日本网友的惊讶甚至误解。该巨幅广告位于东京繁华的涩谷一座大楼外墙上，画面的左上角是做成印证形式的几个汉字"你好中国"，右上角是一只代表中国文化的憨态可掬的大熊猫，中间是拼音和英语写出的"Nihao China"，画面的最下面是一行日语「中国へようこそ!」。从内容解读，该广告应该是中国官方对日本的招商旅游公益广告，所要传递的信息是"欢迎日本人来中国旅行"。但是日语母语者认为"（地名）へようこそ!"的意思是"这里是（地名），欢迎您来（地名）"，所以根据该公益广告所处特殊地域，该广告的日语母语接受者对这则广告的解读是："中国人在东京涩谷打出这块牌子，然后告诉接受者说，这里是中国，欢迎你来中国玩。"该公益广告引发了不少日本网友的评论，指出在把中文翻译成其他语言时要考虑目的语国接受者的思维习惯与汉语表达形式之间的差异，翻译不是简单的直译，要注意特定语境中具有民族思维特色的表达方式及功能。

公益广告上除了使用该地域的官方语言之外，出现的不同语言翻译折射出公益广告构建者对于潜在读者的预测和定位。提示类的公益广告如在日本街头仅用汉字书写，极有可能被解读为有意识地针对中国人。

（二）政治生态认同

从公益广告发布者身份视角看，公益广告发布者具有特定的社会政治身份，通过大众传媒发布的公益广告，如电视台、广播电台、官方报纸和融媒体制作发布的公益广告往往体现了某些社会职能机构的权威身份、倡导的生活方式或者价值观念。如江西省消防救援总队（简称"江西消防"）曾推出一则消防公益广告《起火生烟告诉你》[①]，采用古装剧形式，通过拆字"烟火"游戏和人体形象展示的文字梗科普了一条消防知识，就是安装

---

① 《江西消防公益广告：起火生烟告诉你》，http://jx.119.gov.cn/news-show-5278.html。

烟感报警器后，起火时你就会知道。这则公益广告呼吁民众在家中安装烟感器，它能在火灾初起状态提醒人们逃生并呼叫消防救援。江西消防策划制作了不少消防主题的公益广告，播放量超过 10 亿次，社会效果显著其中有曾获中国公益广告最高奖项黄河奖的广告。这类公益广告与发布者的工作职能有关。

政治生态方面的公益广告多是由官方机构制作并通过官方媒体播出，结合自身的工作与政治生态理念，针对具体现象通过语言和图片相结合的方式广而告之，简洁易懂，触动人心，令人印象深刻。为加强新时代廉洁文化建设，强化党员干部廉洁自律意识，营造清正廉洁的政治生态，各级纪律检查委员会开展廉洁文化语言景观创作征集活动，通过官方微信公众号展播了一批优秀的原创廉洁文化作品。如某市纪检委派驻自然资源规划局的公益广告《守护政治生态》，以图文融合、中英文共现的政治宣传页形式呈现其治理理念。这个政治宣传广告的主题是"反腐倡廉"，围绕该主题构拟的标语为"雾霾伤人肺，贪念毁人心"，与之相匹配的是占据画面大部分的高耸的烟囱和弥漫开来的灰色烟雾，令人窒息。另一幅宣传海报的主题标语是"水污尚可治，心浊无药医"，占据画面主要篇幅的是一个骇人的防毒面具和下面的污水。仔细研读发现一个有趣的细节：高耸的烟囱是用银币堆积而成，在防毒面具深凹下去的眼眶中填满了金色的钱币，巧妙地将"污染"隐喻表达出来：一方面，结合自然资源保护的工作职责，提倡对自然环境的污染整治与保护；另一方面，展示金钱和私利对人心的污染和腐蚀。语言符号组合的标题揭示了图片的政治意义，起到画龙点睛的作用。利用图片的形象引导接受者理解并领会相对抽象的政治观念，隐喻的巧妙利用凸显其行业从业人员明确的针对性。正因如此，这类公益广告在行业和社会上起到了积极传播廉洁理念、不断弘扬崇廉拒腐良好风尚的社会功能，为营造良好的政治生态起到了很好的宣传作用。

政治身份认同一般局限于某个国家或者某个省市等特定地域，这类公益广告的接受者一般预设为本国人或者本地人。语言景观中一般仅采用汉语和汉字。这则反腐倡廉的公益广告标语口号下，用不显眼的灰色字体展示了一行英文："Building a culture of clean governance and vigorously combating corruption and prompting integrity."中文意思是"建设廉政文化，大力反腐倡廉",这是对"反腐倡廉"理念补充式的翻译表达,对于在全世界不同国家树立中国政府清正廉洁的形象起到了很好的宣传作用,图文并茂的形式,能够帮助不同语言和文化背景国家的人理解该公益广告的主旨和目标。

经济学上对企业的定义是追求利益最大化的经营团体,企业在追求利益最大化的过程中可能会破坏环境,引发社会生活的动荡与不安。企业也开始反思其应承担的社会责任,将企业的生存与社会的发展联系起来,成为政治生态环境营造中一支不可忽视的力量。为营造促进民营经济良好发展的舆论环境,广州市早在 2017 年就开始为该市的优秀民营企业构建公益形象广告,在全市地铁站点和电信亭等公共空间展示。蓝色的电子显示屏上起航的飞机、飞驰的高铁、行驶的汽车、奔跑的健将等图像位于画面的右侧,画面正中是用黄色的行草字体书写的汉字标语"他们的奔跑,广州的领跑",若隐若现的远景是以"小蛮腰"为代表的现代化建筑群,象征着民营企业的创新活力、发展速度、行业领跑和飞跃壮大。此公益广告由政府出资,展示的优秀民营企业是经过政府职能部门审核和社会公示等环节遴选出来的,被公益广告展示的企业负责人认为,政府为优秀民营企业和中小企业所做的公益宣传,为展示企业形象搭建了平台,不仅通过发布者的权威性和置放地点的普遍性让社会各界关注到这些民营企业,比企业自己花钱做广告更有说服力,而且让公益广告宣传的企业懂得自己肩负的使命,更加努力发展以回报社会。通过公益广告营造了政府大力扶持、企业创新向上的良好政治氛围,改变了人们对民营经济和民营企业的传统偏见,并引领时代新观念的形成。

(三)文化观念认同

使用不同语言的人因受其母语语义系统影响,对世界的观察、表述和理解也往往不同,因此民族语言会超越结构主义语言学提出的语言符号系统与真实世界之间的"能指/所指"关系,不仅是人们交流的主要工具,而且不可避免地被打上了文化的烙印,成为文化认同的工具。[①] 语言表意的基

---

① 徐大明:《语言是交流和认同的工具——解读中外学者有关语言识别问题的争议》,《语言战略与研究》2018 年第 2 期。

本单位是词，而词所对应的并不局限于物理世界某一个具体的事物，而可能是该语言系统背后特定文化系统中的一个概念。比如，"爱人"这个词在汉语中的意思是指丈夫或妻子，指称合法结婚后的夫妻一方，只能用于背称而不用于面称，相当于英语中的"wife/husband"。日语中"愛人"多指非夫妻关系而相爱的人，多用为贬义。韩语中"애인"指的是内心深爱、非常想念的人，可理解为"恋人"。在汉语、日语和韩语中，该词形似，而所指称对象的文化蕴含不完全相同，体现了语言形式所负载的不同文化概念系统之间的不对应性。可见，人类语言的多样性不仅体现在语音形式的差异上，语言结构也是不同民族思维方式的折射，负载了文化的多样性。从这个意义上看，语言不仅是思维工具和交际工具，也是文化的载体，从语言的表达中可以窥见该民族文化的特性。

公益广告陶冶人们的心灵，激发人们的良知，引导人们形成文化观念。由于中西方地理和历史的差异，人们的社会文化观念既有共性，也存在不可忽视的个性。应该重视公益广告在文化观念塑造上潜移默化的劝导功能。

保护森林和绿地就是保护人类赖以生存的环境，这一观念在中西方文化中都具有很高的认同性。然而由于中西方文化观念的差异，在对该主题公益广告的构建中，着眼点就存在明显差异，首先公益广告的语言表达针对的对象存在显著差异，表达形式也不相同。美国一条传统的防止森林火灾的标语是"Only you can prevent the forest fires"，调查表明美国成人和儿童中的绝大多数接受这样的表达。同样信息在中国多表达为"保护森林，人人有责"。这是文化观念上的差异导致的：美国文化注重个体，直接凸显个人即"你"的重要性，激发美国人的责任感；中国公益广告针对的解读者是"人人"，重复使用指代的是看到这条标语的所有人，这种抽象和泛化的表达强调的是集体的力量和集体责任。这就有可能无法激发接受者对主体责任的单一性解读，折射出中国文化中喜欢抽象和强调道德自觉的文化特性。

除了在公益广告的语言表达上能折射文化观念，公共媒体，尤其是官方媒体通过公益广告传承文化也是常见的手段。如 2021 年中央电视台的公益广告《中华优秀传统文化传承不息》就是一则典型的以文化观念认同为传播目标的公益广告。① 广告词的撰写生动真挚："以为你很远，其实一转身就能看见。以为你很陌生，其实一直都在身边。你是绚烂千年的容颜，你是黑白无声的诗篇，你是大地山川的滋养，你是母亲温暖的爱怜。你赋予我深沉的力量，千山万水，勇往直前。别问我为什么对你如此眷恋，星辰总在闪耀，血脉代代相传！"这段广告词由浑厚的男声深情地语速适中地念出来，借助声音传播情感的气场，结合画面中闪现的不同场景，最后点题"中华优秀传统文化传承不息"时增大音量，语速放慢，屏幕上闪现金色行草字体，通过视觉和听觉双重感知给人留下深刻印象。

该公益广告词画面与文字表达匹配得当，将看似无形的中华优秀传统文化具象化，有助于观众的认知和理解。画面由远处连绵的群山和山谷间蜿蜒延伸的道路，自然切换成京剧中的武圣翻腾和青衣水袖的善舞，既有远山的厚重和通达的印象，也有京剧人物的传统服饰与唱念做打的具体行为，很好地用画面阐释了"以为你很远，其实一转身就能看见"。接着，画面中大红灯笼高挂的老屋里，一对喜结连理的青年男女在一群好奇的孩子们的欢笑簇拥下，朝着老屋大堂的祖宗像深深鞠躬。这对男女恭敬地接过了老人递过来的线装版"查氏宗谱"，同步响起的声音是"以为你很陌生，其实一直都在身边"。这两句话体现的中华优秀传统文化，打动了每一位观众心底最柔软的部分，文化归属和文化认同感油然而生。随着解说内容展开，屏幕闪现丝绸、私塾、书籍、母女依偎、龙舟赛、秀美山水的画面，最后在繁星满天的苍穹下，闪现稚气可爱的孩子的笑脸，形象表达了"星辰总在闪耀，血脉代代相传"。这则公益广告的目标就是使人们形成对中华文化观念的认同感，从而增强国人的文化自信。

江西省通过公益广告在展现江西地域文化方面也贡献了不少优秀作品。如在"文化江西"公益广告联合创作活动展出的公益广告，就兼具形式和内容之美。有一则广告词是："走过故事，走过时间，走过千山万水，唯一走不出的是乡愁。"乡愁是所有人对故乡的印象与怀念，这是人们共同的文化底蕴，我们从广告词中看不出地域特色，但是在这则视频公益广告中，

---

① 《央视公益广告：中华优秀传统文化传承不息》，央视网，https://gongyi.cctv.com/2018/10/04/VIDEac5NWRdqjKMLEthy3yzV181004.shtml。

通过女主人公行走的地域空间特征，观众很容易分辨出这里就是江西。江西特色的风景一次次出现在屏幕上，如白墙黛瓦的赣派民居、繁复细腻的木质雕刻门窗，主人公捡起的纸飞机也出现在一群嬉笑奔跑在小巷中的无忧无虑的孩童手中，完成了同一地域的时间穿越，最后的晒秋让观众立刻感受到了梦里老家、最美乡村婺源的地域文化特色。

（四）社会情感认同

复杂的社会环境对语言使用必然产生影响并在某种程度上制约语言使用。以美国语言学家威廉·拉波夫（William Labov）为代表的社会语言学认为，语言的社会变体不仅体现在不同民族丰富的"语言"结构系统中，而且不局限于某种语言地域"方言"的变体，社会使用中的诸多共时因素对言语的影响也很重要，这些因素使操同一种语言或方言的说话人在用言语表达时也各不相同，显现出的差异与社会语境之间存在值得重视的规律，语言的社会语境因素不可忽视，在特定社会语境中的语言景观折射了特定时代和特定地域人与人之间的情感认同。

情感认同与民族认同、政治认同和文化认同之间存在深刻的内在关联，相互之间存在强烈的相互影响，当然也不能完全等同。在民族身份明确、政治认同一致且文化观念相同的前提下，公益广告的语言景观构建者还应该重视社会情感认同，这对于通过公益广告构建和谐社会至关重要。

我国社会的核心价值观是全社会共同遵守、全体公民自觉践行的行为准则，为了增强其感召力，应着力从情感认同视角构建语言景观，以深刻的理论认知为基础，通过语言景观激发民众强烈的情感认同，将其自觉落实到日常的社会实践中。社会情感认同是联结理论认知和实践行动的重要的中间环节，情感认同具有较强的驱动作用。

激发某地域民众的社会情感认同，除了常规的教育和培训手段，更有效的是社会大环境中的信息传播，其中公益广告是一个有效手段，不仅具有引导作用，而且能有效优化社会认同的环境，是增强社会情感认同的良好载体。例如我国春晚的公益广告不仅应营造中华民族重要传统佳节团圆喜庆的气氛，而且因其是全球华人精神文化的"年夜饭"，所以自然应该担当起凝聚中华民族力量、展现中国日新月异发展的国家形象的重任。但是这种公益广告只有通过情感认同才能与节日喜庆祥和的气氛有机融合。

公益广告的情感认同首先表现在主题的选择上，央视早年的公益广告《给妈妈洗脚》就很符合中华传统文化中"百善孝为先"的理念，成为不同年代中国人的集体记忆，形成的情感认同效果是显著的。公益广告的主题都是善意的传达，虽然涉及的内容因时代和地域或人群而丰富各异，但是基于情感认同的目标，一般常见的主题包括救助时下发生的自然灾害、救济周围的贫困人群、扶助残障人士等，这些主题本身就倾向激发接受者的善心。公益广告的主题围绕促进个人进步和社会发展等社会公共事务和福利事业，与普通人的生活息息相关，其服务性而非商业性的本质使其具备激发接受者社会认同的潜在可能，因而具有较好的信息传播势能。公益广告的社会情感导向功能是通过有态度、更有温度的主题选择实现的。

有一则公益广告《关爱失智老人》的画面定格在昏暗的房间里，一位身穿浅黄色条纹衬衫和暗红马甲的老人闭目而坐，有种沮丧而无奈的表情，身后的书柜上堆着几摞书，还有一个老式的台式收录机。画面右边是隐约透入一些光线的浅黄色的窗帘，画面正中竖着写有一句话"他忘记了许多事情，但他从未忘记爱你"。这则公益广告图文集合，暗淡的光线是夕阳的映射，老人从他的时代走来，曾经饱读诗书、服务社会，而晚年却无力独自对抗衰老带来的困扰。令接受者瞬间破防而泪奔的是画龙点睛的对比表达：忘记所有事情，也从未忘记用一生的习惯去"爱你"。第二人称"你"，让接受者在解读过程中很自然地实现了认知代入。

公益广告社会情感认同的基础是普遍的社会情感话题，接受者不分阶层不分职业，具有最广泛的群众基础。公益广告挖掘的通常是近在身边的日常生活，也是在高速发展的社会生活中最底层的心理情感需求，或虽然普遍存在却因为非功利目的而容易被忽略的社会问题，直接触及社会生活和心理情感的隐秘区或痛点，因而更易打动人心，通过公益广告产生的向善向上的传播效应取得情感认同。

公益广告在文化传承上的功能还体现在公益广告的议题与时俱进、不断创新上。传统公益广告涉及环境保护、慈善救助、性别平等和亲情友情等文化观念领域。随着社会发展，一些更具有地域性和时代感的议题被公益广告所关注，不局限于某一群体或者弱势群体，而是从普通大众视角挖掘反映当下中国社会普通家庭的社会议题，彰显公益广告对时代和地域的人文观照。如 2021 年央视春晚的公益广告《妈妈的请假条》，以"请假条"作为情感线索，从母子视角讲述作为驻村干部的妈妈的故事。

为了帮助乡亲过好年，妈妈再次请假。可这次阳阳决定到妈妈工作的村里去过年。一路上阳阳所见村里的景物新鲜有趣，绿水青山、百鸟翱翔、新铺的水泥路和淳朴的老乡展现了脱贫后新农村的新面貌，逐步解答了妈妈为什么常常请假，没有时间参与他成长的重要活动。突然到来的阳阳是给妈妈最好的春节礼物，一家人和村民们共同度过了一个幸福的节日。角色双重选择的本质是家庭与社会、小家与大家、舒适生活与贫瘠土地之间的矛盾对立，为了实现"共同富裕"的理想，妈妈做出了造福大家的选择，形象揭示了"小康、大爱、幸福年"的主题。公益广告不仅展现时代美好和值得鼓励的人与事，还反映了社会尚未解决的矛盾和问题，真实折射了社会主流价值观，助力社会实现情感认同。

二　不同国家公益广告比较与启示

公益广告是对社会公众进行宣传和教育的一种非营利的广告形式。公益广告在民族身份认同、政治生态构建、文化观念认同和促进社会情感和谐等方面起着重要作用。世界各国都重视利用公益广告这种语言景观形式来传播主流价值观，宣传国家相关政策法规。透过不同国家公益广告可以窥见当下政府倡导的价值观念、营造的文化氛围以及当地社会的文明程度和国民素质。

（一）德国

德国是西欧一个高度发达的资本主义国家，其文化以传统、沉稳和认真而著称，历史上具有丰富的音乐和哲学等传统文化，其以尖端工业和科技产品为主的新消费文化也引领时尚。德国著名学者和作家歌德曾说过："中国人在思想、行为和情感方面几乎和我们一样。"1995 年德国抽样研究所的一项调查研究表明，德国人与中国人具有价值观选择上的接近性。在公益广告宣传社会文化和价值观上，德国和中国的公益广告从主题的选择到艺术表达的手段都同中有异，值得深入探究。

2016 年德国社会媒体曾经以"帮助父母亲"为主题制作发布系列公益广告《你有多久没回家看看爸妈了?》很多德国年轻人因为工作搬到外地，常常忙于事业而忘了关心家中的父母。德国连锁超市 Edeka 推出一则温馨电视公益广告，吸引了近 3000 万人次观看。[①] 广告的主角是一位年迈的父亲，父亲年复一年独自对着烛光，度过属于他一个人的清冷的圣诞节。他的儿女们各自生活工作在不同的城市，他总盼不到儿女回家与他团聚。又是圣诞节将至，隔壁邻居家的团圆和孩子们的欢笑，令孤单而年迈的父亲格外思念儿孙。一天，儿女们突然接到了父亲的讣告，他们在震惊和悲伤中从各地赶回家中奔丧。当身着凝重的黑色丧礼服的儿女们走进家门时，发现餐厅里布置有温馨的烛光晚餐，老父亲缓缓走来，动情地说："我还能怎样让你们回家团聚?"儿女们经历了失而复得父亲的过程，喜极而泣。可爱的小孙女跑上前去拥抱慈祥的祖父。画面最后定格在难得团聚的一家人开心地享用烛光晚餐上。配合着画面的主题曲《爸爸》更是打动人心，歌曲唱出了儿女们深藏对父亲和家的情感，歌曲开头唱道"我从来没有告诉你，你对我是多么重要"，歌词直白地解释了"我有如此多的目标要追求，而我做得越多，我心里对你的关注就越少"，最后不断反复的一句更让人感动——"没有你，家啥也不是"。对家的眷恋、对父母深沉的爱，都通过歌曲得到了充分的抒发和表达。

这则公益广告表现父子亲情主题，这是人类共同的情感。孤单年迈的父母期盼儿女回家是为人父母的共同心愿，但故事的叙述则体现出共性和差异。在德国，老父亲通过给儿女们发送一封假的讣告吸引儿女回家奔丧。当身穿黑色丧葬服的儿女哭泣着回到家中，看到的是温馨的烛光晚餐，在失而复得中感恩并反思自己身为儿女的责任，这种黑色幽默带有强烈的西方文化色彩。

2018 年中央电视台的公益广告《等到》，表现在平凡岗位上工作的儿女、在家期盼的父母和亲人在年关将至时最终团聚的画面。[②] 在叙述每个家

---

① 《德国 EDEKA 圣诞广告"回家"》，腾讯视频，https：//v.qq.com/x/page/r0176wm2fnz.html。

② https：//gongyi.cctv.com/2017/01/27/VIDEPVY2hYJSkG9mafCsS9qN170127.shtml。

庭团圆故事的画面旁边，都写有黄色的行草书，当父女相拥时是"等到牵挂落地"；当夫妻相拥时是"等到与你相依"；当坚守岗位的父亲将送团圆饭的女儿拥入怀中时是"等到幸福满溢"；当女儿给爸爸喂饺子时是"等到满心欢喜"；当鬓发斑白的母亲与已有抬头纹的儿子相拥时是"等到爱已成长"；广告中老父亲在团圆饭桌上对女儿说的一句话是"爸爸妈妈等你很久了"；之后，在辞旧迎新的漫天烟花和万家灯火的背景下，画面正中的红灯笼旁，闪现一行字"你到了，年就到了"。

同样的亲情主题在不同文化背景下公益广告的表述各有特点：德国的文化也注重父子亲情，但是呈现的是用黑色幽默揭示社会问题的冷峻态度，体现的是理性思考。而中国亲子关系的展示具有比较宏大的家国情怀，而且基本上采用暖色调，儿女不回家都是为了国家的需要和自己事业的发展，而父母都选择了理解和默默地期盼而不敢过多打扰儿女。父母都深明大义，儿女都善良勤奋，最后历尽千辛万苦回到家，大团圆的色调永远是暖融融的。而且配在画面上的语言都体现了浓浓的美好色彩。整个公益广告都是以对儿女的叙述为宣传亲情的视角，以第二人称"你"来称谓观众，令人瞬间进入角色，感动流泪。过年也好，过圣诞节也罢，"每逢佳节倍思亲"，这是人之常情。只是中国的公益广告相信人之本性善，而德国则认为人性无所谓善恶，只是老父亲以离别的方式提醒儿女应珍惜现在拥有的与亲人相互陪伴的时光，质朴而真挚。

德国在 2018 年还做过一个《保护孩子社会实验》的公益广告①，不少父母被邀请到一个家庭参观，他们有的怀抱着自己的小宝贝，有的母亲挺着即将生产的大肚子。不知道他们看到了什么，脸上都露出了惊讶的、难以置信的表情，有的甚至用手捂着嘴压制自己的强烈震撼。嘴里不断评价着："这是在开玩笑吗？我从未见过。""这太可怕了！""这无法让人接受，你是疯了吗？"观众被这些惊讶的表情和强烈的负面评价所冲击。画面回到两天前，社会实验主导者创作了一则公益广告，并邀请有兴趣的家庭来参观。有 7 个不同家庭来到这里参观，他们首先看到了窗外大街上的车水马龙，屋里有滚筒洗衣机、宽敞明亮的客厅、现代开放式厨房和大阳台，最

---

① 《德国公益广告，保护孩子社会实验》，腾讯视频，https://v.qq.com/x/page/u0820o9b3ym.html.

后去看儿童卧室，呈现在眼前的则是狭窄的空间、污秽的墙壁、凌乱的衣物、破旧的桌椅用具等。片头的画面就是这个时候出现的，对自己孩子饱含爱意的父母，都不愿进入这个儿童房，并且用片头观众看到的话质疑主人。看到这里，观众就能理解那些诧异的表情和质疑的话语了："我惊呆了！""这不是小孩的卧室。"作为实验者的主人回应道："无数的小孩就住在这样的环境中。"来访者均摇头表示："我们无法接受。"这时候，画面切换为纯黑色，上面用白色的德文字体写着："那真的无法接受。"紧接着，画面上出现了污水横流的老旧街区，一栋破旧楼房的一个街角，一位赤着脚、蓬头垢面、衣衫褴褛的孩子用怯生生的眼神直视镜头，双手不安地揉搓着衣角。画面再度切换成纯黑色的背景，上面闪现白色的标语"每个孩子都值得拥有一个温暖的家"。随即画面转换成蓝色的背景，上面呈现了一个儿童救护组织的标识和名称。画面上的语言表达为"马上帮助他们，请访问"，后边出现官网的网址。

中国中央电视台的公益广告关注贫困地区孩子的生存状态，但是基本上都是围绕小学生。当画面出现学生在破旧昏暗的环境中和低矮破旧的书桌前学习和高声朗读时，提示的问题是"如果这是您孩子学习的教室"；画面出现在寒风中穿着破旧的鞋子、手拿饭盆等待分享一锅白米饭和蔬菜混杂的午餐时，提示的问题是"如果这是您孩子的营养午餐"；画面呈现孩子站在宿舍前的走廊上端着饭盆吃饭，晚上在冰冷的宿舍里捂着暖水壶认真看书温习功课的情景，提出的问题是"如果这是您孩子的住校宿舍"；当画面呈现破旧的小面包车里塞满了孩子时，闪现的问题是"如果这是您孩子学校的专车"，接着画面闪现虽然穿着旧棉衣但在镜头前依然相互拥挤、笑容灿烂而且不断用小手冲着观众比画胜利手势的一群农村小学生时，一个深沉的画外音响起"请用温暖呵护他们的明天"。黑色的背景上呈现了这句话，并且"温暖"两个字是红色的字体，与前边的"如果"的红色字体相呼应。画面的下方是明亮的黄色，左下角是一颗爱心，旁边的标语是"汇聚力量，传播文明"，而且是顺次地动态呈现。

德国和中国的公益广告围绕关注贫困儿童生活处境这一相同的主题，采用的表达和叙述方法却不相同。德国的公益广告比较多地采用普通人的视角，即公益广告的制作者与接受者一样，处于普通人的情境中，观众的视角与公益广告中的被邀请参观家庭住宿者的视角相同，所以从宽敞熟悉的文明环境突然被领入一个完全陌生的、凌乱破旧的儿童房间，参观者的难以置信和不能接受也代表了一般观众在观看那一刻时的感受。这种对比直击人心，不仅情绪、情感被调动，而且那种对比引发深刻的思考，以及马上想去帮助他们改变环境的意愿。

中国关爱贫困儿童的公益广告也用镜头展现了贫困地区孩子在艰苦的生活环境中生活和学习的场景，这是中国儒家传统观念的基础，只有努力学习求知的孩子才可能有美好的明天。接着，是从集体主义的视角，呈现贫困地区中小学生们的教室、午餐、宿舍和校车等，并均用画配文的方式，提出假设"如果"这是您孩子学习和生活的环境，这是通过语言文字的假设，引导观众进入换位思考，这与观众的入戏程度和用心观看的程度相关，叙述故事采用的是上帝视角，被激发的是接受者的同情心，而不像德国观众的视角那样通过强烈对比产生共鸣。因此，这则公益广告的标语"请用温暖呵护他们的明天"，是一句在情感上很抽象也很高级的表达，"温暖""呵护""明天"这些都激发了人们的道德感，而非行动的冲动。因此，观看者通过画面和文字叙述接受这则故事的信息，只是达到了传播文明的目的，却没有与直接采取关爱行动的关联信息。

（二）新加坡

新加坡是中国的近邻，是世界上除中国（包括港澳台）以外华人最集中的地方。据新加坡官方统计，华人占新加坡人口总数的77%。中新两国自1990年建立外交关系以来，不仅高层交往频繁，而且双边贸易关系和经济技术合作发展迅速。不少人认为新加坡与中国文化具有高度的相似性。然而由于历史和地理因素的影响，新加坡多元文化的特点明显不同于中国。中国文化对新加坡华族的影响是根深蒂固的。新加坡政府着力建构民族国家，强调新加坡是一个多元种族多元文化的社会。新加坡地处马来西亚和印度尼西亚这两个国家之间的地理环境，刻意与中国文化保持距离。英语主导的教育方式使精英普遍接受西方教育，华人后裔对中华文化日益生疏。

新加坡与中国在文化上的共性与差异在公益广告中可见一斑。新加坡公益广告的数量几乎与商业广告不相上下。新加坡在世界上的形象良好，不仅经济发达，而且自然环境优美，社会风气好，是个社会安全、政府清廉的岛国。新加坡政府注重利用公益广告这一无形的力量规范国民的言行，在发展经济和提高国民素质方面起到重要作用。

新加坡有一则华族公益广告《爱在代代相传》①，画面昏暗，显示出重症监护室里心跳呼吸检测仪上跳动的数字，并伴随有令人不安的嘀嘀声，病床上躺着年迈的老婆婆，中年男人焦虑地坐在病床旁守候，中年女人宽慰道："你陪陪妈，其他的事情让我们处理。"她转身对站立在病床头的男孩说："你陪陪爸。"这个男孩看到父亲细心地用水沾湿婆婆的嘴唇。画面闪回到1年前，这一家人开车将年迈的母亲接到自己家共同生活，然而共同生活中有许多的小矛盾，老婆婆在一家人吃饭时总爱抱怨："这个菜，这么硬怎么吃啊？你是要噎死我啊？"儿子的抚慰和劝解都无效，儿媳妇只能忍气吞声地去再把菜煮烂一点。这个男孩冷漠地看着发生的一切，悄然离席。接着画面是在租屋的公共走廊，老婆婆大声叫嚷："我不要住这里。"儿子和儿媳妇拉着她，请求道："让我们照顾你。"男孩愤然关上了房门。这里展示的是典型的华人家庭三代人共同生活中常见的矛盾，他们之间的交际用的是普通话。睡梦中，男孩听到请到家里的医生检查了老婆婆之后跟父亲的对话，他们之间用的是英语，虽然老婆婆啥都没有说，但是医生说她的情况已经很严重了，需要送医院，因为她是个坚强的女人。在绵绵不断的雨天背景下，男孩与父亲对话，说出了自己内心的困惑："爸，奶奶这样对待你和妈，你还为她难过？"这时候镜头转向屋外的雨滴，父亲回忆起自己小时候，也是在这样的雨天，母亲抱着高烧昏迷的他六神无主、孤独求助的场景，这时母亲说的是闽南话。因为南洋的第一代移民都是苦力，他们为了生存而漂洋过海，并没有接受太多的教育，生活艰难。在医院走廊等待接诊的时候，发梢滴落着汗水和雨水的母亲，抱着孩子深情地唱起了闽南民歌《天乌乌》，镜头再转回到老婆婆的病床，中年的父亲一边抚摸着昏迷不醒的母亲的头，一边念诵着儿时母亲为自己唱过的歌谣。这时，画

---

① 《新加坡公益广告，爱在代代相传》，https://v.qq.com/x/cover/wymz9i9wa43vugl/j01101rd08t.html。

面闪现了一行汉字"上一代的榜样，下一代的模范"。画面中戴着氧气面罩、看似昏迷不醒的母亲，眼角流下了无声的泪水。画面闪现在年轻母亲歌声中睁开眼睛的儿子。母亲露出欣慰的笑容。此时画面全黑，中间闪现一个白色的汉字"家"。

这则新加坡公益广告具有明显的新加坡风格，从其选用的语种看，有汉语、闽南话和英语。汉语是新加坡政府提倡的华人之间交际用语，更是华族文化的传承语；而闽南话是当年下南洋的华族祖先的交际语言，具有时代的特色；英语是新加坡通用的交际语言和官方语言。这则公益广告的主体是家人之间的爱在三代人中相传，是中华民族家人亲情的表现与责任，因此闽南歌谣的旋律超越语言的理性解释，带给家人归属感和安全感。这则公益广告秉持了中华文化中身教重于言教的理念。李光耀提倡在双语社会中，英语作为官方和教育语言的工具性，看重英语的国际交际功能，而不同民族的人们应该通过民族母语学习寻找文化身份的认同和文化传承。这则广告很好地体现了华人的家庭观念和道德标准。

新加坡公民的政治身份与中国没有关系，但华人的文化观念却与中华文化具有不可分割的历史渊源，公益广告有助于人们准确理解新加坡华人的身份与文化认同。新加坡官方与媒体通常用"华人"指称来自中国的新老移民及其后代，包括海峡华人与尚未入籍的永久定居者。利用全球化优势，加强身份认同，从自己的民族中继承价值观和人生观，引导新加坡人向前迈进，应对全球化的挑战。这也是新加坡学校推行母语政策的原因。华人学生通过家长和祖先的语言，对自己的根和亚洲价值观有深刻的认识。

随着时代的发展，越来越多的年轻人在讲英语的家庭中长大，新加坡政府通过提倡不同民族的文化艺术让民族文化发扬光大，还通过艺术形式吸引对汉文化感兴趣的人。新加坡公益广告所追求的是继承传统文化，发扬现代精神。

新加坡公益广告由政府组织开展并投资，资金由政府根据公益广告实施方案编制预算报财政部门核拨，当经费不足时负责承办的广告公司可寻求企业赞助。由政府选定的广告公司承办拍摄公益广告，主题选择目标是配合政府工作，每年的公益广告主题由政府研究确定。根据公益广告的不同内容，分由政府各有关部门管理。卫生部门负责管理健康的公益广告，社会服务部门负责管理社会公益广告，反吸毒委员会负责管理禁毒公益广告等。

　　近年来，新加坡年轻人独身或不婚不育问题日益突出，导致新加坡人口增长呈下降趋势。因此新加坡政府通过公益广告促进正确家庭观念形成，提倡年轻人结婚成家并生育，加强家庭责任感，对于保持新加坡社会稳定意义重大。很多鼓励生育的广告语开始流行，如"生活的真正意义，源自孩子的降临""带给新加坡更美好的未来，从生育开始""生育孩子，是对国家最大的贡献"。

　　面对当下年轻人追求太过理想而完美的伴侣，从而导致不婚的现状。新加坡制作了一则3分钟的电视公益广告。[①] 一位妻子在丈夫葬礼上所讲的一段话让在场的人大笑，转而又令人泪流满面。作为妻子，她不像参加葬礼的其他人一样赞扬丈夫，而是给大家说起了丈夫的几件"丑事"。丈夫睡觉时会发出如同难以打着火的老爷车引擎般的呼噜声，而丈夫在某个夜晚突然问妻子："外边是什么声音？"听到妻子回答说是犬吠声后才安然睡去。然而正是这个曾经烦人的呼噜声，在丈夫即使病重的日子也让妻子感受到丈夫依然在身边。而没有了丈夫熟悉的呼噜声，妻子在安静的夜晚却难以入眠。最后妻子深情地说："人生就是这样，携手一生，记忆最深的却是这些点点滴滴不完美的小事情，这些凝聚成我们心中的完美。我衷心地希望，我心爱的孩子有一天也能和我一样，在漫漫的人生道路上，找到一位像他父亲之于我一样不完美的完美伴侣。"

　　这则公益广告是全英文的演讲，其主题是希望年轻人能珍惜自己的爱人和家庭。叙事风格偏向西方风格，珍惜爱人和家庭的主题居然营造了一个生离死别的葬礼场景，而且妻子的致辞开头带有幽默的色彩，令在场人士情不自禁地笑了，这与中华传统中葬礼的氛围不同。妻子通过描述丈夫生前的一些小缺点找到日常生活中的安全感，让我们深深怀念故人，并且珍惜平凡生活中的爱和家庭。特殊时刻体会到的人生哲理，震撼人心，发人深省。

　　新加坡公益广告影响公众对某些社会问题的看法，有些公益广告旨在引导公众关注并参与解决社会问题的行动，针对改变民众不良行为的公益

---

① 《妻子在丈夫葬礼上的致辞》，优酷视频，https://player.youku.com/embed/XNjU5MzY2MDcy。

广告传播效果尤其显著。新加坡政府重视在公共场所控烟，其禁烟之严全球闻名。除了从1971年起电视媒体不允许播放烟草广告，2004年新加坡政府还宣布，所有出售的香烟包装上，都必须印上令人震撼的显示吸烟致癌的肺部溃烂图片，运用恐惧诉求的方法引导民众禁烟，取得了良好效果，受到世界卫生组织赞赏。惊恐诉求常用于说服性的公益广告，人们通过信息接收产生惊恐感来采取行动，以避免造成该信息传递出的有害身体或者社会的结果。接受者相信信息中所传递的行动建议可行而且有效时，出于控制风险的动机会自愿采取行动，达成公益广告所希望的自我疗愈的效能。

新加坡公益广告体现了多元文化社会的特点。从历史发展的视角看，新加坡华人的身份是客观的，这不仅体现在外貌长相上，也体现在家庭内部祖孙之间的日常生活习俗和沟通的方言中。然而文化和情感上的认同则是主体有意识选择和主动培养的结果，具有主观性。新加坡政府通过公益广告形式，不仅培养不同民族的文化认同和情感认同，而且强调通过学习掌握本民族语言把文化之根留住，传承民族文化，培养情感认同，同时更注重利用政府公益广告培养国家的政治身份意识。

新加坡旅游局曾经推出"非常新加坡"主题旅游，巧妙利用文旅宣传成功塑造"多种族融合""现代与传统融合"的国家政治认同，使市场经济驱动的文旅宣传同时兼具政治功能，培养了游客和新加坡公民的国家意识形态。围绕"非常新加坡"主题，新加坡旅游局规划出"民族文化区"旅游路线，重点宣传牛车水华人文化区、甘榜格南马来族文化区、以小印度为代表的印度族文化区和以市中心名胜为典型特征的殖民文化区。游客通过具体、客观，具有功能和活力以及鲜明民族和历史色彩的名胜古迹，体会该社区的社会价值观念，领悟其背后的文化意识形态。通过在这些特定地域所见所闻的民族独特符号，新加坡多元化的政治概念不再抽象晦涩，而是鲜活而自然生动的。

为了获得"融合"的政治身份认同，新加坡政府充分利用宗教的影响，着力通过宗教促成不同种族的融合。新加坡旅游局设计和发放的旅游宣传资料中，典型街道、文化古迹甚至新加坡外岛的旅游特色等很多推荐的旅游打卡点建筑与宗教相关，如北桥路的苏丹清真寺和近打路的小缅甸佛庙等。除了静态的建筑及其相关宗教色彩语言景观，新加坡旅游局参与推广的全国节庆活动绝大部分也与宗教相关，通过发放设计精美的旅游宣传册，邀请并吸引游客与新加坡本土的外族人观看宗教仪式，并参与体验。在保障多元文化并存的同时，巧用旅游宣传的文本和相关活动的多模态符号，完成并形式化呈现多种族融合的局面，通过宗教建筑和文化活动的视角解读，形成一种多民族融合的国家政治认同。

"非常新加坡"旅游主题随着时代的发展而变化，进入21世纪，"现代与传统的融合"主题得以凸显。新加坡旅游局在21世纪的旅游语言景观成功塑造了"花园城市"的国家形象，在此基础上加入了时尚创新现代元素。如新加坡2019年发布的官方旅游宣传片，只有短短的1分33秒，但是画面的快速闪现和提示的简单字词信息量巨大，令人目不暇接。[①] 视频的画面与字母都以"系鞋带"开始，值得注意的是，配合画面出现的是一个男声的英文解说，"一脚蹬""或手绘""摇曳的裙摆或者是A字的轮廓下"显示的是个性化的时装。接着出现的一句话点明主题："热情游走于色彩之中，具有无限的可能。风格尽显，画龙点睛，慷慨囤货的大收藏家和情志高远的灵感追随者。"这些片言只语的点题配合色彩斑斓、风格多样的产品画面，购物者的天堂、创新者的乐土定位明确。"无论你的热情在于裁剪、色彩还是独树一帜的个人风格，这里一切均有可能。"这句展示了时尚服饰。接着出现一个磁性而温暖的女声，画面出现的是诱人的甜品和各种做菜的镜头，语言表述配合画面闪现："混合与创新，切碎搅拌，爆炒，翻炒，油炸或者直接在火上烤，将热情挥洒在每一道菜上，再佐以无尽口味的可能。无论是高格调的酒会，还是一饱眼福和口福的聚会，满怀热诚挖掘超越你味蕾的味道。"这部分是关于"吃在新加坡"，画面中的菜品及其烹饪方式都呈现了多种族的丰富性，人物闪现也有华裔、印度人和包着头巾的伊斯兰妇女等多种族形象。

画面转到了一幅巨大的油画，一大一小两个女孩子安静地坐在油画前观赏，画面有一群在巨石上嬉戏的老虎，这时解说的声音再次响起，这次是个甜美而纯净的女孩声音："寂静之中，心怀热诚。在这里你可以探索新的可能，学习新的语言。聆听鸟儿欢唱，感受城市的弧度与线条、稳固结

---

① 《新加坡旅游宣传片》，腾讯视频，https://v.qq.com/x/page/r08521bs2ig.html。

构与灵动空间。在这里你可以漫步在树梢之上、树丛之间。不论你的热忱在于寻找熟悉的，还是探索未知的，在这里一切都能成真。"配合出现的每一帧画面都经过精心挑选，与解说词完美融合：鸟儿欢唱、长颈鹿、城市高楼、在高楼之间跳跃蹦极的年轻人。年轻人和孩子的笑脸是主要闪现的形象。这部分是针对孩子的视角设计的。

最后，画面上呈现英文大写字母的标题"WHERE EXPLORERS MEET"，其中开头和结尾的单词是红色的，而中间的白色字是动态闪现的，快速呈现了不同的身份和兴趣的旅游者，包括"城市探索者""历史迷""城市猎人""自然爱好者""背包客""登山客""探索者""旅行达人"。在结尾，全黑的背景下，而画面的中央是红色的、新加坡英文缩写 SG 构成的圆形新加坡旅游局标记，右边红色的汉字"新加坡"下面是白色的"新想事成"，它借用了成语"心想事成"，"新加坡"的"新"与"心"的谐音换用，表达了在新加坡一切都能"得偿所愿，事事成功"的美好祝福，符合中华传统文化的修辞手法和祝福模式。最下面是新加坡旅游局的官网网址。这完美体现了现代与传统融合的新加坡，无论是吃穿还是文化活动，无论预设的游客是成人还是未成年的孩子，都会在不知不觉中将现代文明与文化的传承完美融合在一起。

（三）日本

日本是中国的近邻，由多个岛屿构成，不少资源高度依赖进口，但是其制造业发达，科学研发能力强大，拥有大量的跨国公司和科研机构。值得注意的是，日本文化产业和旅游业十分发达，以茶道、花道、书道等为代表的日本传统文化保留完好。但是历史原因使日本文化至今呈现东西方文化混合的特点。比如日本的政治体制仿效西方议会政治，同时保留传统天皇制度。在衣食住方面，西装与和服并存，和食与西餐共享，和式房间和西式客厅和谐共存。在日本的公益广告中这种文化特点也可见一斑。

日本政府机构委托专业公司进行调查，对调查结果进行讨论后集中多数人的意见，列出公益广告的主题建议，再根据建议在全国共同审定会上确定公益广告主题。从公益广告主题的选择上可见，日本政府对公益广告的社会性和文化传承传播能力非常重视。日本公益广告的制作先由专业机构逐级对广告文稿进行评审，然后由创意策划公司针对确定的文稿进行设计和制作。在这个过程中，文稿文本要传递的信息是公益广告主题的指南针，其他的多模态手段都是为了更好地传达文稿所要传递给社会大众的信息。

日本有一则《上学第一天》的公益视频广告①，镜头从一张萌萌的、胖乎乎的小女孩的哭脸开始，从未离开过妈妈的孩子背着大大的书包独自上学，她像往常一样要求妈妈陪伴，但是妈妈温柔而坚定地说："妈妈不能和你一起上学啊。"第一幅定格的画面是在开满樱花的街道，妈妈蹲下来跟女儿耐心解释，画面中央的母女身影上出现白色的日语字幕，意思是"开学第一天"。画面上妈妈双手拉着女孩的手说："你不是答应妈妈了，说上一年级就不哭了。"女孩强忍着泪水点点头、奶声奶气地回答说："嗯，答应过的。"妈妈笑着说："没关系啦，你一个人一定可以的。"母女眼神相对，妈妈坚定含笑的眼神让手足无措的女孩子安定下来。小女孩跟妈妈拍手告别后，独自走向上学的路。这时候响起节奏欢快又深情清澈的女声歌曲："只是分开一会儿，都很寂寞。眼泪立刻冒出来。"歌词用朴素得近乎白描的手法，描绘了妈妈与女儿分离的状态，而画面正中日语显示的是妈妈的内心独白："虽然你是个爱哭的孩子，但是妈妈很高兴你长大了。"歌词中的"开心又寂寞"准确真实地描绘了妈妈看着女儿长大的心情。画面中妈妈的镜头被拉近，泪水盈眶的双眸和下意识咬牙抿嘴的动作显示内心的强烈坚持。这时，歌曲旋律转为高昂，"去吧，孩子，小小的肩膀，大大的希望"，配合的画面是双肩背着几乎遮住身体的大书包独自勇敢向前奔跑的小女孩的身影、她蹒跚学步时笑靥如花的可爱形象、在生日蜡烛前开心拍手以及头上包着头巾在幼稚园奋力奔跑的样子，这些影像不断交错出现，象征着孩子的成长。这时画面出现一行黑色秀气的日语："你努力的身影，我会一直注视，妈妈始终在守候着你。"接着画面是微笑着的妈妈挥手高声对向前奔跑的小女孩喊道："路上小心！"小女孩闻声转身，笑容灿烂地挥手向妈妈告别，自信满满地说："我出发啦！"在妈妈牵挂的目光中，小女孩

---

① 《日本催泪广告短片"上学第一天"》，腾讯视频，https：//v.qq.com/x/page/k0560xo 5gbq.html。

在一个桥头汇入了像她一样背着大大书包的一群小朋友中，孩子们的脸上都绽放着灿烂的笑容。画面最后定格在女孩背着大书包的侧影，画面中央显示的一行日语是"源自妈妈的爱"。

这则公益广告与中国开学主题一样，都体现孩子离开父母的怀抱和呵护，迈出独自面对这个世界的第一步。日本的新学期是在樱花盛开的春季开始，不像中国是在秋季学期开启新学年，樱花本就是日本的象征。公益广告中哭泣的女儿和不舍的母亲都是亚洲文化中母女关系的典型表现。与中国传统的母女分离不同，这则公益广告直白地表达了母亲在女儿独立过程中产生的寂寞感，但是妈妈的鼓励始终是孩子独立的勇气，而且一个细节表现了妈妈提前与女儿沟通，做好了女儿的心理建设，即女儿必须履行自己的承诺，上了一年级后就不再哭泣。女孩汇集到一群同龄孩子中并欢乐奔跑的样子，是孩子融入集体后的天性释放。长期以来，日本人养成了重视集体和国家的习惯，形成了日本文化的均一性。这则公益广告折射出日本文化中一诺千金、坚毅隐忍和集体主义的精神。歌中唱的"小小的肩膀，大大的希望"是孩子成长中经历痛苦分别后会奔赴美好前程的隐喻，这也是儒家精神的折射。

日本的公益广告围绕"公共心"开展宣传教育，《社团法人公共广告机构章程》规定，通过公共广告提高国民的公共意识，为社会进步和公共福利做贡献。所以在选择公益广告主题的过程中，日本遵循一些基本标准，把尊重人类精神置于首位，事关全民的公共课题得到充分重视，而且日本重视通过广告手段有效调动民众自发参与的目的。所以日本人十分重视公益广告的作用，公益广告的设计者利用专业传媒手段表现某一具体的问题，并提出公益广告接受者一般都可采用的解决方案。

例如，日本有一则用漫画形式表达环保意识的公益广告《我这样保护环境》[①]，叙述故事的主角是一位可爱的女孩和稚气清亮的童声，其他都采用了漫画线条的抽象表达。画面出现的背景是一张小白板，上面用日语书写"工藤夕贵的自然保护"主题，白板的右侧是戴着博士帽的孩子的笑脸，

---

① 《日本公益广告"我这样保护环境"》，哔哩哔哩，https：//www.bilibili.com/video/BV1nL4y1Y7vM/。

左侧是一条拟人化的鱼儿。画外的童声解释说："现在海水和河水被污染的一大主要原因是生活废水，所以我要用旧丝袜来做一点改变。"画面显示女孩子将旧丝袜套在厨房水池过滤网的上面，字幕显示的日语是："您家的厨房也是重要的污染源。"画面转到这个女孩子头上戴着很大的红色蝴蝶结，旁边是一个用铅笔涂抹出的巨大问号，天真可爱的女孩子睁着大眼说："谁都不想看到河水和海水脏兮兮的。"画面切换到鱼儿跟小女孩的对话，背景是一个海水污染原因的数据统计饼状图，鱼儿面对女孩，指着饼状图的统计数据，质问道："您知道造成水污染的一大原因是你们日常生活中所排出的废水吗？"于是这个女孩子回到自己家中，做了如前所述的用丝袜过滤生活废水的行动。最后画面中央显示出蓝色的"公共广告机构"的标识，下面是用黑色字体标注的机构名称，上面一行更细小的日语标语是"关怀将人们联系起来"。

这则环境保护的公益广告体现了日本公益广告的基本原则，即尽量调动市民自觉参与，从而达到减少生活废水污染海水、河水的目标。其叙述的主体是孩子，象征着环保观念的意识应该从孩子抓起，通过漫画形式，表现生活在河水和海水中的鱼儿与孩子之间的对话，简单而且生动，很容易打动观众。这也体现了日本人喜欢动漫的审美特点。

（四）启示

通过比较德国、新加坡和日本的公益广告主题、设计构思和表现手段，可以清晰地看到，无论是西方国家还是东方国家都十分重视公益广告在社会秩序构建中不可替代的重要作用。秩序是生态场域理论中重要的内容，可以从秩序构建的视角审视不同国家的公益广告，首先是公益广告的主题。不同国家均由政府专门机构或者其委托的广告机构负责调查、审核和发布公益广告的年度主题，这些主题反映了国家在本年度关注的社会问题，这是社会秩序构建的基础。其次，关于公益广告的设计，围绕主题设计和发布公益广告作品，必须遵循本国本民族审美的一般规律，并且顺应民众审美的时代变化，要创作出既充分展示多模态传播手段营造的形式美，又可传达主题信息的公益广告。总之，生态场域理论的秩序性是作为语言景观之一的公益广告设计应遵循的内在规律。

现代与传统的融合是进入新时代以来一个重要的文化构建主题。无论是东方社会还是西方社会的现代性都是不可回避的文化发展趋势。现代文明的核心内容主要包括自由、民主、博爱、知识、科学、技术等内涵。西方文艺复兴和启蒙运动使人性得以解放，人文关怀被重视，在人与世界的关系中人居于主导地位，但是经济基础决定上层建筑。经济资本通过运作为权力服务，这首先体现在公共媒体对话语权的掌控上。文化传播的内容，从社会制度、道德伦理、法律法规等均由政府专门机构决定，在确定之后，再通过经济资本来构建现代性，这本身就是公益广告展示社会发展现代性的一个表现。文化传播的现代性既满足社会民众日常所需，也引导接受者的精神审美取向，并影响人的行为。

文化传统与现代性在特定时空相遇并碰撞，国家或者地域历史悠久的传统文化不可避免会被现代文明冲击。因此各个国家和地区的政府与管理者，在现代社会中既要与时俱进，又要力争现代性不会导致该地域绵延生息的传统文化毁灭或悄然消亡，公益广告这种日常生活公共空间中的语言景观必须在保护并彰显传统社会文化内核的同时，按照有利于社会经济发展的、与时俱进的路径对地域文化进行形塑，从而使社会既保持传统文化的多元，又能跟上现代性发展的时代步伐。

基于生态场域理论的公益广告构建者应立足地域文化，遵循当地人文、自然规律和维护当地民众利益的原则，利用多模态符号手段，在公益广告构建中充分挖掘并利用本土文化资源，包括独特的地域风情、生活习俗，以及民族特有的精神气质和价值观念，适应该地域特定语境，彰显其价值并充分发挥文化传承与传播的功效，助力该区域的社会文化和经济技术的发展。公益广告的管理者和构建者也是"生态场域"中的行动主体，拥有有利于自身所代表文化的话语权，通过寻求人与自然、人与人、人与社会的和谐共融发展，使公益广告在文化传播中的工具价值与传播该地域文化的内在价值合二为一，从而建立起现代与传统融合的文化新秩序，并将其化入接受者内心，这就使文化资源具有了绵延不绝的生命力。社会发展带来的时代变迁，使现代性作为文明的显性表征，通过公益广告与时俱进的主题选择以及充分利用科学技术手段的多模态的信息符号手段运用得以体现。

第四节　语言服务与文化传播

　　语言服务（language service）指利用语言、语言产品和语言技术，为满足社会语言需求而提供的各种服务，包括从事以语言为服务内容的有偿劳动或者志愿服务。[①] 最初语言服务仅限于翻译，近年来，尤其是新冠疫情中出现了应急语言服务，指在应急状态下提供的语言服务，如为应对自然灾害、事故灾难、公共卫生事件、社会安全事件等突发公共事件所进行的应急语言服务。

　　屈哨兵（2007；2011）对语言服务属性和类型进行了较为全面的讨论，提出语言服务的主要类型包括语言翻译、语言教育、语言学问性产品和特定领域的语言服务等；郭晓勇（2010）认为语言服务包括语言翻译与本地化服务、语言技术工具开发、语言教学与培训以及语言相关咨询业务等。学界对于语言服务的认识也随着社会对语言服务需求的增加而不断拓展。语言服务具有行为主体通过语言文字手段为他人有偿或者志愿提供关怀或者帮助的活动，而语言景观是特定公共区域的语言标牌或者利用语言传递信息的手段，静态语言景观与动态语言景观所具有的指示功能、象征功能和文化功能均与语言服务相关。语言服务可以分为线上和线下两种基本的交际形式，因此，本章将针对语言景观所能提供的语言服务功能展开分析。

　　传统的语言服务是人与人之间面对面的交际，如公务活动或者商务活动的口译服务、博物馆的讲解服务等，以及语言培训课程等。随着数字技术的飞速发展，语言服务的形式也发展出线上和线下两种不同的形式，例如博物馆的讲解服务，除了传统的面对面的导游介绍，还增加了扫码在线听讲解的服务。从世界各国博物馆的参观者选择来看，有条件的情况下人们依然愿意选择面对面的导游服务。从语言景观研究的视角看，博物馆和

---

　　① 　https：//www. termonline. cn/search？k=%E8%AF%AD%E8%80%E6%9C%8D%E5%8A%A1.

文化景点讲解员提供的语言服务,是动态语言景观中的重要组成部分。①

根据 2015 年国务院颁布的《博物馆条例》,博物馆的价值在于教育、研究和欣赏,为了这些目的而收藏、保护并向公众展示人类活动的见证物。作为非营利机构的博物馆是以社会教育与为教育研究提供服务为主要目标的。不同于传统的课堂教育,博物馆教育可以结合当地收藏和展示的见证物进行,二者共同之处在于都是以语言符号为主要的信息传递手段。

博物馆展品一般都配有简单文字介绍,近年来随着数字技术的发展,不少博物馆的展品还通过 VR 等多媒体技术手段来展示,对一般游客而言,听讲解仍是了解展品及其文化内涵的主要手段,也是接受度最高的形式。博物馆讲解员提供语言服务,其对展品的生动介绍有助于让静态展品绽放光彩,并产生有温度的生命感悟与情感联结,增加文化氛围。博物馆除了做好展品征集、陈列、保护,更应该重视通过有温度的讲解建立起与游客的情感联结,通过语言服务实现博物馆的公共教育功能,使博物馆收藏展品的文化和科技资源信息得到生动的传达,通过移动的语言景观和声音上的语言景观,引导游客和观众领略其文化内涵。

课题组调查表明,92%的受访者认为在文化景点、纪念馆和博物馆的参观访问中,讲解员提供的语言服务很有必要,除了能够引领参观的路径,领悟布展的线索,建立这个特定空间的秩序,更为重要的是可以展现展品的文化内涵和意义。由于参观时间的限制,游客不会认真阅读每一段文字说明,或者没有时间在每一件展品前逗留太久,讲解员的语言服务提供了一个详略得当的选择,讲解员通过展品前的指示和介绍,引导游客观赏、了解展品中最具价值的部分。这样的语言服务大大提升了观展的质量,也有助于领略其深层的文化内涵。文化景区内的语言服务以讲解为主,而且呈现以下几个特点。

一　语言表达与专业知识相结合

讲解员是展品与观众之间沟通的桥梁,是展品文化内涵的揭示者和社

---

① 岳帅华、卢德平《博物馆志愿者讲解能力提升的机制研究》,《文化软实力研究》2023 年第 6 期。

会教育功能的实现者，为了完成文化传播与社会教育的职能，讲解员除了必须口齿清晰、语言表达流畅，对于给定的讲解词能够背诵并给以清晰的语言表达外，还必须具有对所讲解地域文化或者展品的专业知识，对展品有着准确而全面的了解，这样才能确保讲解的品质。

与静态的语言景观不同，讲解员或者导游除了要掌握规定的导游词，还要满足游客在观展过程中动态交际的需要，应具有相关的历史、艺术或科学知识及良好的艺术审美眼光。在景德镇陶瓷博物馆，英文导游比较缺乏，而且英文导游除了英语表达流利清晰，还应该具有对于陶瓷艺术和文化的知识，因为展品和陶瓷文化都具有深厚的内涵，否则面对国外游客在游览参观过程中提出的问题，导游可能无法解答。

英文导游也应是景德镇陶瓷文化的代言人，以主人的视角和口吻向参观游客进行讲解，如此才能形成良好的互动，让游客了解陶瓷文化，增加对导游的信任感，获得良好的跨文化交际体验。

讲解能力可以分解为以下几个方面。首先是写作能力。讲解员不仅应熟背讲解词，而且应该具有从多个角度对展品进行分析并用文字清晰准确表达出来的能力。讲解员应充分占有展品的既有信息资料，深入挖掘展品独特的文化和艺术价值，通过文字叙述的合理引导，帮助观众领悟展品的文化内涵，通过与游客的积极互动引发游客思考，这种动态的有思想碰撞的讲解是让接受者有良好和独特观展体验的基础。其次是语言表达能力。讲解员的普通话必须达标，对于提供语言服务的岗位，国家对普通话水平有岗位等级要求。导游和讲解员的语言表达必须清晰而准确，关键是要能针对观众的水平调整表达形式，做到通俗易懂，并引发兴趣。最后，导游和讲解员虽然是在某个特定的展馆和景区工作，讲解词的主体内容基本稳定，但在日常工作中面对的观众或者游客各不相同，游客的受教育程度和文化修养以及年龄、性别等均存在差异，因此讲解员必须有能临场应变的交际能力，根据具体情况调整讲解策略。讲解员应有处理突发状况的能力，又能耐心细致地回答观众提出的问题，这样才能积极正向地引导观众，并传播中华文化。

2023年1月，江西省文化和旅游厅为倡导对文物价值的挖掘，推选出全省博物馆优秀讲解词。其中既有悠久灿烂的陶瓷文化、青铜文化、海昏侯国文化、历史书院文化的景点解说词，也有对江西红色文化的解说词。围绕江西"四色"文化主题，深入挖掘文物背后的故事，有解读万年仙人洞"天下第一陶"、大洋洲"青铜虎王"、海昏侯墓"孔子徒人图漆衣镜"等中华文明起源和早期发展的重要史料；有关于吉州窑木叶贴花黑釉盏、元代青花釉里红瓷器、雍正御窑厂青花瓷匾、八大山人画作等见证古代江西繁荣发展的稀世珍品的解说；有弘扬安源路矿工工人运动、八一起义、秋收起义、井冈山斗争、赣南苏区等革命精神的解说。这些解说词对江西特色文物进行了深入研究与介绍，有利于加深游客对江西文化的认识，并通过语言景观构建助力文化旅游标识的形成，通过对江西文化的挖掘研究助力江西文化的传播推广。

文化旅游讲解员提供语言服务，必须要有深厚的历史文化专业知识，才能将历史文物的独特文化内涵展示出来，通过生动而深入浅出的语言表达，形成动态语言景观，引导游客与历史文物形成文化对话。例如，万年仙人洞出土的两万年前的陶器残片是 20 世纪世界十大考古发现之一，标志着人类利用和改造大自然的"石破天惊"；大洋洲"青铜虎王"是现存最大的先秦青铜虎，揭示了长江中游地区青铜王国的神秘传奇；海昏侯墓出土的"孔子徒人图漆衣镜"是迄今发现年代最早的孔子像，展示出楚地文化与汉代儒风的融合，是赣鄱大地历史上尊孔尚礼、儒风盛行的真实写照；元代青花釉里红楼阁式谷仓，青翠品澈、红似朝霞，背面的纪年铭文更加弥足珍贵，集高超瓷艺与民俗文化于一身，被国家文物局列入国宝级文物；青花缠枝莲纹瓷匾讲述了雍正年间景德镇御窑厂督陶官的故事；八大山人《墨荷图轴》完美诠释了中国大写意绘画的独特魅力；八一起义纪念馆中群众的捐款物证，诉说着军民鱼水般的深切情谊；1931 年贺页朵入党誓词表达了对党和国家的赤胆忠心。这些历史文物通过专业的历史文化研究确立其独特的文化内涵与价值，通过讲解员生动的语言表达，穿越历史的尘封岁月，与今日的游客相遇，有助于游客对江西文化的接受与理解。

二 志愿讲解服务与文化传承

随着文化旅游业的快速发展，人们对博物馆和文化旅游景点的展品历史、文化内涵等的兴趣愈加浓厚，对讲解服务的要求也不断提升。在专业讲解员无法满足需求的情况下，志愿讲解员悄然出现。与专业的博物馆讲解员和导游不同，志愿讲解员是在博物馆、历史纪念馆和文化旅游景点为游客提供讲解服务的志愿者，他们提供的语言服务是无偿的。志愿讲解服务已成为现在博物馆和文化旅游景点中一道亮丽的新风景，而且发展前景良好。

志愿讲解服务的提供者人群呈现多样性，既有大学生和中小学生，也有退休的教师和研究人员，还有历史事件的当事人等。他们的共同特点是热爱本土文化和中华文化、具有良好的沟通能力、具备专业的知识等。通过无偿提供的讲解服务，他们在博物馆、文化旅游景点与游客、观众之间搭建起文化沟通的桥梁。一般来说，志愿讲解员均经过自愿报名、选拔面试和岗前培训的环节，且志愿讲解员的构成丰富，可以满足不同游客的讲解需求。例如在景德镇陶瓷博物馆接待来自国外的游客，就可以请在陶瓷大学做相关研究的教师和大学生提供志愿讲解，可为有专业水平的观展人提供具有专业水准的陶瓷文化艺术讲解，同时，志愿讲解员通过讲解不仅实现了有关陶瓷文化的中外交流，而且有益于自身对博物馆展品多元文化和艺术视角的观察和思考，这对于传播景德镇陶瓷文化具有深刻的意义。江西井冈山红色文化景区邀请曾亲历井冈山革命斗争的老战士为年轻学生志愿讲解，在国庆节等游客相对集中的时段，武警吉安市支队井冈山市中队除了维护景区的秩序，官兵还组成"井冈山精神志愿宣讲小分队"，发挥自身对红色文化资源深入了解的优势，在井冈山革命旧址为游客义务讲解井冈山的红色文化，红色根据地守卫者们的现身说法令人耳目一新，帮助游客更好地领略了井冈山红色文化的深刻内涵。

通过提供志愿讲解服务来实现文化传承，对青年学子来说也是提升自我文化水平的有效手段。要提供文化讲解服务，讲解员首先必须深刻领悟并熟悉该地域文化，为此必须阅读大量史料并接受专业培训，达到讲解员标准，通过考核才能上岗。这对于志愿讲解员来说是个系统学习的过程。从信息传递的角度看，志愿讲解员只有自己懂了，才能熟悉甚至记忆讲解词；只有先培养自己对该地域文化的信仰和自豪感，才能通过自己的语言服务，将该文化的特点和内涵介绍给游客；只有先感动自己，坚定信仰，才能通过声音的叙述去打动听众，形成交流与共鸣。

不少博物馆和文化旅游景区认识到了志愿讲解服务在文化传承方面的意义，通过举办志愿讲解员大赛来激励年轻学子参与志愿讲解。例如，井冈山革命博物馆主办"感悟历史、传承精神——红领巾志愿者讲解员大赛"，吸引了来自井冈山小学、井冈山实验小学等学校志愿者讲解员参加比赛。参赛的少先队员们紧扣红色文化主题，结合课堂内外学习过的红色革命历史，声情并茂地讲述《一根灯芯》《朱德的扁担》《黄洋界保卫战》《毛委员和我们在一起》等井冈山斗争时期的故事。红色文化博物馆组织的大赛成为展示新时代井冈山少年儿童学习红色文化、传承井冈山精神与活力的精彩舞台。

井冈山拥有丰富的红色文化资源，通过组织红领巾志愿者讲解员大赛，鼓励少年儿童到革命博物馆、毛泽东旧居、烈士陵园等地为游客义务讲解革命历史，不仅可以促进本地区少年儿童积极传承红色基因，而且让游客们看到了红色文化代代相传的生动画面，定期举办红领巾志愿者讲解员大赛，对提高讲解水平以及激发更多的学校、家长和少年儿童参与红色基因传承起到了重要的引导作用。

课题组所在高校充分利用江西的红色文化资源，在中外大学生中开展"我是红色讲解员"比赛，根据参赛选手的特点，将中国大学生和来华留学的学生分为普通赛道和留学生赛道，两个不同赛道同台竞技，精彩纷呈。留学生赛道的选手们对江西红色文化的独特视角引人深思，通过留学生在华留学期间的所见、所闻、所思和所感，展现了红色文化丰富的内涵。志愿讲解服务可增强志愿者的文化认同和文化自豪感，提升讲解能力，而志愿者讲解大赛不仅能吸引更多的志愿者踊跃参与语言服务工作，还成为博物馆和文化旅游的特色文化，是活跃、发展和稳定群众队伍和游客人群的重要方式。应充分发挥志愿者扎根本地域的优势，使其成为博物馆地域文化与世界文化交流的桥梁。

充分利用线上线下有机结合的语言景观和语言服务，有利于构建以建筑物及其展品为载体的实体博物馆、以网络为载体的虚拟博物馆和以志愿者为载体的社区博物馆，形成三位一体的文化生态场域。不同场域具有其显性或隐性文化资源，在规划文化旅游产业时要立足自身特定文化资源进行构建，传承该地域的文脉。只有在遵循该地域的人文、自然规律和保护当地民众利益的基础上，充分利用该地域的文化资源，才能彰显自身独特的文化价值。在这个构建过程中，要注意将现代性与传统文化相融合，避免产生物质至上或异化消费的理念，通过语言景观和语言服务，助力维护社会秩序、尊重差异、倡导多元、保持合作、协同发展，形成良好生态场域。

三　语言服务与权利平等

语言景观的语言服务功能实现是以预期的接受对象为前提的。在提供语言服务的过程中，除了关注普通的语言景观接受者，也不能忽视特殊类型的接受者，并应在语言景观的构建中重视为这类人群提供的语言服务以保证其平等的权利。

语言景观的服务功能主要体现在公共空间中合理设置语言标识以实现指示功能，为不同类型的接受者提供他们所需要的语言服务，并通过语言服务让接受者通过对语言景观的审美接受而对该地及其文化留下深刻印象，语言标识的建构在某种程度上体现了该地域的文明和友好的程度。尤其是某些具有特殊语言服务要求的人群，包括行动不便的残疾人、盲人、老年人等，他们来到陌生的环境中，可能更需要该地域提供特殊的语言标识以方便他们的文化参观与游览。为特殊人群提供语言景观，从设计、展现形式到置放地点等都有特殊的要求和需要注意的问题。

为了保证该人群语言权利的平等，语言景观的语言标识在展现形式上要醒目且易读，比如为了照顾老年人，语言标识的字体不宜太小；在语言景观的放置方式上要把握好距离和高度，给孩子的提示应该考虑儿童的身高和视线高度；在景区若存在轮椅无法通行的道路，应提前并且多次在显著位置显示提示牌。为盲人设计指示标识时，要充分利用声音、触感、手感来进行指引；考虑到弱视人群的特点，语言标识牌上所使用的色彩应明暗分明，文字符号的外形尺寸应该稍大以利于辨认。景区通过语言景观提供语言服务的水平折射语言景观构建者人性化管理的水平以及友好关爱的态度，让语言服务的对象通过接受服务感受到被尊重和被关照，这展示了景区文明和高度的管理水平。

四 平衡语言规范与语言活力

人们倾向于通过一个城市的语言景观解读该城市的活力。特定公共空间比如城市的街区或街道，均以各自地理位置、历史事件和功能的差异化等参与构建该地域的生态循环，而这种生态系统存在的一个显性标记就是通过语言景观实现的。当功能相似的商店分布相对集中时，可以有效吸引消费者，但是商铺之间存在竞争，因此语言景观的风格差异可以增强区分度，其中，以创新广告宣传来凸显店家服务等语言手段受到格外重视。

语言景观在传递信息的同时也传达文化意义。语言景观构建者将所要传达的意义转化为符号，通过空间构建和语言标牌配置形成景观，完成信息编码。接受者对语言景观欣赏、解读并感知，产生感受与反馈，完成信息解码。为避免误解，在语言景观构建中首先要考虑信息编码和传递过程必须遵守语言文字规范，尽可能排除在解码过程中会形成干扰的因素。

（一）信息编码过程中的错别字

在语言景观建构中，构建者往往会为追求语言符号组合形式的工整而忽略了表达的准确性。如某森林公园的一条提示："森林防火危害大，害人害己害国家。"语言景观构建者要表达的意思究竟是"森林防火危害大"，还是"森林火灾危害大"呢？语言景观中采用横幅打出标语口号，是政府组织、单位部门宣传方针政策和营造精神氛围有效的且为中国人喜闻乐见的传统形式，不仅通过关键词句凸显时效性，而且老少咸宜，所以被广泛应用。但近年来有些横幅标语中出现错别字的频率较高，如上例中的错误，引发负面社会影响。语言文字的规范必须在语言景观构建中被重视被落实。

又如某处公益宣传标语"文明从细节做起，城市因你而美丽"，其中"做起"错写为"坐起"。该公益广告本为展示城市文明形象，但错别字则对城市形象的展示起到了相反的作用。另一条标语是"科学致贫，精准扶贫，有效脱贫"，其中的"致"应该是"治"，一字之差，谬以千里。

（二）语言景观中语言表达的歧义

语言景观是公共空间的语言表达，不同的人会有不同的解读。语言景观构建者有时选择一语双关的词语来引起接受者的关注和理解，这时需要慎重预测不同解读的社会影响。

2010 年一度走红的宜春市旅游宣传语曾经出现在宜春旅游政务网站首页。有市民拨打市长热线反映情况，认为这句网络宣传语有损宜春形象，认为如此"创意"令人汗颜，市民纷纷投诉要求政务网撤下这条宣传语。网友和媒体中有强烈反对的，也有拍手叫好的，观点碰撞，论争如潮。反对者指出为了推广旅游，设计一些令人耳目一新甚至雷人点的宣传语无可厚非，但不宜突破道德底线，否则流量也可以让城市呈现负面形象，这条宣传语就容易让人产生不雅的歧义理解，如果语言景观的设计者有意利用存在歧义的表达方式进行炒作，虽然引来流量关注，但产生的社会影响则会伤害当地的美誉度。由自然界一年四季的春季，到汉字中因春的万物萌芽而展示的生机勃勃寓意，再到文学作品中有关春的描写，的确可以引发人的无限遐思，然而语言符号组合之后在特定文化情境中，也是最容易被激发从而被品出不同含义的。

舆论压力之下，当地旅游政务网撤掉了这一宣传语，用"一年之计在于春，一生之计在宜春"取而代之。因为这个举动，该地旅游政务网的访问量再创历史高峰。地方政府网站短时间内达到如此之高的点击率，可见语言景观，尤其是通过网络传播路径的语言景观，在文化传播上能够产生巨大的效果。该案例也引发人们对语言景观中创造性使用语言符号、激发语言活力与语言规范之间平衡的思考。

第五节　语言景观与文化交流

语言景观具有文化功能，主要包括文化教育、文化传承和文化交流功能。关于语言景观的文化教育功能。我们从生态场域理论视角分析语言景观与文化交流之间的关系，结合中华文化国际传播现状与发展趋势，分析语言景观翻译中存在的问题，提出改进与完善的建议。

语言景观是公共空间中的语言表达，除了构建者拟传达的信息，必须重视有不同母语背景的接受者的感受和解读，这不仅体现在语言景观所采用的语码选择上，更体现在语言符号所传递的文化信息上。因为语言是文化的载体，接受者对语言景观上的语言掌握程度不同，对语言背后承载的文化信息的接受程度各异，这必将对不同文化之间的交流产生不可忽视的影响。为了实现不同文化之间的交流和传播，本地域的文化必须重视语言符号这一主要的信息传递载体，重视语言景观的翻译质量。语言景观的类型和呈现形式主要包括典型语言景观的文本翻译、面对面交流中的口译、文化旅游景点和博物馆官方网站文本呈现等内容，在这些语言景观的翻译中，都应遵循基本的翻译原则。

一 语言景观翻译的基本原则

语言景观传递信息的主要载体是语言，所以由语言符号组合而成的文本内容并不局限于字词的表层意义，也与政治、经济和文化等因素密切相关。语言景观文本翻译是该地域文化形象的直接展示，折射出该地域的文化水平和文化态度。语言景观翻译的宗旨就是要准确传递信息。当前，语言景观翻译中发现不少问题，除文字表层的错译、漏译和不规范表述之外，更大的挑战是由于汉语和目标语背后深层的文化之间的差异而导致的理解不同，这更多体现在认知语用层面上。只有通过深入研究目标语所负载的文化，才能确保翻译的准确性。而语言景观文本涉及的某些行业术语，更是译者面对的不可忽视的挑战，译者必须拓展专业知识，提高翻译的一致性和专业性。最重要的是对汉语的文化内涵、价值观和思维方式要有系统把握，这是保证将语言景观文本信息传递给目标语言国家接受者的基础。只有做到这些，才能通过语言景观高质量的文本翻译，促进文化的跨国交流。

语言景观文本翻译的目的是信息在跨文化交际中的传递，对目的语及其文化保持尊重，通过翻译促进不同语言与文化之间的理解，这是基本的宗旨。为达此目标，在语言景观的翻译中除了需要措辞准确和表达得体外，还要重点考虑语言景观中文化元素的保留与转化，即最大限度地保留汉语中独特的文化元素，通过翻译手段积极地将其转化为目标语接受者易于理解的词句，在保留汉语文化内涵的同时兼顾译文的可接受性和可理解度。

（一）重视预期功能

根据功能和接受者标准，某个特定时空中出现的语言景观预期受众将覆盖不同母语者时，需要将汉语翻译成受众熟悉的母语或者国际性交际语言，以实现语言景观的指引功能、文化功能和象征功能。根据语言景观的预期接受者，目前中国境内的多语种语言景观绝大部分出现在旅游活动的公共空间。出现在城市中的多语种语言景观是一个城市国际化程度的显性标志。多语种语言景观的预期功能以旅游指引为主，同时展示该地域的文化特色和开放包容的国际化视野。

以国际游客为预期接受者的语言景观，根据其内容和呈现形式，一般可分为旅游景点介绍、旅游广告以及导游词等，这在翻译中具有不同的特点，应将它们区分处理。目前学界针对中英两种旅游文本翻译中存在的问题及其语言风格差异的比较研究成果较丰富，但鲜见对语言景观因采用不同传播媒介以及前提预设接受者等对翻译影响的研究成果。

随着旅游业迅速发展，中国已成为世界主要旅游目的地国。从国家到地方各级政府都十分重视旅游经济发展，各旅游景点不断提升旅游对外宣传的力度，提升为世界各国游客提供旅游服务的能力，以吸引外国游客，发展涉外旅游。旅游语言景观翻译从无到有，其重要性逐步显现，成为涉外旅游发展和文化交流的重要一环。

目前我国涉外旅游翻译中存在一些错误或问题，从语言符号及其信息传递的视角看大致可分为两类。一类是语言符号表层的问题，包括拼写错误、语法不当、字母的大小写等。这类是语言结构表层出现的错误。这类问题从接受者角度容易被发现，而从译者角度看也是比较容易纠正的错误。另一类问题主要表现为用词不当、表达不得体以及语言传递的文化信息欠妥或者晦涩难懂等，可称为语言深层错误。语言景观翻译中的深层错误，根据译者策略可细分为两小类。一类是由于译者采用忠实于原作的策略，照字面直译，使目的语母语者因为文化背景差异而无法理解其意义，更无从接受并体会文本所要传达的历史文化意蕴。另一类与此相反，译者在翻译过程中由于强调文化历史意蕴而对文本进行过度甚至有时是随意的主观改变，造成译文不忠实于原作文本。功能主义翻译理论和跨文化交际策略在旅游文本的翻译中的确需要重视预期功能，并根据预期接受者的审美接受习惯进行技术处理，然而这不是以牺牲忠实原文为代价的。

译者对原文准确、全面和系统的理解是让翻译达成预期文化交流功能的基础，翻译者不能按照自己的意愿或者迎合接受者的文化刻板印象而随意更改内容，包括误译、漏译甚至选择性翻译。这种翻译缺乏跨文化交际的价值，迎合接受者的文化审美，将导致旅游景点独特的文化内涵被消解或者被掩盖。

功能主义翻译理论对旅游语言景观中的翻译具有理论指导意义，旅游翻译的原则、译者所采用的策略，乃至具体的语言表达方法，应由预期的目的和该文本的功能决定。译者在分析原文本的基础上，以译文预期功能为目标，结合作为接受者的游客的社会文化背景，准确把握其对于旅游文本所提供信息的期待，灵活选择翻译方法。

语言景观翻译中出现的问题首先表现在翻译者对翻译的预期功能定位不准确，过分强调旅游语言景观的指引功能和诱导功能，因此在翻译中把重点放在吸引游客的注意力和激发其对旅游目的地的兴趣上，有些译文过分夸大和强调旅游的经济活动属性，以放松和休闲为主要目标，凸显营利目的，淡化旅游景点的文化内涵和色彩。为达此目标，不少译者进行逸闻趣事的随意增加、对于复杂严肃历史事件及其展品的介绍内容进行删除，甚至因为自身的专业素养不够而在翻译过程中随意做出较大的改动。例如，园林属于自然和人文相结合的风景，中国传统园林所具有的特点如果仅从表层上看，也能看出与欧洲和其他国家地区园林的共性和差异。然而，正如观赏欧洲园林需要介绍其雕塑一样，对中国园林的介绍不能跳过其中的诗词、楹联或者匾额，一些译者对某些古典文学作品不太懂、对于专门词语或者诗词中所用典故不了解，因此就乱译、改译或者干脆不译，这显然无助于不同文化背景的游客感悟不同文化的共性与差异，从而深刻理解该景点的文化内涵。从语言表达的形式上看，古代汉语风格及古典山水游记的影响使中文旅游语言景观的文本大都行文工整、言辞华美、喜用诗词楹联，大多数译者碰到这类语言景观，多不予译介。然而，从中国园林的文化意蕴表达看，诗词歌赋和楹联匾额在语言景观中起着画龙点睛的作用，译者应该具备充分的地域文化涵养，多读书，储备并记忆现成的优秀译本，有选择地将古诗词和楹联匾额所表达的意境与此时此地的园林景观有机融合起来，引导不同文化背景的游客置身其中感悟中国传统文化，而不应弃之不译，这是缺乏文化修养、责任心、和古典文学素养造成的。

对语言景观的翻译要达到预期的文化功能，尤其是在某些具有地域特色和中国传统文化特色的景点和博物馆，难免会碰到很难翻译的内容，由于自身专业知识缺乏，或者时间关系，有些译者对这类独具文化特色的内容更倾向于简单概括或者加以选择性翻译。比如，将庐山的花径翻译成"flower path"，语法上看没有错误，如果不结合景点得名的缘由，即因白居易在此吟咏而流传后世的诗歌《大林寺桃花》而得名，那么译文传递的信息将非常有限，而且无法解释清楚该地闻名的原因。讲述白居易被贬江州司马，暮春时节登到此处有感而发的吟诵，对于接受者了解中国的农历以及中国传统文人的价值观有着重要作用。游客在此不仅能欣赏到繁花似锦、曲径通幽的自然景色，更能够通过翻译讲解将花径附近的景白亭等景点有机联系起来。由于古代汉语与现代汉语的差别很大，有些古代文化景点的命名不能顾名思义，按照现代汉语的字面义去翻译。如江西九江白鹿洞书院的"行台"，历史上是接纳官员和聚众生徒的地方，翻译成"walking terrace"字面义是"行走的台子"，这种误译反映的是译者古代文化知识的缺失。重视语言景观文本翻译的预期功能，译者除了要掌握外语的语言技能，更要重视对该景点文化内涵的理解，并准确把握其所传递的文化信息。

（二）传达文化信息

语言景观的翻译要重视传达该地域空间所具有的文化资源及其独特的文化信息。通过翻译把该地域独特的文化信息传播出去，帮助不同语言文化背景的旅游者接受并理解，如此，语言景观构建者预期的文化功能才能实现。从境外游客视角看，来到一个陌生国度旅游，克服语言障碍的真正目的是获得不同于熟悉环境的文化体验，开阔视野，体会世界的精彩和文化的多元。旅游的本质并非单纯的经济活动，而是生动的文化体验活动。

特定公共空间语言景观的翻译以及陪伴游客的旅游口译，必须以传达文化信息为重。旅游译者在提供翻译服务的过程中，遇到文化冲突而导致的翻译困难是预期之中的，不能简单归因为文化和审美差异而不去认真面对和处理，这不仅是对接受者的不负责任，更无益于文化传播，很难引导游客与所观赏景观形成文化交流。

文化信息传达的前提是尊重，在语言景观翻译中，首先要表现出对该语言景观文本的尊重和忠实，也要表现出对接受语言景观翻译服务的游客对异文化好奇心和兴趣的尊重。因此为了实现传达文化信息的功能，必须限定翻译者的过度自由，应以忠诚的态度来连接文本作者和译文接受者。译者应通过翻译技能和文化底蕴，兼顾语言景观文本、译文接受者和语言景观构建者的权益和需求。译者的主观能动性依然存在，并不完全等同于AI翻译软件，译者的价值理性是在其工具性基础之上的。译者通过翻译达到信息传递的目的，同时通过聆听和动态的交际过程，捕捉并满足译文接受者的文化兴趣和文化交流需求，这才是优秀的语言景观翻译者所追求的目标。

为了达成这个目标，语言景观的译者在有良好语言技能的基础上，更应该有将景点的文化认知和文化信息传达出去以达成跨文化交际的使命感，这样才可能把翻译视为创造性的工作，通过传达该景点的文化信息而发挥其文化和社会功能，更好地发挥语言景观的窗口作用。翻译的风格与该地域、城市甚至国家形象的塑造息息相关，传达文化信息的底层逻辑要求译者必须具备跨文化交际的意识。

（三）关注语言文化心理

中国具有悠久的历史，数千年的发展和文化积淀使中国自然与人文景观都具有中华文化的深厚内涵。这就要求对语言景观的翻译不能只满足于语码的转换和文本转换，而应是跨越时空和社会环境的跨文化交际活动。尤其是陪同口译过程，就是译者与接受者之间面对面的跨文化交际，是不同文化背景的人在打交道。因此文化信息传递必须考虑交际主体双方不同的语言文化心理。

旅游口译活动要求译文符合接受者母语背后的文化及其习惯的思维方式，毕竟母语差异带来的文化差异和思维差异无处不在，若交际双方在交际中忽视这种差异，容易造成表达不当或者对译文表达意图的误解。有经验的译者在口译中，应时刻提醒自己将译文接受者的文化心理和思维习惯纳入考虑范围，这也是重视翻译文本预期功能的一个方面。同时，在组织句子、传达信息的过程中，运用具体修辞手段，尽量照顾译文接受者的心理，既要注重文化信息的传播，更要关注跨文化交际过程中语言形式背后的文化心理及其折射的价值观念。

　　过度关注译文接受者的语言文化心理有可能导致译者过分迎合译文接受者的文化和审美而丢失中华文化的独特性。对语言景观中出现专名的翻译一直存在争议。对不懂中文、从未学习过中文的外国游客而言，文本中的人名、地名、年代、历史事件或典故介绍是困难的。首先，读音的差异导致无法记忆；其次，该专名已经词汇化，具有了特定的文化内涵。有些翻译者采用类比法，在译文接受者的母语和母文化中寻找类似说法，通过"中国的XXX"加以解释，如把"关羽"翻译成"Chinese Spartacus"（中国的斯巴达克斯）；把"济公"翻译成"Chinese Robin Hood"（中国的罗宾汉）。这样翻译是为了利用接受者的母语文化而实现认知迁移，从而更好地理解所介绍人物的文化蕴含，一定程度上能帮助接受者在跨文化交际中跨越障碍。然而，二者之间本质的文化区别往往被忽视，简单等同对译文接受者理解中国文化没有帮助。关羽在中国文化中不仅是一个历史人物，而且是被符号化了的形象，是中国文化中"义"的代表。中国人的凝聚是以血缘关系为纽带的，在无法以血缘关系凝聚人心的海外，华人以关羽形象代表的"义"来维持合作关系，互相帮助。在关羽像面前通过发誓结成相互信赖的关系，关羽作为中华民族中的文化符号，在漫长的历史长河中经历了从一个历史人物到一种信仰和价值观，再到关帝庙中神话符号形成的过程，寄托了中国人对美好品质和美好生活的向往。斯巴达克斯是古罗马角斗士，为争取自由和尊严，他领导角斗士们奋起反抗罗马人的暴政，英勇顽强地与强大的敌人斗争，出奇制胜。虽然角斗士军队最终被强大的敌军消灭，斯巴达克斯战斗到生命的最后一息，但其成为被压迫者争取自由解放的战斗英雄形象。关羽与斯巴达克斯之间有着英雄形象的共性，但在文化内涵上的差异是不可忽视的，否则对译文接受者通过关羽形象理解中国人重视的"义"文化毫无帮助。

　　济公是在中国民间被广泛熟知的故事人物，虽然他的形象是疯疯癫癫、蓬头垢面的疯和尚，但他总是手执蒲扇行走四方，在谈笑之间扶贫济困、吊民伐罪、惩恶扬善，给世人留下了奇特而善良的印象。罗宾汉是英国的传奇人物，他从法外之徒变为国家英雄，又从国家英雄变为侠盗的传奇在西方广为人知。济公与罗宾汉都竭力帮助穷人，但济公是乐善好施的和尚形象，这体现了中国民间的佛教信仰和寄托，而罗宾汉则是揭竿而起的绿林好汉形象。在翻译过程中，如果将二者简单替换，国外接受者很难理解济公形象的真谛并感知中华传统文化中的价值观。

　　旅游中的语言景观翻译，尤其是有关历史人物和历史故事、神话传说的翻译，本质上是一种文化交流，这种跨文化的交流只有建立在平等和尊重的基础上才有助于培养游客的多元文化视角和不同文化之间的交流。在跨文化交际过程中的确存在文化依附的选择，不同文化背景的人进行交流时应该依附交际主体双方哪一方的文化呢？中国有古话云"入乡随俗""到什么山上唱什么歌"。世界各地的游客来到中国，就是希望通过自己的眼耳鼻舌身去感知中国文化的特点，因此，语言景观的翻译没有必要无条件地将自己文化归化于接受者的文化，更不应用接受者的文化概念简单诠释具有丰富内涵的中国文化，否则就无法通过语言景观的翻译帮助身临其境的不同文化背景的接受者建立对中国文化清晰、系统而深刻的认知。

　　随着中国经济的发展和国际影响力的增强，我们必须建立文化自信，在人类命运共同体的构建中贡献中国智慧。为了关注译文接受者的文化心理，对具有中国特色和文化内涵的语言景观翻译，可在必要时创造新的语汇和表达方式，提供丰富有趣的历史背景和典故帮助译文接受者理解；也可有针对性地向译文接受者介绍中国文化中的俗语、谚语和代表中华文化精髓的诗词歌赋，达到深层次跨文化交流的效果，通过专业而生动的语言景观翻译，为置身于中华文化景点而期待了解中国文化的游客提供帮助。语言景观翻译可实现不同文化之间的求同存异。

　　语言景观在文化旅游活动中具有重要的指示功能、文化功能和象征功能。为了让语言景观发挥其不同功能，跨文化交际的翻译要注意区别对待，在传达文化信息的同时关注译文接受者的语言文化心理。为了构建中国特色的对外话语体系，应尽量采用音译以体现其指引和参照功能，如地铁站名、街道名等。随着中国综合国力的增强,世界对中国和中华文化的了解越来越多,有些具有中国文化特色的词已不需要翻译就能被理解和接受,如"fengshui"(风水)、"taichi"(太极)、"jiaozi"(饺子)等,外国人将此作为中国的文化符号。

对具有中国文化特色和内涵意蕴的翻译表达需要认真斟酌。如将"桃花源"直接音译,不同语言文化背景的游客而言,无法激发出中国人听到该词语时自然产生的联想,如陶渊明《桃花源记》中所描绘的"夹岸数百步,中无杂树,芳草鲜美,落英缤纷"的美景引发的联想,这些游客更无法理解在中国文化中这种象征着理想的居住之地和一种没有争斗、生活古朴而富足的生活。这时应用"功能对等"的翻译原则来反映对文化他者和文化差异的伦理态度,以及译者的价值导向。

为保存原汁原味的源语言文化,并通过译文彰显源语言的文化特点,在某些场合采用异化翻译的方法是必要的。译者应有明确的跨文化交际意识,衡量不同文化群体之间平等、尊重、友好和好奇的标准,利用修辞手法在忠实于源语言文化的前提下,尽量凸显和丰富文化内涵,促进不同文化的交流,通过语言景观翻译构建多元文化的交流空间。为此,译者应提前学习、快速笔记、反复练习,提高口译的速度和准确性;更需要学习新知识,持续关注行业动态,学习新的词汇和表达方式,提升自己的语言能力。

二 语言景观翻译的主要类型及问题

翻译模式主要有再现模式、服务模式、交际模式和规范模式。"再现模式"指翻译是对原文文本的忠实再现;"服务模式"指译者按照服务对象的要求为其提供翻译;"交际模式"注重以原文与译文为代表的文化之间的交流;"规范模式"重视翻译符合规范。对语言景观的翻译无论是静态文本翻译、动态口译还是官方网页的翻译,均与文化交流有关,承担着表达语言景观构建者真实意图的任务,译者要尊重语言景观文本,深刻准确地解读构建者意图,同时必须照顾译文接受者母语的文化规范,满足其对景点信息理解和文化感悟的期待。翻译重点在于阐释源语言文化的内涵并彰显其特色,促进不同文化的交流,并由此建立起跨文化交际主体双方的文化自信和理解尊重。

（一）信息功能翻译

语言景观的基本功能是传递信息。随着全球化发展，城市的国际化程度越来越高，对于国际化城市公共空间的语言景观，除了本国本地域的通用官方语言文字外，译者还应根据预期的、潜在的接受者来设置不同语码，以显示提供语言服务的友好态度。

在城市和景区国际化的进程中，增加外语语种的语言景观设置对具有不同母语背景的游客是友好的，但我们也发现不少语言景观外语翻译中的错误或不当之处，总结信息功能传递过程中的翻译，主要问题可以归纳为以下几种类型。

1. 拼写错误

如"灭火器"应译为"fire extinguisher"，但"fire"被写成了"fine"，"extinguisher"一词也存在拼写错误。课题组在对江西文化语言景观的调查中，发现存在较多这类问题。

除拼写错误，表述形式的规范性也存在问题，如有的英文标牌中逗号后单词的首字母采用大写、依照中文文本习惯在英文中使用顿号、英语单词之间缺少空格形成连写而影响理解等，如，"a few"写成"afew"。

2. 用词不当

同义词的选择必须根据特定语境。课题组在调查江西文化语言景观过程中，发现不少提示性语言标牌的翻译存在这类问题。如"小心地滑"，根据字面意义拆分为"Carefully slide"令人不知所云，正确的译法应是"Watch your step"或者"Be careful with the floor"。又如在博物馆经常出现的"小心台阶"被译为"Step carefully"，"小心"在这个语境中的功能是提醒游客注意或者留神脚下，要谨慎行动的意思，所以应翻译成"Mind your step"或"Be careful with the steps"，它们更符合译文接受者的表达习惯，也更容易起到提醒警示作用。

在展厅和展馆设置"入口/出口"，中文里"出口"是多义词，"出口商品"中的"出口"应该译为"export"；"超市出口"中"出口"对应的英文是"exit"，应该避免二者混淆。景区实行垃圾分类制度是生态环保的体现，垃圾桶分为可回收和不可回收两类，而"不可回收垃圾"被译为"irrevocable"，意为

"无可挽救"，令人费解，正确的译法可以是"unrecyclable"，或者是"non-recyclable waste/garbage/trash"，这在译文接受者文化中表示"不可回收的"。

3. 不合语境导致句子表意不当

如提醒人们不要在此处倾倒垃圾，在该处墙上提醒的标语英文是"Take out the garbage here"，字面意义表达的是"请在此处倒垃圾"。如果说话人在自己家里，想出去倒垃圾可以说"I should take out the garbage."但在不允许倒垃圾的公共场地上，表达禁止倒垃圾，则应用"No dumping here"或者"No dumping of garbage here"，这才言简意赅地实现了提请注意和禁止功能。

4. 外语和拼音混用导致难以理解

有些地铁站的翻译，如"广场北站"直接翻译成"Squer Bei Station"，而"Squer North Station"才能更准确传递信息。如"瑶湖西站"中"瑶湖"是一个地名，是以湖而命名的，不如"西湖"有名，因此翻译成"Yaohu Lake West Station"对于来访的外国游客更友好，为提示信息的准确性和有效性，即便使用冗余手段也是可以考虑的。

5. 翻译风格生硬

例如在公园提示游客注意文明举止的语言景观中，有些虽然表达的是警示或者禁止，但在语言表达风格上一改传统的严厉口吻，采用隐喻手段达到委婉表达的效果。如"有您的参与，垃圾就不会无家可归"，翻译为"If you would like to join us, rubbish will never be homeless."对于英语母语者来说，这样的表述就显得生硬而且令人费解。这则标语倡导民众不要随意乱扔垃圾，而应该把垃圾投入设置的垃圾桶内，那里才是垃圾应待着的地方。这类主要功能是传递警示和提醒信息的语言景观，在世界各国都有，规则与礼貌之间并不冲突，如果能够在翻译中采用目的语国家通用的表达，如"Thank you for your no littering"，在提请和倡议的同时也非常礼貌。再如，商场收银台可以按照字面义翻译为"Cashier's Dest"，但这非常生硬，译成"Cashier"，则是被普遍接受的，如果尊重目的语国的习惯，表达为"Please pay here"，则有了对顾客的引导风格，因而具有温度，实现了人性化的关怀信息传递和服务功能标识的双重功能。

课题组在江西文化语言景观调查过程中发现，外语翻译尤其是英语翻译存在不少语体和修辞方面的问题，机械而生硬的译文在不少景点语言景观中存在。

语言景观构建者应充分重视国外接受者的意见，调动并激发接受者参与改进语言景观翻译的错误和不当，吸引更多人参与为不同语码语言景观纠错的活动，普通的语言接受者可以用手机拍下错误之处并告知有关部门，共同为提升该地域和城市的国际语言环境而努力。语言景观构建者应设置活动网络平台，如网页和微信公众号等并公开发布，这样无论是本地居民还是国内外游客都能以提交观察到的不当语言景观的方式参与并互动。

（二）文化功能翻译

随着中国经济快速发展，中国对外开放的步伐不断加快，到中国进行文化旅游的人越来越多，在语言景观翻译中凸显中华文化内涵、实现中华文化的广泛传播越来越受到重视。从旅游视角看，语言景观包括景点介绍、旅游广告、语言标牌以及旅游景点官方网站上的图文等内容。传递信息是语言景观的主要功能，文化象征功能必须在此基础上才能实现，因此对于翻译的要求更高。以语码转换为目的，语言表达必须准确而通俗，有利于译文接受者理解，也要注意符合语言景观所处公共空间的语境要求，语言景观利用多模态建构更富有吸引力。

语言景观首先应该发挥实用性功能，但同时其也是文化符号，要凸显其文化功能的翻译，必须充分考虑不同语言和文化背景的游客的语言文化心理和审美习惯。通过语言景观的翻译，使他们对该景点的独特美产生共鸣，获得文化审美满足。语言景观的文化功能不仅要阐明景点及其名称的文化内涵，而且还应具有可接受性，能够吸引异域文化背景的游客，让他们通过文化交流，了解中国文化。

根据语言景观重视预期目的原则，译者应首先明确翻译目的，再根据目的对所需翻译的文本进行分析，大致分为以下两类。

一是译文的预期功能和原文相同。译文和原文均以介绍景点文化特色，帮助游客熟悉该景点的文化特色、历史沿革及有关轶闻传说等为主要内容，达到推介景点、吸引外来游客、激发参观该景点的兴趣的目标。这类翻译的文化功能在相关文化信息的翻译中得以实现。

二是译文的预期功能高于原文。有些译文的接受者可能会对翻译提出高于语言景观文本信息量的要求。包括对特定景点的文化内涵及其历史发展感兴趣的专业人士、有意与该地域进行经济开发合作的国外人士、了解并深入考察中国旅游文化的国外学者，以及在行前做了相关专题了解专程慕名而来的国外游客等，他们希望通过游览对该景点自然地理、文化风俗等方面的特色了解得更多更细，但是他们并不掌握汉语，无法直接从阅读汉语的语言景观中获得相关文化信息，需要通过语言景观文本的翻译，获得有关该地域文化和社会风俗等方面的知识。因此，在游览的过程中，他们在与译者的互动中会提出很多语言景观文本之外的问题。这就要求译者对翻译准备进行适当调整，补充相关文化和历史背景知识，以便对译文接受者的问题做出适当的解释性翻译。

由于译文接受者的价值观念和文化期待不同于语言景观构建者，文化内容的翻译必须尊重译文接受者的文化规范，才能保证译文的可接受性。无论是以静态的语言标牌还是动态的数字滚动显示的语言景观，其文本的内容都必须考虑其展示与传播的特点，语言标牌在有限的空间传递此时此地的关键信息，必须简洁明确，而且必须考虑不同语码的呈现方式，包括字体大小和排列顺序等。从时间维度看，语言景观是游客在动态中阅读的内容，在特定景点，游客获取的信息首先是通过环境中实物和图片的展示得到的，而对语言符号、文本信息基本上只能用很短的时间阅读，不可能让视线在语言景观上停留太久。

文化功能是旅游活动中语言景观的核心功能，而特定旅游时空环境中语言景观的翻译对景点所蕴含的文化因素往往无法直译，必须通过补充、转换以及类同等多种手段才能揭示出来，并用接受者习惯的审美方式和语言结构表达出来，在传递语言景观信息的同时兼顾文化内涵表达，这样才能符合译文接受者的审美心理和欣赏习惯。

承载文化内涵的语言景观翻译是个复杂过程。首先译者对语言景观的解码不仅要有对语言景观原文的准确理解，而且要在此基础上与目的语加以对比，通过对比把握异同才能得体地在两种不同语言之间进行语码转换。语码转换的不仅是语音形式、词汇选择、语法建构、段落组织和语篇风格等不同层级的语言单位，而且译者需要重视语言表达形式所承载的文化，以及语言景观构建者通过该语言形式所要传达的文化意蕴。由于语言景观构建者与接受者之间存在语言和文化差异，停留于文本字面意义的翻译可能导致跨文化交际障碍甚至引起误解。文化内涵是翻译中传情达意的难点，为解决这类问题，译者应具有跨文化交际的意识，以交际双方的文化理解和顺畅沟通为目标，以译文接受者为对象进行文本的阐释，并尽力做到使译文接受者通过翻译对于该地域文化内涵的理解与文本构建者的意图达到最大限度的一致，通过翻译消除可能产生的文化误解甚至冲突，通过得体的语言阐释和填补不同文化之间可能存在的鸿沟。例如，宋代诗人苏东坡的诗句"欲把西湖比西子，浓妆淡抹总相宜"，翻译这句古诗时，首先译者在解码过程中应该意识到，诗句中的"西子"在中华传统文化中指的是"西施"，是中国历史上的四大美女之一，在隐喻中本体和喻体之间的联系不仅有着语音的关联，更能激发中华文化背景下人们对其魅力的联想，西子就是美丽的文化符号，且有拟人的修辞效果。如果按照读音译成"Xizi"，译文接受者如果不熟悉中华传统文化中这部分的内容，对于该专名的文化蕴含很难产生联想，从而妨碍其对译文的理解。译者如果在按照读音翻译该专有名词的前提下，增加必要的文化注释，如 "Xizi is one of the most beautiful woman in ancient time of China"，这一补充有助于译文接受者理解诗句之美、感悟西湖之美，并将二者与中国传统文化有机融合，形成对中华文化的美好印象。

（三）文本翻译手段

从内容上看，文化语言景观文本承载了丰富的、具有中国特色的文化内涵，例如中国历史纪年的方式不同于西方，在很多历史文化景点的介绍中少不了对在此处某个历史时间节点发生的有重大影响的历史事件加以介绍，这其中的皇帝年号、皇帝姓名和事件名称等若直接翻译，对不同文化背景的译文接受者无疑是陌生的，他们几乎无法理解或记忆。如"唐贞元、明万历、清嘉庆、魏晋南北朝"等中国历史朝代，"草船借箭、曹操败走华容道"等历史人物和历史事件，对于浸润在中华文化中的中国人是耳熟能详的，译文接受者则没有相关的知识储备。对此类内容的翻译如果简单地采用音译或直译的方法，是无法传达其文化内涵及其文化意义的；若采用基于功能论的实用翻译手法，即根据译文接受者的知识背景和预期目标，对译文做适当的省略，或者同等表述功能的转述，充分考虑译文接受者的接受能力以及瞬间阅读、旅游目的和空间局限等对译文接受产生影响的主客观因素，本着不篡改文本信息的原则，可省略文本中对外国游客没有意义的信息，并调整文本表述内容及其表达方式，将相关文化内涵融入通俗易懂、深入浅出的翻译中。①

对旅游场景中语言景观的文本，尤其是篇幅较长的具有文化内涵的文本分析之后进行适当改译，体现了关联理论在翻译实践中的应用。跨文化交际效果取决于交际过程中话语与交际语境的最佳关联。译者在解读并深刻领悟语言景观文本及其文化内涵的基础上，应该尽可能为译文接受者营造在特定时空中与该景点文化蕴含关联的最佳语境，以适应移动中的译文接受者通过译文接受，感受与源语接受者基本一致甚至同等的语境，并激发其对景点文化意义的兴趣与对比。在对历史文化类语言景观文本的翻译中，译者在解读文本时应该有较强的跨文化交际意识，有些语言景观由于预期接受者是本国或本地人，因而对该景点的文化背景未作必要的介绍，这就要求译者能识别源语语篇中的文化缺失，再根据译文接受者的预期交际目标和对该文化的掌握程度与兴趣，通过适当而生动的补充知识，传递语言景观的意图，从而避免产生文化误解。

文化内涵丰富的文本翻译对译者提出了很高的要求，译者不仅要有较高的外语听说读写译技能，要有对语言景观文本解码和其文化内涵本质把握的能力，还要具有跨文化交际的文化意识和语用意识，并通过专业学习和培训将专业知识、翻译技能和跨文化交际意识有机融合。语言景观构建者、政府机构和相关管理部门应该重视语言景观翻译对文化旅游业发展和促进国际文化交流的作用，培养专业人才，提升翻译等语言服务的品质。

三　文化交流中的语言安全

文化安全是国家安全的重要组成部分，习近平总书记提出的"总体国

---

① 袁毅等：《目的法则、连贯原则与旅游翻译文化传播策略抉择》，《陕西理工学院学报》（社会科学版）2010 年第 3 期。

家安全观"包含文化安全,指国家民族精神、政治价值理念、信仰追求等观念形态的文化生存发展应不受威胁,具体包括语言文字安全、风俗习惯安全、价值观念安全和生活方式安全等。中国文化国际传播可能存在由于语言翻译不准确带来的安全隐患。构筑中国文化国际传播的语言安全线,必须提高语言翻译的质量和准确性,弘扬语言翻译工匠精神,强化主体责任,充分发挥语言在中国文化国际传播中的有效性,让世界更好地了解中国文化。除了学术著作的外译项目,普通外国人要想了解中国,一个非常重要的途径是到中国旅游,其所见到的语言景观,以及通过浏览中方旅游网站看到的信息均有助于其了解中国文化。在语言景观不同语种翻译中用词不恰当、句式不准确、术语的专业性不强、语体风格不当甚至直译而导致文化内涵丢失或晦涩难懂等诸多语言问题时有显露。比如,将"无为而无不为"中的"无为"翻译为"什么都不干","包子"和"饺子"在翻译中得不到区分,"腊八粥"按照发音翻译而不涉及意义及来历,中医文化中的"穴位""经络""精气神"等核心术语常被略过不译等,这些语言翻译的不严谨导致中华文化传播出现粗劣的负面效应。

在中国文化国际传播中语言景观的语言文本是最核心的信息载体,翻译成不同语种时需要审慎斟酌,在保证流畅的可读性的同时兼顾中国文化特点,构建具有中国特色的话语体系是一个值得重视的问题,必须通过对比汉语与目的语的共性与差异,反复推敲、精益求精,以体现并阐释中国文化本原性和独特性为目标。比如"论语"不可简单翻译成"孔子论述的话语";中国政治外交话语中"一个中国"不等同于"统一的中国"。中华优秀传统文化及其现代传承构成中华民族的文化软实力,其国际传播效果与语言翻译质量密切相关。由于不同语言系统在词汇、语义、语法和语用上的差异,对中国文化国际传播中语言的翻译质量把控必须严格并不断完善。要充分重视中国文化国际传播中的语言安全监管,落实中国文化国际传播语言安全的主体责任,树立中国文化国际传播中的语言安全意识,通过建立相应的语言安全责任制度,为中国文化国际传播的语言质量保驾护航。

参考文献

一　中文文献

1. 〔德〕伽达默尔：《真理与方法——哲学解释学的基本特征（上卷）》，洪汉鼎译，上海译文出版社，1999。

2. 〔法〕皮埃尔·布迪厄、〔美〕华康德：《实践与反思：反思社会学导引》，李猛、李康译，中央编译出版社，1998。

3. 〔美〕马克·特雷布：《现代景观：一次批判性的回顾》，丁力扬译，中国建筑工业出版社，2008。

4. 〔日〕清水公一：《广告理论与战略》，胡晓云、朱磊、张姮译，北京大学出版社，2005。

5. 〔瑞士〕荣格：《荣格自传：回忆·梦·思考》，杨德发译，上海三联书店，2009。

6. 陈章太：《〈现代汉语词典〉及其第 5 版的收词》，《语言文字应用》2006年第 1 期。

7. 范晔：《后汉书》，中华书局，2016。

8. 高一虹、李玉霞、边永卫：《从结构观到建构观：语言与认同研究综观》，《语言教学与研究》2008 年第 1 期。

9. 顾日国：《多媒体、多模态学习剖析》，《外语电化教学》2007 年第 2 期。

10. 郭晓勇：《中国语言服务行业发展状况、问题及对策——在 2010 中国国际语言服务行业大会上的主旨发言》，《中国翻译》2010 年第 6 期。

11. 国家旅游局：《旅游景区质量等级的评定与划分》，中国标准出版社，2016。

12. 国家质量监督检验检疫总局、国家标准化管理委员会：《公共服务领域英文译写规范》（GB/T 30240–2017），中国标准出版社，2017。

13. 江西省统计局：《江西统计年鉴（附光盘 2021 汉英对照）》，中国统计出版社，2021。

14. 江西省人民代表大会常务委员会：《江西省实施〈中华人民共和国国家通用语言文字法〉办法》，法律出版社，2003。

15. 蒋旭峰：《论广告意识形态》，《国际新闻界》2009 年第 6 期。

16. 李现乐：《语言资源和语言问题视角下的语言服务研究》，《云南师范大学学报》（哲学社会科学版）2010 年第 5 期。

17. 李宇明：《2007 年中国语言生活状况述要》，《世界汉语教学》2008 年第 3 期。

18. 南昌市统计局：《南昌市 2021 年统计年鉴》，中国统计出版社，2021。

19. 潘艳艳：《多模态视域下的国防话语研究初探》，《外国语言文学》2016 年第 3 期。

20. 潘艳艳、郑志恒：《国防话语的多模态认知批评视角——以中美征兵宣传片的对比分析为例》，《外语研究》2017 年第 6 期。

21. 屈哨兵：《语言服务研究论纲》，《江汉大学学报》（人文科学版）2007 年第 6 期。

22. 屈哨兵：《语言服务视角下的中国语言生活研究》，《北华大学学报》（社会科学版）2011 年第 5 期。

23. 尚国文、赵守辉：《语言景观研究的视角、理论与方法》，《外语教学与研究》2014 年第 2 期。

24. 尚国文：《宏观社会语言学视域下的旅游语言景观研究》，《浙江外国语学院学报》2018 年第 3 期。

25. 尚国文、周先武：《非典型语言景观的类型、特征及研究视角》，《语言战略研究》2020 年第 5 期。

26. 沈家煊：《标记理论与语言类型学》，江西教育出版社，1999。

27. 舒新城：《辞海》（修订版），上海辞书出版社，2015。

28. 束定芳：《隐喻学研究》，上海外语教育出版社，2000。

29. 田飞洋、张维佳：《全球化社会语言学：语言景观研究的新理论——以北京市学院路双语公示语为例》，《语言文学应用》2014 年第 2 期。

30. 田海龙、张迈曾：《语言选择研究的后现代特征》，《外语学刊》2007 年第 6 期。

31. 王冰：《新加坡公益广告中恐惧诉求的运用》，《现代广告》2010 年第 7 期。

32. 王默：《关于建立旅游景区标识系统的探究》，硕士学位论文，东北师范大学，2007。

33. 熊学亮：《从语言转隐喻角度管窥视喻》，《天津外国语学院学报》2010 年第 5 期。

34. 徐大明：《语言变异与变化》，上海教育出版社，2006。

35. 徐大明：《有关语言经济的七个问题》，《云南师范大学学报》（哲学社会科学版）2010 年第 5 期。

36. 徐大明：《语言是交流和认同的工具——解读中外学者有关语言识别问题的争议》，《语言战略与研究》2018 年第 2 期。

37. 徐茗：《北京市语言景观调查研究》，上海三联书店，2020。

38. 徐欣路：《语言景观标记论——以北京 798 艺术区为例》，《语言战略研究》2020 年第 4 期。

39. 叶圣陶：《叶圣陶语文教育论集》，教育科学出版社，2015。

40. 叶舒宪：《文学与人类学》，社会科学文献出版社，2013。

41. 袁毅、邹先道、杨红梅：《目的法则、连贯原则与旅游翻译文化传播策略抉择》，《陕西理工学院学报》（社会科学版）2010 年第 3 期。

42. 岳帅华、卢德平：《博物馆志愿者讲解能力提升的机制研究》，《文化软实力研究》2023 年第 6 期。

43. 张德禄：《多模态话语分析综合理论框架探索》，《中国外语》2009 年第 1 期。

44. 张艳翠：《语言景观的文化功能及对汉语文化传播的启示》，《文学教育（上）》2019 年第 8 期。

45. 中共中央办公厅、国务院办公厅：《国家生态文明试验区（江西）实施方案》，人民出版社，2017。

46. 中国大百科全书总编辑委员会《中国地理》编辑委员会：《中国大百科全书·地理》，中国大百科全书出版社，1990。

47. 中国社会科学院语言研究所词典编辑室：《现代汉语词典第 7 版》，商务印书馆，2016。

48. 中华人民共和国国家质量监督检验检疫总局、中国国家标准化管理委员会：《旅游景区质量等级的划分与评定（GB/T 17775-2003）》，中国标准出版社，2003。

49. 朱永生：《多模态话语分析的理论基础与研究方法》，《外语学刊》2007年第 5 期。

二 外文文献

1. Austin, John Langshaw. 1962. *How to Do Things with Words*. Oxford：Oxford University Press.

2. Backhaus, P. 2006. "Multilingualism in Tokyo：A Look into the Linguistics Landscape". *International Journal of Multilingualism* 3：52-66.

3. Backhaus, P. 2009. *Linguistic Landscapes：A Comparative Study of Urban Multilingualism in Tokyo*. Clevedon：Multilingual Matters.

4. Barthes, R. 1977. "Rhetoric of the Image". In R. Barthes（ed.）& S. Heath（Trans.），*Image Music Text*. London：Fontana, 32-51.

5. Ben-Rafael, E. 2006. *Linguistic Landscape：A New Perspective on Multilingualism*. London：Routledge.

6. Ben-Rafael, E. 2009. *Linguistic Landscape：A New Approach to Multilingualism*. Clevedon：Multilingual Matters.

7. Ben-Rafael, E., Shohamy, E., & Gorter, D. 2010. *Linguistic Landscape in the City*. Bristol：Multilingual Matters.

8. Bernstein, B. 1990. *Class, Codes and Control：Vol. 4. The Structuring of Pedagogic Discourse*. London and New York：Routledge.

9. Blommaert, J. 2016. *The Sociolinguistics of Globalization*. Cambridge：Cambridge University Press.

10. Bolton, K. 2012. "World Englishes and Linguistic Landscapes". *World Englishes* 1：33.

11. Bourdieu, Pierre. 1991. *Language and Symbolic Power*. London：Polity Press.

12. Bourdieu, Pierre. 1997. "The Forms of Capital". In A. H. Halsey（Ed.），

Education: *Culture*, *Economy*, *and Society*. Oxford: Oxford University Press, 241–258.

13. Cenoz, J. & Gorter, D. 2006. "Linguistic Landscape and Minority Languages". *International Journal of Multilingualism* 1: 67–80.

14. Cenoz, J. & Gorter, D. 2008. "The Linguistic Landscape as an Additional Source of Input in Second Language Acquisition". *IRAL*, *International Review of Applied Linguistics in Language Teaching* 3: 257–276.

15. Chern, Chiou-lan & Dooley, Karen. 2014. "Learning English by Walking down the Street". *ELT Journal* 2: 113–123.

16. Biber, D. & Conrad, S. 2009. *Register*, *Genre*, *and Style*. Cambridge: Cambridge University Press.

17. Fairclough, N. & Wodak, R. 1997. "Critical Discourse Analysis". In T. A. van Dijk (ed.). *Discourse Studies*: *A Multidisciplinary Introduction*. London: Sage, 258–284.

18. Forceville, C. 1996. *Pictorial Metaphor in Advertising*. London: Routledge.

19. Forceville, C. 2006. "Non-verbal and Multimodal Metaphor in a Cognitive Framework: Agendas for Research". In Gitte Kristiansen, Michel Achard, Rene Dirven & Francisco Ruiz de Mendoza lbanez (eds.). *Cognitive Linguistics*: *Current Applications and Future Perspectives*. Berlin & New York: Mouton de Gruyter, 379–402.

20. Gorter, D. 2006. *Linguistic Landscape*: *A New Approach to Multilingualism*. Clevedon: Multilingual Matters.

21. Gorter, D. 2017. "Linguistic Landscape and Trends in the Study of Schoolscapes". *Linguistics and Education* 44: 80–85.

22. Gumperz, J. 1982. *Language and Social Identity*. Cambridge: CUP.

23. Halliday, M. A. K. 1978. *Langnnge as Social Samiotic*: *The Social Interpretation of Language and Meaning*. London: Edward Arnold.

24. Halliday, M. A. K. 1985. *An Introduction to Functional Grammar*. London: Arnold.

25. Halliday, M. A. K. & Matthiessen, C. 2004. *An Introduction to Functional*

Grammar (3rd ed.). London: Routledge.

26. Harklau, L. 2000. "From the 'Good Kids' to the 'Worst': Representations of English Language Learners across Educational Settings". *TESOL Quarterly* 34: 35-67.

27. Hart, C. 2016. "The Visual Basis of Linguistic Meaning and Its Implications for Critical Discourse Analysis: Integrating Cognitive Linguistic and Multimodal Methods". *Discourse & Society* 3: 335-350.

28. Huebner, T. 2006. *The Linguistic Landscape of Bangkok. Linguistic Landscape: A New Approach to Multilingualism*. London: Routledge.

29. Huebner, T. 2009. *Linguistic Landscapes in Bangkok*. London: Routledge.

30. Hymes, D. 1972. "Models of the Interaction of Language and Social Life". In J. Gumperz & D. Hymes (eds.). *Directions in Sociolinguistics: The Ethnography of Communication*. New York: Holt, Rinehart and Winston, 35-71.

31. Introduction. 2015. "Linguistic Landscape: A New Journal". *John Benjamins Publishing Company* 1: 1-5.

32. Jaworski, A. & Thurlow, C. 2010. *Semiotic Landscapes: Language, Image, Space*. London: Continuum.

33. Jellice, Geoffrey. 1989. *The Landscape of Civilization*. England: Garden Art Press.

34. Jewitt, C. 2006. *Technology, Literacy and Learning: A Multimodal Approach*. London: Routledge.

35. Kallen, J. 2009. "Tourism and Representation in the Irish Linguistic Landscape". In E. Shohamy & D. Gorter. *Linguistic Landscape: Expanding the Scenery*. London: Routledge, 270-283.

36. Kress, G. & van Leeuwen, T. 1996. *Reading Images: The Grammar of Visual Design*. London: Routledge.

37. Kress, G. & van Leeuwen, T. 2001. *Multimodal Discourse: The Modes and Media of Contemporary Communication*. London: Arnold.

38. Labov, William. 2000. *Principles of Linguistic Change. Volume 2: Social Factors (2)*. Oxford & Cambridge: Black-well.

39. Lakoff, George & Johnson, M. 1980. *Metaphors We Live By*. Chicago: The University of Chicago Press.

40. Landry, R. & Bourhis, R. Y. 1997. "Linguistic Landscape and Ethnolinguistic Vitality: An Empirical Study". *Journal of Language and Social Psychology* 1: 23-49.

41. Leech, G. N. 1981. *Semantic: The Study of Meaning (2nd Edition)*. Harmondsworth: Penguin Books.

42. Lefebvre, H. 1991. *The Production of Space*. Oxford UK: Black-well.

43. Machin, D. 2013. "What Is Multimodal Critical Discourse Studies?". *Critical Discourse Studies* 4: 347-355.

44. Machin, D. 2016. "The Need for a Social and Affordance-driven Multimodal Critical Discourse Studies". *Discourse & Society* 3: 322-334.

45. Manan, S. A. 2015. *The Linguistic Landscape of Malaysia*. Hampshire: Palgrave Macmillan.

46. Norris, S. 2004. *Analyzing Multimodal Interaction: A Methodological Framework*. London: Routledge.

47. Norris, S. 2019. *Systematically Working with Multimodal Data: Research Methods in Multimodal Discourse Analysis*. New Jersey: Wiley-Blackwell Inc.

48. O'Halloran, K. L. & Tan, S. 2013. "Above All: The Myth of 'Dreams' as Advertising Tool". In P. S. Barry & M. S. R. María (eds.). *The Multimodal Analysis of Television Commercials*. Valencia: Publi-cacions de la Universitat de València, 113-135.

49. O'Halloran, K. & Fei, V. 2014. "Systemic Functional Multimodal Discourse Analysis". In S. Norris & C. Maier (Ed.). *Interactions, Images and Texts: A Reader in Multimodality*. Berlin, München, Boston: De Gruyter Mouton, 137-154.

50. Ravelli, L. & McMurtrie, R. 2016. *Multimodality in the Built Environment: Spatial Discourse Analysis*. London: Routledge.

51. Sayer, Peter. 2010. "Using the Linguistic Landscape as a Pedagogical Resource". *English Language Teachers Journal* 2: 143-154.

52. Scollon, R. & Scollon, S. W. 2003. *Discourses in Place: Language in the Material World*. London and New York: Routledge.

53. Searle, J. R. 1979. *Expression and Meaning: Studies in the Theory of Speech Acts*. Cambridge: Cambridge University Press.

54. Shohamy, E. & Waksman, S. 2009. "Linguistic Landscape as an Ecological Arena: Modalities, Meanings, Negotiations, Education". In E. Shohamy & D. Gorter (eds.). *Linguistic Landscape: Expanding the Scenery*. London: Routledge, 313-331.

55. Spolsky, B. & Cooper, R. L. 1991. *The Languages of Jerusalem*. Oxford: Clarendon Press.

56. Spolsky, B. 2004. Language Policy. Cambridge: Cambridge University Press.

57. Spolsky, B. 2009. *Language Management*. Cambridge: Cambridge University Press.

58. Tajfel, H. 1978. *Differentiation between Social Groups: Studies in the Social Psychology of Intergroup Relations*. London: Academic Press.

59. Tajfel, H. 1981. *Human Groups and Social Categories: Studies in Social Psychology*. Cambridge: Cambridge University Press.

60. Trudgill, P. 1974. *The Social Differentiation of English in Norwich*. Cambridge: Cambridge University Press.

61. van Dijk, T. 1993. "Principles of Critical Discourse Analysis". *Discourse & Society* 4: 249-283.

62. van Leeuwen, T. 2005. *Introducing Social Semiotics*. London: Routledge.

63. van Leeuwen, T. 2008. *Discourse and Practice: New Tools for Critical Discourse Analysis*. Oxford: Oxford University Press.

后　记

　　江西是个好地方，不仅有候鸟天堂鄱阳湖和奇秀甲天下的庐山，更有英雄城南昌、革命摇篮井冈山和红色故都瑞金；不仅有享誉海内外的景德镇瓷器，更有震惊世界的西汉海昏侯国遗址考古成果。近年来，江西省委省政府多措并举，加快推进文化强省建设，奋力谱写赣鄱文化发展新篇章。作为生于斯长于斯的江西人，我为家乡的历史文化而自豪，想把江西介绍给世界。因为从事国际中文教育工作，我常行走在世界不同国家，游览了各具风格的城市，深刻感受到语言景观是地域文化的重要载体。这促使我研究江西文化传承传播与语言景观的关系，为推进江西文化强省建设做一点力所能及的事。

　　感谢江西省社会科学研究基金资助，使我能带领学生对江西语言景观展开调查，通过田野调查采集了丰富的语言景观，问卷调查和面对面访谈使我们跟语言景观的接受者和构建者得以深入交流。参与本课题调研的学生有：肖素芳、韩伟健、赖钟欣、黄晓莉、陈宇恒、唐高婷、高幸子、吴茜、何佳佩、林书琪、胡佳乐、张淑婷、叶桌华。课题调查激发了学生们对身边语言景观研究的兴趣，让我感受到课题研究的教育意义。感谢我的博士研究生欧阳志风和罗婉君，他们协助我完成了本书的校对工作。

　　感谢南昌大学人文学院的资助，这使本课题研究成果得以出版。感谢社会科学文献出版社祝得彬主编的支持，以及本书的责任编辑吕剑副编审，他们的敬业精神和专业水准令人感佩。

　　愿本书的出版能够激发人们关注身边的语言景观，基于实地调查开展更为深入的研究，在应用语言学研究领域践行习近平总书记有关"广大科技工作者要把论文写在祖国的大地上，把科技成果应用在实现现代化的伟大事业中"的重要论述。我也将怀着守护文化根脉的赤子之心继续努力，为谱写赣鄱文化发展新篇章、弘扬中华民族精神贡献自己微薄的力量。

徐采霞

2024 年 10 月于南昌大学

作者简介

徐采霞，南昌大学人文学院教授，客赣方言与语言应用研究中心研究员，博士生导师。先后问学于江西大学、华中师范大学和墨西哥国立自治大学。曾在美国、西班牙、墨西哥、日本、哥斯达黎加和印度尼西亚等国任教。主要从事语言学及应用语言学、国际中文教育教学与研究。

图书在版编目（CIP）数据

江西文化与社会语言景观研究／徐采霞著．--北京：
社会科学文献出版社，2024.12．--（致远学术文丛）.
ISBN 978-7-5228-4729-0

Ⅰ.H1

中国国家版本馆 CIP 数据核字第 2024HC5187 号

致远学术文丛
江西文化与社会语言景观研究

著　　者／徐采霞

出 版 人／冀祥德
组稿编辑／祝得彬
责任编辑／吕　剑
责任印制／王京美

出　　版／社会科学文献出版社·文化传媒分社（010）59367004
　　　　　地址：北京市北三环中路甲 29 号院华龙大厦　邮编：100029
　　　　　网址：www.ssap.com.cn
发　　行／社会科学文献出版社（010）59367028
印　　装／三河市东方印刷有限公司

规　　格／开　本：787mm×1092mm　1/16
　　　　　印　张：17.75　字　数：282 千字
版　　次／2024 年 12 月第 1 版　2024 年 12 月第 1 次印刷
书　　号／ISBN 978-7-5228-4729-0
定　　价／98.00 元

读者服务电话：4008918866